Kohlhammer

Der Autor

Prof. Dr. Philipp Gassert ist Inhaber des Lehrstuhls für Zeitgeschichte an der Universität Mannheim. Er hat zuvor am Deutschen Historischen Institut in Washington, D.C, an der Universität Heidelberg, der LMU München, der University of Pennsylvania in Philadelphia (USA) und der Universität Augsburg geforscht und gelehrt. Gastprofessuren in Haifa und Wien. Er forscht im Bereich der deutschen und europäischen Zeitgeschichte sowie der transatlantischen Geschichte und der US-Außenpolitik des 20. und 21. Jahrhunderts. Seine wichtigsten aktuellen Themengebiete sind die Protest- und Friedensbewegungen im Kalten Krieg.

Philipp Gassert

Bewegte Gesellschaft

Deutsche Protest-
geschichte seit 1945

Verlag W. Kohlhammer

Dieses Werk einschließlich aller seiner Teile ist urheberrechtlich geschützt. Jede Verwendung außerhalb der engen Grenzen des Urheberrechts ist ohne Zustimmung des Verlags unzulässig und strafbar. Das gilt insbesondere für Vervielfältigungen, Übersetzungen, Mikroverfilmungen und für die Einspeicherung und Verarbeitung in elektronischen Systemen.

Die Wiedergabe von Warenbezeichnungen, Handelsnamen und sonstigen Kennzeichen in diesem Buch berechtigt nicht zu der Annahme, dass diese von jedermann frei benutzt werden dürfen. Vielmehr kann es sich auch dann um eingetragene Warenzeichen oder sonstige geschützte Kennzeichen handeln, wenn sie nicht eigens als solche gekennzeichnet sind.

Es konnten nicht alle Rechtsinhaber von Abbildungen ermittelt werden. Sollte dem Verlag gegenüber der Nachweis der Rechtsinhaberschaft geführt werden, wird das branchenübliche Honorar nachträglich gezahlt.

Titelbild: picture alliance/ASSOCIATED PRESS. Am 22. Oktober 1983 bilden Demonstranten eine etwa 108 km lange Menschenkette auf der B10 zwischen Stuttgart und Neu-Ulm (hier in der Nähe von Lonsee), um gegen die Stationierung von Nuklearwaffen zu demonstrieren. Die Friedensbewegung der 1980er Jahre repräsentiert die wachsende Normalisierung der westdeutschen Protestkultur.

1. Auflage 2018

Alle Rechte vorbehalten
© W. Kohlhammer GmbH, Stuttgart
Gesamtherstellung: W. Kohlhammer GmbH, Stuttgart

Print:
ISBN 978-3-17-029270-3

E-Book-Formate:
pdf: ISBN 978-3-17-029271-0
epub: ISBN 978-3-17-029272-7
mobi: ISBN 978-3-17-029273-4

Für den Inhalt abgedruckter oder verlinkter Websites ist ausschließlich der jeweilige Betreiber verantwortlich. Die W. Kohlhammer GmbH hat keinen Einfluss auf die verknüpften Seiten und übernimmt hierfür keinerlei Haftung.

Für Anna, Egmont, Thekla und Richard

Inhaltsverzeichnis

Einleitung: Protestieren und Demonstrieren in der Demokratie – warum?	**11**
Warum gibt es weiter Straßenprotest?	14
Fragen und Thesen des Bandes	22

1	**Eine Volksgemeinschaft revoltiert: Der vergessene Protest in Besatzungszeit und früher BRD**	**30**

Der Protest der *Displaced Persons* und deutscher Rassismus	35
Hungerrevolten	40
Protest gegen Demontagen und Besatzer	43
Gegen Währungsreform und Liberalisierung: Generalstreik 1948	47
Protest der Besatzungsgeschädigten, Flüchtlinge und Vertriebenen	51

2	**Der 17. Juni 1953: Die gescheiterte Revolution in der frühen DDR**	**57**

Die offizielle Demonstrationskultur der SED	61
Auf dem Weg zum 17. Juni	67
Der Volksaufstand	70
Folgen und weitere Entwicklung in der DDR	75

Inhaltsverzeichnis

3	**Friedensbewegung, Gewerkschaften, »Halbstarke«: Protest in der unruhigen Ära Adenauer**	**78**

Die Friedensbewegungen der 1950er Jahre	84
Arbeiterbewegung, Mitbestimmung und Wirtschaftswunder	91
Jugendprotest, »Halbstarkenkrawalle« und Populärkultur	97

4	**»1968«, Neue Linke, Studentenprotest und die gesellschaftlichen Umbrüche der langen 1960er Jahre**	**103**

Konsumgesellschaft und Demokratisierung	108
Eine Neue Linke	114
Der globale Anspruch der 68er-Bewegung	120
Generationskonflikt und NS-Vergangenheit	124

5	**Eine protestierende Republik? Die »Neuen Sozialen Bewegungen« der 1970er und 1980er Jahre**	**131**

Was sind Neue Soziale Bewegungen?	136
Die (Neue) Frauenbewegung	139
(Neue) Umwelt- und Ökologiebewegung	146
Alternatives Milieu und bewegte Provinz	151
Der Streit um den Frieden als Normalisierung von Protest	158

6	**Die Arbeiterbewegung zwischen Klassenkampf, rheinischem Konsensmodell und der Herausforderung der Neuen Sozialen Bewegungen**	**166**

Etablierte und Bewegte	169
Wilde Streiks, Alternative und »Gastarbeiter«	173
Herausforderung Modernisierungsskepsis	180
Gleichheit in der Konsumgesellschaft	184

7	**Bewegung im Sozialismus: Widerstand, Opposition und das Ende der DDR, 1970–1990**	**187**

Widerstand, Protest, Bewegung im Sozialismus	190
DDR-Opposition in den 1970er Jahren	195
Friedensbewegung im »Friedensstaat«	199
Das Ende der Diktatur 1989/90	203

8	**Der Aufstieg der globalisierungskritischen Linken: Protestgeschichte der Gegenwart I**	**209**

Unser Zeitalter neuer Globalisierung	214
Die (»linke«) Globalisierungskritik der 1990er	220
Friedensbewegungen nach dem Ende des Ost-West-Konflikts	226
Der Aufstand der Ausgebildeten 2011	232

9	**Protest rund um Einwanderung, Flucht, Asyl und Rassismus: Protestgeschichte der Gegenwart II**	**237**

Migrationsgeschichte und Protestforschung	242
»Gastarbeiter« und Intellektuelle	251
Ablehnung von Asyl und »Fremden«	257
Rechtspopulismus als Protestbewegung	263

Resümee: Was bewirkt Protest? 272

Protest und gesellschaftlicher Wandel 274
Die Indikatorfunktion als zentrale gesellschaftliche
Rolle von Protest 279

Dank 282

Abkürzungsverzeichnis 285

Literaturverzeichnis 287

Personenregister 305

Einleitung: Protestieren und Demonstrieren in der Demokratie – warum?

Protest ist historisch gewachsener Alltag in Deutschland. Seine Bedeutung lässt sich nicht zuletzt daran erkennen, dass er immer wieder neue Begriffe prägt: »Halbstarke«, »68er«, »Alternativbewegungen« oder »Wutbürger«, aber auch »Sit-In«, »Ostermarsch« und »Montagsdemonstration« sind fester Bestandteil der politischsozialen Sprache in Deutschland. Während Joseph Stalin 1931 scherzte, dass die Deutschen mehr Ordnungs- als Freiheitsliebe besäßen und selbst revolutionäre Arbeiter im Zweifel zwei Stunden auf den Schaffner warteten, bevor sie den Bahnsteig ohne Fahrkartenkontrolle für eine Demonstration verließen, würde der sowjetische Diktator sich wundern, mit welcher Hingabe die heutigen Deutschen protestieren (Stalin 1955, 74). Straßenprotest ist Normalität in der politischen Kultur unseres Landes; er hat den »Geruch des Provokativen, des Radikalen, des Umstürzlerischen und Antibürgerlichen weitgehend verloren«, so der Tübinger Kulturwissenschaftler Thomas Balistier schon vor zwei Jahrzehnten (1996, 9). Er ist konsensuales Medium längst auch der bürgerlichen Mitte.

Um diese Normalisierung und »Veralltäglichung« von Protest geht es in diesem Buch. Ein gutes Beispiel sind die Demonstrationen gegen das Bauprojekt »Stuttgart 21«. Diese setzten im November 2009 nach Leipziger Vorbild mit wöchentlichen Montagsdemonstrationen ein. Im Juli 2010 überschritten sie die überregionale mediale Aufmerksamkeitsschwelle, als die Abrissarbeiten am Stuttgarter Hauptbahnhof begannen. Mit dem Ende der Sommerferien multiplizierten sich die Teilnehmerzahlen. Besetzungen und »direkte Aktionen« machten Stuttgart 21 zum Anziehungspunkt für Aktivisten und Medien. Einen Gipfel erreichten die Proteste am 30. September 2010, dem »Schwarzen Donnerstag«, als alarmiert per Handy und durch soziale Medien innerhalb

Einleitung: Protestieren und Demonstrieren in der Demokratie – warum?

kürzester Zeit Tausende von Bürgern, Schülern und »Parkschützern« zum Stopp von Rodungen in den Stuttgarter Schlosspark strömten. Es kam zu gewaltsamen Konflikten mit der Polizei, mit Hunderten von Verletzten. Damit hatte die Bewegung ihren »Erinnerungsort«. Langwierige parlamentarische Untersuchungen waren die Folge, Versuche der Schlichtung, die Abwahl der CDU-geführten Landesregierung, die Wahl eines grünen Ministerpräsidenten, schließlich eine landesweite Volksabstimmung, die für Stuttgart 21 grünes Licht gab. Die Demonstrationen dauern auf kleiner Flamme bis heute an.

Gegen Stuttgart 21 demonstrierten nicht primär Ausgeschlossene und Unterdrückte, sondern Mitglieder der gesellschaftlichen Mitte und damit Menschen, die in unserem Land etwas zu sagen haben: Die Proteste wurden von einem breiten Bündnis getragen, von Stadtteilvereinen über Architekten, kirchliche Gruppierungen bis zu Gewerkschaften und Parteimitgliedern von Bündnis 90/Die Grünen, SPD und Die Linke, aber auch Mitgliedern der CDU sowie migrantischen Organisationen; die Demonstrierenden waren und sind überdurchschnittlich gut gebildet, wirtschaftlich ressourcenstark und vergleichsweise alt. Einer Online-Umfrage des Göttinger Instituts für Demokratieforschung vom 23. Oktober 2010 zufolge hatten über 40 Prozent einen Hochschulabschluss, 70 Prozent sogar Abitur, 75 Prozent waren über 35 Jahre alt, 20 Prozent älter als 55, darunter nicht wenige Rentner. Ein großer Prozentsatz hatte zwar vorherige Demonstrationserfahrung, bisher jedoch nur gelegentlich an Straßenprotesten teilgenommen. Einige waren Veteranen der Anti-AKW-Bewegung. Relativ viele brachten Erfahrungen in der Organisation von Dingen mit (z. B. als Lehrer, Juristen oder Ingenieure). Es handelt sich also durchaus nicht um einen marginalisierten, von Entscheidungsprozessen ausgeschlossene Personenkreis (Göttinger Institut 2010; Walter u. a. 2013, 67).

Im Rückblick lassen sich die Stuttgarter Ausschreitungen als Teil einer globalen Protestwelle interpretieren. Was die Stunde geschlagen hatte, zeigte sich Anfang 2011. Ausgehend von den

Revolutionen des »Arabischen Frühlings« bzw. der *Arabellion* gingen auch in vielen westeuropäischen Ländern sowie in Israel und der Türkei vor allem junge Menschen auf die Straßen. In Westeuropa stand zwar nicht der Sturz blutiger Diktaturen auf der Agenda. Auch hier sahen sich viele von Entscheidungen ausgeschlossen und forderten mehr »Transparenz«. Viele beklagten einen schleichenden Substanzverlust der Demokratie, etwa der britische Politikwissenschaftler Colin Crouch in seinem viel diskutierten Buch *Post-Democracy* (2004). Auch die Stuttgarter Protestler hatten das Gefühl, dass Wahlen und Abstimmungen zwar routiniert abgehalten würden, Parlamente und Gremien tagten. Doch die »wirklichen« Beschlüsse würden von einer abgehobenen politischen Elite mit einem großen Konzern, in diesem Fall der Deutschen Bahn, ausgekungelt. Dieser schere sich wenig um lokale Folgen eines monströsen Bauprojekts. Noch radikaler thematisieren rechte Populisten und Bürgerbewegungen wie die *Tea Party* in den USA oder Pegida in Dresden das, was sie als Defizite der liberalen Demokratie empfinden.

Ein zweites Grundmotiv der jüngsten Protestwelle sind Fragen sozialer Gerechtigkeit und Verteilung vor dem Hintergrund der ökonomischen Verwüstungen, die die Weltfinanzkrise der Jahre 2008/9 hinterlassen hat. Diese habe in Kombination mit der Globalisierung neue wirtschaftliche Unsicherheit und stagnierende Einkommen der mittleren Schichten produziert. Ein ehemaliges Mitglied der französischen *Résistance*, der 93-jährige frühere Diplomat und Holocaust-Überlebende Stéphane Hessel, sprach vielen aus der Seele, als er 2011 dazu aufforderte, sich zu empören, weil das rein auf »Produktivität ausgerichtete Denken des Westens« die Welt in eine Krise gestürzt habe. Es sei höchste Zeit, »dass der Sorge um Ethik, Gerechtigkeit und einem anhaltenden Gleichgewicht die höchste Priorität zugewiesen wird«. Dieser Protest richtete sich gegen einen »globalen Finanzkapitalismus« und die Ungleichverteilungen in einer Weltwirtschaftsordnung, in der eine kleine Gruppe sowohl national als auch international praktisch alle Vermögen kontrolliere. Die »99 %« der großen Mehrheit hingegen gingen so gut wie leer aus, so der Schlachtruf der *Occupy Wallstreet*-Protestler. Ausgehend von der Besetzung des Zuccotti-Park in *Lower Manhattan* am 5. Oktober 2011 fand diese Bewegung weltweit rasch Nachahmer. Auch in Deutschland kam es zehn Tage später zu zahlreichen Demonstrationen, die in eine ein Jahr lang dauernde Besetzung des Platzes vor der Europäischen Zentralbank in Frankfurt am Main mündeten.

Warum gibt es weiter Straßenprotest?

Trotz des nachvollziehbaren Unbehagens an der liberalen Demokratie und der sozialen Ungleichheit in einer sich globalisierenden Welt ist es erstaunlich, dass Straßenprotest weiter blüht und gedeiht und dass er nicht längst aus der Geschichte verschwunden ist. Denn weder die Stuttgart-21-Proteste noch *Occupy* führten zu durchschlagenden Resultaten. Sie wirken nicht gerade wie eine Erfolgsstrategie zur Gestaltung politischer Prozesse. Trotz immer wieder neuer Enttäuschungen seitens der Protestierenden sind Straßendemonstrationen so alltäglich und »normal« geworden, dass wir uns mit den Forderungen der jeweiligen Bewegungen auseinandersetzen, diesen beipflichten, sie kritisieren oder ablehnen. Aber wir ignorieren sie in der Regel nicht. Wir denken nicht mehr groß darüber danach, warum es immer wieder zu neuen Straßenprotesten kommt. Sie gehören zur Demokratie, sind selbstverständlich. Protest ist in unsere politischen Systeme eingepreist. Wie bei Streiks von Piloten und Lokführern haben wir Protestumgangsroutinen entwickelt. Verkehr wird aus verschiedensten Gründen umgeleitet, dann eben auch für Stuttgart 21.

Jede gute Geschichte beginnt mit einem Erstaunen. Warum also gehen Menschen »immer noch« auf die Straße? Warum bedarf es auch im 21. Jahrhundert weiter der physischen, durch menschliche Körper als Teil einer »Masse« ermöglichten Sichtbarmachung eines Anliegens auf öffentlichen Straßen und Plätzen? Warum geht, wer sich im Jahr 2018 öffentlich wahrnehmbar empören will, nicht allein »online« oder ins Internetcafé, sondern auch auf die Straße? Zwar wird er oder sie auf sozialen Medien zahlreiche *follower* finden. Rein mediale Kommunikationsformen wie Petitionen, Bittschriften oder lange Listen von Unterschriften reichen jedoch in unserer sozialen Wahrnehmung bis heute nicht aus, um politischen Dissens nachdrücklich anzumelden. Nichts scheint über eine zünftige Straßendemo zu gehen, wenn ein sozial bewegendes Thema gut sichtbar und hörbar platziert werden soll. Dafür gibt es inzwischen sogar professionelle Bewegungsmitarbeiterinnen, die als Vollzeitaktivisten daran arbeiten, Bewegungen Struktur und Knowhow zu vermitteln, aber auch Menschen dazu zu ermutigen, politische und soziale Missstände anzuprangern (Kessler 2013, 134).

Die Frage, warum sich Menschen nach wie vor an Straßenprotest beteiligen, ist keineswegs trivial: Wir leben in einem völlig anderen sozialen, medialen und politischen Umfeld als die Revolutionäre von 1848, die für eine freiheitliche Verfassung und nationale Einheit demonstrierten; oder die Arbeiter des Kaiserreichs, die vor dem Hintergrund der Industrialisierung im Zeitalter der Massenpresse die soziale Frage thematisierten; oder selbst die Studenten von 1968, die das Versprechen der Selbstverwirklichung in einer Konsumgesellschaft einforderten, als das Fernsehen erstmals eine neue Unmittelbarkeit der Übermittlung von Protestereignissen ermöglichte. Obwohl unser Mediensystem sich dramatisch gewandelt hat, ist die Straße eine notwendige Bühne zur Aushandlung politischer und gesellschaftlicher Konflikte geblieben. Sichtbarer Protest – und damit dessen vordergründiger Erfolg – wird weiterhin daran gemessen, wie viele Menschen sich massenhaft physisch »im Licht der Öffentlichkeit« versammeln und dafür mancherlei Unbill, Anstrengung und Risiken in Kauf nehmen. Dabei hätten sie doch Facebook und Twitter! Warum also reichen rein mediale oder digitale Formen nicht aus, um Dissens wirksam zu kommunizieren?

Protest ist historisch: Die erste Antwort lautet schlicht, dass die Geschichte selbst normierend wirkt. Als Individuen und als Gesellschaft erkennen wir intuitiv Straßenprotest als Protest und somit als politisches Statement – und nicht als eine Art Freizeitbeschäftigung (obwohl er das für manche auch ist). Straßenprotest ist als Form der antagonistischen politischen Kommunikation historisch überliefert und gewachsen (Tilly 2004, 11ff.). Er ereignet sich immer wieder, weil er sich in der Vergangenheit ereignet hat. Die Politikwissenschaft nennt das Pfadabhängigkeiten. Im kollektiven Gedächtnis hat sich als Erfahrungswert abgelagert, was unter Protest zu verstehen ist und dass dieser in der Vergangenheit auch erfolgreich war. Wenn heute irgendwo demonstriert wird, dauert es meist nicht lang, bis Beobachterinnen historisch vergleichen, in der Gegenwart meist auf »1968« oder die Bürgerbewegung in der DDR verweisen. Aber auch die Protestler selbst stellen sich gern in ein historisches Kontinuum. Viele Stuttgart-21-Demonstranten verglichen sich mit den Aktivisten, die in den 1970er Jahren den Bau eines Kernkraftwerks in Wyhl im Breisgau verhindert hatten und waren teils selbst »Veteranen« dieser Kämpfe. Die Dresdner Pegida-Marschierer wiederum sahen sich selbstbewusst in der Kontinuität der Leipziger Montagsdemonstrationen, die im Herbst 1989 mit zum Fall der DDR geführt hatten. Einige der Älteren von ihnen hatten daran teilgenommen.

Protest stiftet Sinn: Neben der Kraft des historisch Überlieferten steht die anthropologische, sinnstiftende Komponente von Protest: Straßenprotest blüht und gedeiht auch deshalb, weil die Erfahrung physischer Interaktion ein menschliches Grundbedürfnis ist. Das Erlebnis des Aufgehens in einer auf ein Thema eingeschworenen Masse unterstreicht die Sinnhaftigkeit eines Anliegens. Es geht bei Protest immer auch um Sinnstiftung bezogen auf das Kollektiv, das da demonstriert. Die Forschung nennt das die »expressive«, nach innen gewendete Dimension von Protest, in Abgrenzung von der »instrumentellen«, Zweck und Ziele »mit Außenbezug« betreffenden Dimension (Hellmann 1996, 123): Gemeinschaft wird nicht nur symbolisch abstrakt oder medial vermittelt erfahren. Eine Gruppe von Demonstrierenden überwindet temporär Grunderfahrungen der Entfremdung in der Moderne. Er führt zu einem höheren emotionalen Aggregatzustand aufgrund von physischer Interaktion. Warum auch sonst sollten sich Menschen bei nasskaltem Wetter oder glühender Hitze auf eine Straße setzen, würde dies nicht einen gefühlten individuellen Nutzen erzeugen?

Protest verbindet Menschen: Diese emotionalen Wirkungen des persönlich Erlebten in einer Gemeinschaft sind für die historische Forschung quellenmäßig oft schwer zu greifen. Jedoch machen sie in Kombination der entsprechenden Erzählungen (»Veteranengeschichten«) mit dem Anspruch, etwas in einer Sache bewirken zu wollen, die Anziehungskraft von erfolgreichen Protestbewegungen auch auf bisher Nichtbeteiligte oder Außenstehende aus. Diese emotionalen Effizienzgewinne sind im individuellen Erleben nicht völlig von der Begeisterung bei Sportereignissen zu unterscheiden und ähneln (wiederum leicht boshaft zuspitzend) in ihrem Erlebniswert anderen »Freizeitbeschäftigungen« im Kollektiv. Es wäre naiv, das völlig außer Acht zu lassen. Dies gilt vor allem für eine offene Gesellschaft, während in der DDR noch im Sommer 1989 die persönliche Gefahrenlage anders zu beurteilen war. Die Teilnahme an einer Demonstration stellt immer auch ein persönliches Erleben dar, etwa der gemeinsamen Anreise im Bus in den frühen Morgenstunden oder des Ausharrens auf »Aufmarschplätzen«. Die erzeugten Stimmungen, auch aufgrund von Musik und anderen Faktoren emotionaler Vergemeinschaftung machen Protest zu einem »starken Erlebnis«. Aber: Die Bereitschaft der Demonstrierenden, ihre potentielle Leidensfähigkeit im Angesicht der Gefahr (siehe »Schwarzer Donnerstag«) nehmen auch die Außenstehenden als ein glaubwürdiges Zeugnis wahr. Dies hat mehr Durchschlagkraft als ein Mausklick oder ein Leserbrief.

Protest macht ein Anliegen sichtbar: Menschenmassen ziehen Kameras magisch an. Politischer Protest zielt auf eine öffentliche, mediale Wirkung. Daher ist er in allererster Linie eine Form politischer Kommunikation. Weil Straßenprotest ohne die Interaktion mit und die symbiotische Beziehung zu anderen Medien nicht verfängt, hat er sich medial als äußerst anpassungsfähig erwiesen. Er lässt sich auf Papier und auf dem Bildschirm eines Smartphones weiterverbreiten, er lässt sich in der Zeitung, im Fernsehen, im Internet betrachten und hat seine Kommunikationsstrategien parallel zum Wandel des medialen Ensembles kontinuierlich erneuert. Zu Demonstrationen wird nicht mehr mit Flugblättern oder Plakaten »aufgerufen«, sondern, wie bei Stuttgart 21 oder Pegida, mittels sozialer Medien »eingeladen«.

Das Protestrepertoire ist ferner keinesfalls statisch. Die typischen Formen passen sich an das dominante Medium an. Plakate und Banner mit politischen Parolen ersetzten Fahnen, als Zeitungen vermehrt Fotos abdruckten. Die »direkten Aktionen« der »68er« waren wie fürs Fernsehen gemacht. In den 1970er Jahren kam es während der Anti-AKW-Proteste vermehrt zu Platzbesetzungen, die auch während der jüngsten Protestwelle so charakteristisch geworden sind. Die 1920er bis 1960er Jahre hingegen waren die Zeit der klassischen Protestmärsche auch über lange Strecken – wie seitens des amerikanischen *Civil Rights Movements* oder der Ostermarschbewegung (Reiss 2007). Diese trugen ein Protestanliegen in jede Kleinstadt und jedes Dorf, so dass lokale Medien darüber berichteten. Sie sind aus der Mode gekommen, weil wir nicht mehr im Zeitalter von Radio und Massenpresse leben.

Protest ist Indikator gesellschaftlicher Krisen: Beispiele gescheiterter Proteste gibt es reichlich. Selten hat eine Protestbewegung auf Anhieb reüssiert, meistens nie. Doch Protest auf die instrumentelle Dimension der konkreten Durchsetzung eines bestimmten Ziels wie etwa die Verhinderung der Wiederbewaffnung in den 1950er Jahren zu reduzieren, griffe zu kurz. Er »indiziert« gesellschaftliche Krisen und Kommunikationsdefizite, er macht sozialen Wandel sichtbar, er legt latente Konflikte offen. Protest als Medium gesellschaftlichen Streits ist zentral für die Verständigung darüber, was uns in unserer Gesellschaft wichtig ist, wofür wir einstehen und was uns zusammenhält. Der Generalstreik vom

Warum gibt es weiter Straßenprotest?

November 1948 konnte die Währungsreform nicht rückgängig machen, und die rechten Populisten werden nicht verhindern, dass Deutschland auch künftig ein Einwanderungsland ist. Dennoch erzwangen die Ersten eine Debatte über die soziale Abfederung des Übergangs zur Marktwirtschaft, während die Zweiten eine notwendige Diskussion über eine sinnvolle Regulierung von Zuwanderung erzwingen. Auch die Friedensbewegung der 1980er Jahre konnte die Stationierung atomarer Mittelstreckenraketen nicht verhindern. Doch sie war Resonanzraum eines breiten Krisengefühls, festigte die Westbindung der BRD und deren postnationalsozialistisches Selbstverständnis. Diese Indikatorfunktion halte ich für die zentrale soziale Komponente von Protest in einer offenen Gesellschaft.

Das Establishment spielt mit: Die Wirkungen von Protest lassen sich daher erst abschätzen, wenn wir die »Gegenseite« einbeziehen. Ein gutes Beispiel sind die studentischen Proteste um »1968«. Diese wären ohne die Empörung und medial verbreitete Aufregung »etablierter Kräfte« vermutlich verpufft, auch wenn beiderseits viel Theater mit im Spiel war. Eine Neubewertung dieses Verhältnisses liegt aus Bewegungsperspektive nahe, weil die Haltung »systemkonformer« Akteure über die Erfolgsbedingungen revoltierender, das »System hinterfragender« Aktivistinnen mitentscheidet. Das zeigt etwa ein Vergleich der Proteste gegen das Atomkraftwerk Wyhl mit dem Misserfolg der AKW-Gegner in Brokdorf (vgl. Kapitel 5.3). Um es an einem Beispiel aus der US-Geschichte zu illustrieren: Es bedurfte für den Erfolg der Bürgerrechtsbewegung nicht nur eines Martin Luther King, der die Menschen zu Protesten ansporte, sondern eben auch eines Präsidenten Lyndon B. Johnson, der unter Einsatz von erheblichem politischem Kapital die Gleichstellungsgesetze durch den Kongress peitschte. Bewegungen und Straßenprotest können Agenden setzen und dadurch bestimmten Themen im etablierten politischen Betrieb höhere Priorität verleihen. Da Protest auf öffentliche Wahrnehmung zielt, macht er nur Sinn in Kombination mit der Provokation und den Reaktionen Etablierter (Fahlenbrach u. a. 2012).

Protestbewegungen gehören zur liberalen Demokratie: Der Großmeister einer historisch orientierten sozialwissenschaftlichen Protestforschung, der 2008 verstorbene New Yorker Soziologe Charles Tilly wurde nicht müde, sich in seinem langen Forscherleben immer wieder aufs Neue in unterschiedlichsten Varianten mit sozialen Bewegungen, bevorzugt in langen historischen Querschnitten zu beschäftigen. Er stellte sich einmal die uns vermutlich wenig überraschende Frage, warum es in Kasachstan keine sozialen Bewegungen gäbe, obwohl dieses Land viele unbewältigte Konflikte habe (Tilly 2004, 123). Hinter der Frage steht die Annahme, dass im großen historischen Überblick Demokratisierung und das Aufkommen sozialer Bewegungen Hand in Hand gegangen sind, selbst wenn diese sozialen Bewegungen keineswegs alle für mehr Demokratie eintraten. Offene Gesellschaften lassen Protest zu und lernen damit umzugehen. Hier erlebte Deutschland nach 1945 eine steile Lernkurve, weil man hier, anders als in den USA, die integrierende Funktion von Protest erst allmählich zu schätzen lernen musste. Dieser Punkt war in etwa in den 1980er Jahren erreicht, als Helmut Kohl, anders als sein großer christdemokratischer Vorgänger Konrad Adenauer, sich von der gewaltigen Friedensbewegung gegen den NATO-Doppelbeschluss nicht aus der Ruhe bringen ließ.

Die Normalisierung von Protest: Im Protest werden größere und kleinere gesellschaftliche Fragen aufgegriffen und manchmal auch aufgeworfen (Indikatorfunktion). Die Frage sei jedoch erlaubt, ob es nicht besser ist, wenn Protestbewegungen ihre ultimativen Ziele nicht erreichen, sondern wie die 68er-Revolte »glücklich« scheitern? Politisch, das heißt mit Blick auf eine spätere »Machtergreifung« erfolgreiche soziale Bewegungen, wie die Bolschewiki in Russland oder die Faschisten in Italien, standen am Ausgangspunkt katastrophaler Entwicklungen. Gesellschaftlich produktive Bewegungen gehen unter. Vor diesem Hintergrund argumentiere ich, dass Straßenprotest seit 1945 zwar zunehmend an Akzeptanz gewonnen hat (siehe Friedensbewegung oder auch Stuttgart 21, wo beidesmal Bürgerliche und viele ältere Semester demonstrierten). Straßenprotest wurde immer weniger die exklusive Domäne der klassischen Arbeiterbewegung und von Gewerkschaften, die noch bei der »Kampf dem Atomtod«-Kampagne 1957/58 das organisatorische und personelle Rückgrat der Proteste gebildet hatten. Protest erfuhr nach 1945 eine sukzessive »Normalisierung« und kehrte ins Bürgertum zurück, von wo er im 19. Jahrhundert seinen modernen Ausgangspunkt genommen hatte. Doch dadurch wirkt er in der Summe weniger promodern transformierend, richtet sich vermehrt auf Bewahrung und Erhalt des Status quo. Nicht zufällig standen seit den 1970er Jahren immer wieder große Infrastrukturprojekte im Fokus von Protestbewegungen. Nicht mehr Veränderung, sondern vermehrt konservative Ziele dominierten. Das hat auch die expressive, nach innen gewendete, identitätsstiftende Dimension verstärkt, während die instrumentelle, »eigentlich politische« Dimension an Bedeutung verlor.

»Protest negiert die Gesamtverantwortung«, spitzte es der renommierte, aufgrund der Studentenrevolte leicht »bewegungsgeschädigte« Bielefelder Soziologe Niklas Luhmann provozierend zu (1996, 205). Anders als die parlamentarische Opposition ist Protest nicht Teil des Systems, muss keine Rücksicht auf das Ganze nehmen, aber legt eben gerade deshalb den Finger in die Wunde. Er verfährt selektiv, vereinfacht, schlägt die »Verhältnisse platt«, so Luhmann drastisch: »Gegen Komplexität kann man nicht protestieren« (211). Weil er Komplexität reduziert, weil er mit Schwarz-Weiß-Bildern operiert, ist er Medium des Wandels, kommuniziert Defizite, stellt unangenehme Fragen. Er tut dies in einem zuweilen fast paranoiden Verfolgungswahn, aber oft nachhaltiger als dies abwägende wissenschaftliche Analysen oder konzentrierte Sachdebatten in Parlamentsausschüssen könnten. Straßenprotest ist ein Ausrufezeichen. Er vermag nur bedingt zu differenzieren, seine Wirkung ginge sonst verloren. Daher ist es um die Lösungskompetenz von Protestbewegungen meist schlecht bestellt. Er stellt eine Art »Griff nach der Notbremse« dar, wie es der Hamburger Protesthistoriker Wolfgang Kraushaar bildlich fasst (2012). Protest zwingt uns Streit und Diskussion darüber auf, was uns in unserer Gesellschaft wichtig ist.

Fragen und Thesen des Bandes

Protestereignisse wie die rund um Stuttgart 21, die Platzbesetzungen von *Occupy* oder auch die Dresdner Montagsdemonstrationen der Pegida stehen in einer historischen Kontinuität. Zwar gehören sie einer bestimmten Zeit an. Doch sind sie auch Ergebnis langer diachroner Entwicklungsprozesse. Wir haben die Bilder vergangener Protestereignisse im Kopf. Diese »Historizität« macht Straßenprotest fast zu einem Selbstläufer, weshalb sich ein Historiker dafür interessieren sollte. Um diese Geschichte geht es in diesem Buch: Wie sich Protest seit 1945 in beiden deutschen Staaten entwickelt hat, warum er nicht aus Deutschland verschwunden, sondern selbstverständlicher Teil unserer politischen Kultur geworden und geblieben ist.

Eine derartige Gesamtdarstellung ist bislang ein historisches Desiderat. Historische Untersuchungen konzentrieren sich in aller Regel auf bestimmte Teilbereiche und Epochen (wie die Neue Frauenbewegung, »1968«, die Friedensbewegung der 1980er Jahre oder die »Gastarbeiterstreiks«), während sich die sozialwissenschaftliche Protestforschung für die älteren Protestphänomene vor »1968« wenig interessiert, sondern im Kern erst mit der Erforschung der sogenannten »Neuen Sozialen Bewegungen« (NSB) der 1970er Jahre beginnt. Eine übergreifende Protestgeschichte seit der Besatzungszeit fehlt hingegen.

Zugleich frage ich mich, ob die »Normalisierung« und »Veralltäglichung« von Straßenprotest – auch die Schnelligkeit, mit der sich dank neuer Kommunikationstechniken flashmobartig Menschen mobilisieren lassen – nicht zum Problem geworden sein könnte. Aufgrund seiner Normalisierung wirkt Protest in seiner

Wirkmächtigkeit reduziert. Wir haben als Gesellschaft nicht allein eine hohe Routine im Umgang mit Straßenprotest erworben. Demos wirken als Medium politischer Artikulation inzwischen so konsensual, dass bei passender Gelegenheit sogar Staats- und Regierungschefs Protestmärsche inszenieren, um einen Standpunkt zu markieren. Nach dem Terroranschlag auf das satirische Magazin *Charlie Hebdo* versammelten sich am 11. Januar 2015 nicht nur 1,5 Millionen Menschen aus aller Welt in Paris – und viele in Solidarität in anderen Städten. Zugleich waren Hollande, Merkel & Co. für einen wie ein Protestmarsch inszenierten Fototermin aufmarschiert. Am 11. Januar setzten die Spitzen des Staates ein Mittel aus dem klassischen Repertoire kollektiver Akteure bewusst ein. Sie taten dies aber nicht, um den Status quo kritisch zu hinterfragen. Im Gegenteil, sie riefen zur Verteidigung der freien Rede in der Demokratie auf – und demonstrierten gegen Terrorakte, die als extremistischer Ausdruck einer Protesthaltung gegen den sozialen Konsens gewertet werden können.

In Paris im Januar 2015 demonstrierten also die Mächtigen, nicht die Ohnmächtigen. Stellt das nicht den ursprünglichen Sinn von Protest auf den Kopf? War nicht der moderne Straßenprotest im 18. und 19. Jahrhundert als Ausdruck gesellschaftlichen Widerstands entstanden – in bewusster Opposition zur älteren höfischen Repräsentations- und Festkultur, deren Formen er borgte und umdeutete? Wir haben intuitiv historische Protestereignisse wie das Hambacher Fest 1832 vor Augen. Diese normieren bis heute nicht nur phänomenologisch, sondern auch inhaltlich, was unter einer Protestdemonstration zu verstehen ist: dass sich Protest gegen einen bestehenden gesellschaftlichen Zustand richtet, dass er den Status quo hinterfragt, im Extremfall durch revolutionären Umsturz überwinden will. Protest, so die lange gültige Annahme, ist promodern, transformierend, modernisierend. Er wird vom Volk oder von Gegeneliten getragen, er zielt auf gesellschaftlichen Wandel. Diese klassische liberale Erzählung prägt unser Verständnis von Protest bis heute. Die Frage drängt sich auf, ob Straßenprotest in der Gegenwart der entwickelten Demokratien des

Westens nicht eher Züge einer »konformistischen Revolte« trägt, ob er nicht in der Tendenz verstärkt konservativ, erhaltend beabsichtigt ist oder wirkt? Für rechtsextreme, migrationsfeindlich und rassistisch motivierte Angriffe würde diese These wohl von vielen akzeptiert. Aber gilt das auch für den Protest »Progressiver« und »Linker«?

Wie (basis-)demokratisch ist unser Protest eigentlich (noch)? In unseren Köpfen wirken die aus dem 19. Jahrhundert überlieferten Bilder fort, wonach es stets die Unterdrückten und Entrechteten sind, die sich zusammenschließen und unter dem »Banner der Brüderlichkeit« aufgrund ihrer großen Zahl Zugeständnisse der Mächtigen erzwingen. Trotz der gegenwärtig großen Popularität von Revolutionserzählungen in Hollywood-Blockbustern wie den *Hunger Games* übersehen wir dabei: Wirksame Proteste sind meist nicht das Ergebnis spontaner »Zusammenrottungen« einzelner oder genialer Eingebungen weniger Protagonisten. Sie waren, wie die Kämpfe der Arbeiterbewegung oder die um das Frauenwahlrecht, sehr gut vorbereitet und organisiert. Sie wurden von professionellen Aktivisten »geführt«, die man früher mal »Arbeiterführer« nannte. »Führung« und »Bewegung« werden als Gegensätze konzipiert. Weder der Kampf gegen die Notstandsgesetze 1968, noch der gegen alliierte Demontagen 1949, noch die Friedensbewegung 1982/83 wären ohne entsprechende Strukturen und Führungspersonal sehr weit gekommen. In allen drei Fällen wurde die Opposition von etablierten Institutionen wie den Gewerkschaften mitgetragen, deren Mitglieder über Knowhow und Bewegungswissen verfügen, die Erfahrung damit haben, wie man nicht nur erfolgreich mobilisiert, sondern für ein Anliegen auch parlamentarische Unterstützung bekommt.

Protest dient nicht allein Fortschritt und Gerechtigkeit: Von einer solchen teleologischen *whig history of protest*, die die »progressiven« Traditionen hervorkehrt, sollten wir uns rasch verabschieden. Dieser Erzählung zufolge war Straßenprotest, ausgehend von den liberalen revolutionären Bewegungen des 19. Jahrhunderts und dann der Arbeiterbewegung, eine Entwicklungsgeschichte hin zu mehr Emanzipation und Freiheit. Insbesondere die frühe sozialwissenschaftliche Protestforschung pflegte mehrheitlich einen affirmativ-emphatischen Protestbegriff (vgl. Kap. 5, erster Abschnitt). Doch wer etwas an der historischen Oberfläche kratzt, merkt schnell, dass Protest nicht automatisch der menschlichen Befreiung dient, notwendig für mehr Demokratie, mehr soziale Gleichheit und Gerechtigkeit steht. Alle bekannten Varianten des Straßenprotests sind politisch ambivalent, nicht exklusiv promodern transformierend, sondern können bewahrend (konservativ) oder sogar regressiv gemeint sein. In diesem Buch wird mit Blick auf die Jahrzehnte seit 1945 die These vorgetragen, dass mit der Normalisierung und Veralltäglichung von Protest in einer »Protestgesellschaft« (Dieter Rucht) sich dessen bewahrende, konservative, »konformistische« Grundhaltung verstärkte. Insofern ist Stuttgart 21 typisch für den großen Trend der deutschen Protestgeschichte seit 1945. Protestler wehrten sich oft gegen die Zumutung von technokratischen Modernisierungen, wie es in den Anti-AKW-Protesten der 1970er, den immer wieder aufflackernden Protesten gegen Bauprojekte oder auch den globalisierungskritischen Bewegungen der 1990er Jahre ebenfalls erkennbar ist.

Protest hat eine lange Geschichte. Er wird hier für die Jahre seit 1945 in beiden deutschen Staaten dargestellt, mit allen Lücken, zu denen jede Synthese den Mut aufbringen muss. Lange Zeit galt Protest überhaupt nicht als legitimes Objekt historischer Forschung, wurde oft als irrationales Massenphänomen abqualifiziert, als Pathologie der Moderne. Es war von Pöbelexzessen und »blinder, fieberhafter Exaltation der Massen« die Rede (Rucht 1994, 98). Derartige Interpretationsmuster sind längst obsolet. Sozialer Protest gilt seit den 1970er Jahren als legitimes Objekt historischer Forschung, was wiederum Anzeichen der Normalisierung und Verbürgerlichung von Protest sein dürfte. Hier wäre zu ergänzen, dass die klassischen sozialen Bewegungen als Teil der Arbeiter- und Gewerkschaftsgeschichte auch schon früher historisch untersucht worden sind – mit ersten Anfängen in der Weimarer Zeit. Trotz einer allgemeinen Wertschätzung des Protests in der Gegenwart kann uns die historische Protestforschung skeptisch gegenüber Erklärungen machen, dass Protest simpler Ausdruck von Unzufriedenheit sei. Dies war schon im 19. Jahrhundert nicht der Fall. Auch damals war Protest eine Fortsetzung der Politik mit anderen Mitteln und eine Form der Selbstverständigung darüber, was einer Gesellschaft wichtig ist.

Was also wird hier unter Protest verstanden? Ich folge klassischen Definitionen von Pionieren der sozialwissenschaftlichen Protestforschung wie Joachim Raschke und Dieter Rucht, die Protest als kollektiven Ausdruck von Unzufriedenheit an einem bestehenden gesellschaftlichen und politischen Zustand definieren. Protest zielt darauf ab, durch Druck auf andere Akteure die Sache der Protestierenden sichtbar (öffentlich) zu machen. Er findet überwiegend außerhalb institutionalisierter Einflusskanäle statt. Er manifestiert sich auf einer breiten Skala von Formen (Umzüge, Versammlungen, Petitionen), von spontan bis organisiert, friedlich bis gewalttätig, von zielgerichtet bis offen. Er kann sowohl »instrumentell« (zielorientiert) als auch »expressiv« (identitätsstiftend) sein; er kann auf Veränderung oder Erhalt bestehender Ordnungen zielen. Zentrales Charakteristikum ist, dass Protest an eine Öffentlichkeit appelliert, in der Moderne regelmäßig auf einer medialen Wahrnehmungsebene. Protest muss »sichtbar« oder »hörbar« sein; »unsichtbarer« oder »stummer« Protest ist kein Protest. Protest ist somit eine Variante politischer Kommunikation. Aber weil ich Protest als spezielle Form politischer Kommunikation definiere, sind Form und Inhalt zunächst einmal getrennt zu betrachten. Sowohl »Rechte« als auch »Linke« marschieren oder besetzen Plätze, auch wenn bestimmte Gruppen Präferenzen für bestimmte Protestformen haben. Protesttechniken sind politisch nicht determiniert.

Eingrenzend hierzu ist anzumerken, dass dieser Band überwiegend, wenn auch nicht exklusiv auf Straßenprotest als Kollektivphänomen fokussiert. Rein mediale Kampagnen bleiben mit wenigen Ausnahmen (wie der linksintellektuellen Opposition in der DDR) außen vor. Auch individuelle Protestakte werden nur mit wenigen Ausnahmen thematisiert. Dies ist eine schon aus Platzgründen notwendige Einschränkung. Während *revolutionäre Ideen* Teil jeder deutschen Protestgeschichte seit 1945 sind, selbst wenn sie im Gewand einer Kulturrevolution wie »1968« daher kommen, gehen *revolutionäre Erhebungen* über die reine Protestgeschichte hinaus. Davon gab es im Untersuchungszeitraum zwei: Der 17. Juni 1953 und der Kollaps der Diktatur in der DDR 1989/90 waren Revolutionen, also Systemwechsel mit beschleunigter Umwälzung der gesellschaftlichen Situation. Da Straßenprotest Teil dieser beiden Revolutionen in der DDR war, werden diese berücksichtigt, ohne dass nun eine Gesamtdarstellung der »Wende« 1989 hier möglich wäre. In den offenen Gesellschaften des Westens hingegen hat Protest zwar gelegentlich auf Revolution gezielt, scheiterte jedoch regelmäßig an diesem Anspruch.

Dieser Band strebt – bei allem »Mut zur Lücke« – breite chronologische und sachliche Vollständigkeit an. Er skizziert die gesamte Entwicklung von 1945 bis heute. Er ist dabei nicht normativ auf ein bestimmtes Repertoire oder eine bestimmte politische Richtung festgelegt. Es werden sowohl die in der Gegenwart fast völlig vergessenen Proteste der Besatzungszeit untersucht, die in ihrem spürbaren deutschnationalen Aufbegehren gegen Besatzer und Fremde, einschließlich der entsprechenden rassistischen Abgrenzung gegen »Andere«, an heutige »ausländerfeindliche« Proteste erinnern sowie an die rechtsradikalen, völkischen Bewegungen der jüngsten Zeit. Ebenso wird den klassischen Themen der »progressiven« Bewegungsgeschichte, angefangen von der »Kampf dem Atomtod«-Kampagne über »1968« bis zu den Linksalternativen und den Anti-AKW-Bewegungen der 1970er Jahre breiter Raum gegeben.

Auf drei hier behandelte *Sonderfälle* sei explizit verwiesen: Erstens gewerkschaftliche Proteste, weil die sozialwissenschaftliche Protestforschung Gewerkschaften definitorisch nicht als »Bewegungen« begreift. Sie hat deren Protest daher oft stiefmütterlich behandelt. Denn einige Teilgewerkschaften des DGB wie die IG Metall oder ÖTV (Verdi) sind in ihrer Bedeutung für den einen oder anderen großen Nachkriegsprotest kaum zu unterschätzen. Die meisten Tarifauseinandersetzungen werden allerdings auch hier ausgeklammert. Eine zweite, oft vergessene Dimension der deutschen Protestgeschichte ist der Protest von Migranten. In einer Einwanderungsgesellschaft sollte man nicht länger ignorieren, dass Menschen mit sogenanntem Migrationshintergrund das klassische Repertoire nutzen, um gehört zu werden sowie ihr Missfallen an den Zuständen zu kommunizieren und zwar nicht allein zur Abwehr rassistischer »Krawalle«. Schließlich kann, da es von 1949 bis 1989 zwei deutsche Staaten gab, eine Gesamtdarstellung, die an die Gegenwart heranreicht, die DDR nicht ausklammern. Diese beiden deutschen Staaten, BRD und DDR, waren, so der Potsdamer Zeithistoriker Frank Bösch, »geteilt« und »verbunden« (2015). Wir sollten nicht weiter so tun, als wäre das DDR-Erbe verpufft. Schon das simple Faktum, dass die Stuttgart-21-Proteste als Montagsdemo begannen, sollte uns aufmerken lassen.

Dieser Band beruht auf eigener Forschung aus zwei Jahrzehnten und einer thematisch einschlägigen Lehrtätigkeit, wobei ich mich als Forscher bisher auf zwei Teilbereiche der Nachkriegsprotestgeschichte konzentriert habe: Die Proteste um »1968« sowie die Friedensbewegungen der 1980er Jahre. Eine Gesamtdarstellung wie diese baut auf den Recherchen anderer auf, deren Wertungen und Einordnungen ich angesichts der Masse an Quellen und Literatur nicht bis ins Einzelne überprüfen kann. Dem Format der Reihe »Zeitgeschichte aktuell« entsprechend, ist der Anmerkungsapparat auf ein Minimum reduziert. Damit tut sich ein Historiker schwer, der sich gerne mit langen Fußnoten absichern und auf die Forschungsleistungen anderer verweisen möchte, denen er viele Einsichten verdankt. Ihnen kann ich meine intellektuelle Dankesschuld nur sehr knapp abstatten. Dennoch hoffe ich, dass sich aus der Gesamtschau ein Mehrwert ergibt, der über das bisher Publizierte hinausgeht.

Auch hoffe ich, dass meine übergreifenden Thesen zur prägenden Kraft des Historischen und zur Normalisierung und Verbürgerlichung, somit »Entschärfung« von Protest in unserer Nachkriegsdemokratie zur Diskussion anregen. Straßenprotest ist Indikator gesellschaftlicher Krisen und Selbstverständigungsprozesse. Er hat eine Zukunft, solange wir in einer Demokratie leben. Aber wir sollten seinen Wandel zum Konsensmedium der bürgerlichen Mitte auch kritisch begleiten.

1

Eine Volksgemeinschaft revoltiert: Der vergessene Protest in Besatzungszeit und früher BRD

»Wir wollen leben, nicht verrecken«; »Wir sind Deutsche und kein Kolonial-Volk«; und: »Grosschieber [sic] sind Mörder: ihnen die Todesstrafe«. So lauteten die Aufschriften auf Plakaten, mit denen Gewerkschaftsmitglieder am 23. Januar 1948 in München gegen den Schwarzmarkt und dessen soziale Auswirkungen protestierten (Ruhl 1980, 176). Auch an anderen Orten der amerikanischen Besatzungszone brodelte es. So streiken am 3. Februar 1948 in Heidelberg, wie in ganz Württemberg-Baden, weite Teile der Bevölkerung gegen eine Kürzung der Fettrationen. Mit über

60 000 Personen, mehr als der Hälfte der Bevölkerung, stellte dies die prozentual höchste Protestmobilisierung in der Geschichte der alten Universitätsstadt bis heute dar (Reutter 1994, 158). Doch dies war nur die Frühjahrs-Ouvertüre zu einer massiven Protestbewegung angesichts der Wirtschaftslage, die sich am 12. November 1948 in einem 24-stündigen »Demonstrationsstreik« gegen Teuerungen aufgrund der Währungsreform entlud. Daran nahmen in der gesamten Bizone neun Millionen Menschen teil, der größte Protest auf dem Territorium der späteren BRD überhaupt und bis heute der einzige Generalstreik in Westdeutschland.

Bemerkenswert ist nicht allein die Tatsache der enormen Protestmobilisierung 1948/49, sondern auch die Bereitschaft der westlichen Alliierten, zwei bis drei Jahre nach Kriegsende derartige öffentliche Bekundungen von Unzufriedenheit zu tolerieren. Dabei kam es immer wieder zu direkten Konfrontationen zwischen alliiertem Militär und Demonstranten. So nach dem tumultartigen Ende von Teuerungsprotesten in Stuttgart am 28. Oktober 1948, als US-Militärgouverneur Lucius D. Clay die *Military Police* der deutschen Polizei zur Unterstützung schickte. Dabei fuhren auch Panzerwagen auf. Der dramatische »Stuttgarter Tumult« ist weitgehend vergessen, wie überhaupt die stark antikapitalistischen und deutschnational motivierten Proteste der Nachkriegszeit wenige Spuren in der kollektiven Erinnerung der Deutschen hinterlassen haben. Die Protestforschung ignoriert sie ebenfalls. Dabei stellten diese ersten Nachkriegsproteste quantitativ alle späteren Protestzyklen auf deutschem Boden in den Schatten, mit Ausnahme des 17. Juni 1953 und der Revolution in der DDR 1989.

Die Plakate und Parolen der Münchener Demonstranten zeigen, was den Protestlern unter den Nägeln brannte: *Erstens* ging es ums Essen. Die Hungerrevolten hatten nach dem katastrophalen Winter 1946/47 schon Anfang 1947 einen ersten Höhepunkt erreicht. *Zweitens* aber schlugen diese »antikolonial« gestimmten frühen Proteste der Einwohner der spöttisch »Trizonesien« genannten westlichen Besatzungszonen stark nationalistische Töne an. Zwar hatte Deutschland seit 1938/39 mit Krieg und Gewalt

1 Eine Volksgemeinschaft revoltiert

Abb. 1: »Antikolonialer« Protest gegen Hunger und Schwarzmarkt, hier eine gewerkschaftlich organisierte Demonstration in München, 23. Januar 1948. Während der Besatzungszeit nimmt Straßenprotest ausgesprochen nationalistische Untertöne an. Das verdeutlichen Parolen wie die auf dem Plakat: »Wir sind Deutsche und kein Kolonialvolk«. Schwarzmarkt und Korruption benachteiligen sozial schwächer Gestellte, doch für wirtschaftliche Probleme werden nicht Krieg und Diktatur, sondern Besatzer und »fremdländische« Schwarzmarkthändler verantwortlich gemacht. Für »Schieber«, ein zumindest partiell antisemitischer Code, fordern die Demonstrierenden die Todesstrafe.
(Quelle: Ruhl, 1980, 176; Foto: o. Ang.)

ein Imperium über Europa errichtet. Dennoch sahen sich viele Deutsche als Opfer des »Zusammenbruchs« von 1944/45, wie Kriegsende und Niederlage allgemein bezeichnet wurden. Viele, die die NS-Herrschaft mehr oder weniger unterstützt und ertragen hatten, protestierten nun gegen politische Bevormundung durch die Besatzer. Diese sahen sie keineswegs als Befreier. Anlässe boten neben der prekären Ernährungslage oft auch Beschlagnahmungen von knappem Wohnraum in zerstörten Städten durch alliierte Soldaten oder – prominenter – Demontagen von industriellen Betrieben, die im Westen bis 1951 andauern sollten. *Drittens* wurden ab 1947/48 zunehmend Fragen sozialer Gerechtigkeit thematisiert und die liberale Wende der Wirtschaftspolitik mit der Währungsreform 1948 hinterfragt. Hinzu kam *viertens* nach der Gründung der BRD der Protest der Flüchtlinge und Heimatvertriebenen. Diese sahen sich benachteiligt und forderten vehement einen besseren Lastenausgleich von der Bonner Regierung ein.

Warum gerieten die Proteste der Besatzungszeit in Vergessenheit? Vermutlich nicht, weil sie im Zeichen des Mangels standen, sondern eher aufgrund eines spürbaren deutschnationalen Aufbegehrens gegen Besatzungsmächte und »Fremde«. Lag es an der ausgesprochen nationalistischen Haltung der ersten Proteste nach dem Krieg, dass sich Deutschland später nicht mehr so gern an sie erinnerte, als Straßenprotest vermehrt als Indiz demokratischer Reife und Läuterung gesehen wurde? Denn viele Deutsche schüttelten ihre tradierten Feindbilder 1945 keineswegs ab, sondern passten sie an die aktuelle Lage an. Außer den Alliierten wurden oft Juden und andere vor 1945 aus der »Volksgemeinschaft« ausgestoßene Gruppen für die schwierige Lage in der Zusammenbruchsgesellschaft verantwortlich gemacht. »Schwarzmarkthändler« und »Juden« waren praktisch Synonyme, das Wort »Schieber« ein antisemitischer Code, die Forderung nach der Todesstrafe für Schieber wurde auch von seriösen Gewerkschaftern erhoben. Eine »völkische« Protesthaltung war in den späten 1940er Jahren weit verbreitet. Es blieb auch nicht bei verbalen Attacken: Schändungen jüdischer Friedhöfe, auch gewalttätige Übergriffe auf jüdische Einrichtungen und Misshandlung Überlebender fanden sich häufiger (Kraushaar 1996/1, 21).

Als im Laufe der 1960er und 1970er Jahre, beginnend mit den Protesten gegen die atomare Bewaffnung der Bundeswehr 1958 und der *Spiegel*-Affäre 1962, politischer Protest als Anzeichen einer Liberalisierung der politischen Kultur neu vermessen wurde, passte der in die Weimarer Zeit zurückweisende, harsch fremdenfeindliche und partiell antisemitische und rassistische Nachkriegsprotest nicht mehr ins Bild einer demokratischen Protestkultur. Dabei verfügte Fremdenhass in den Jahren gleich nach 1945 über ein hohes Mobilisierungspotential, war im Kern Ausdruck des »Volkswillens«. Es ist an der Zeit, diesen Protest im Deutschland unter alliierter Besatzung einschließlich seiner hässlichen Seiten wieder neu zu entdecken.

Indes setzt die Geschichte des Nachkriegsprotests in Deutschland *erstens* mit den Demonstrationen der sogenannten *Displaced Persons* (DPs) ein, die historisch ältesten auf dem Territorium der Westzonen. Ich werde in einem *zweiten* Schritt einen Blick auf die Hungerrevolten der Jahre 1947/48 werfen, die mit der Währungsreform 1948 und der folgenden wirtschaftlichen Stabilisierung ein Ende fanden. Diese Hungerproteste wurden überwiegend von den wieder zugelassenen Gewerkschaften organisiert, wenn auch keineswegs exklusiv getragen. Gewerkschafter standen oft auch hinter dem Protest gegen die Demontagen, die sich über das Jahr 1948 hinaus noch weit in die frühe BRD hinein erstreckten. Dort endeten die Demontagen 1951, in der DDR dauerten sie de facto länger an, konnten aber öffentlich nicht thematisiert werden. *Drittens* stelle ich, im Übergang zur Bundesrepublik, den Protest der Flüchtlinge und Vertriebenen dar. Dieser gab sich im Westen eigene organisatorische Strukturen, während er im Osten kein Ventil finden konnte, bis es 1952/53 zu einer Explosion mit gravierenden Folgen für die junge DDR kam.

Der Protest der *Displaced Persons* und deutscher Rassismus

In der multikulturellen und multinationalen Situation der Besatzungszeit machen die Proteste sogenannter *Displaced Persons* (ab 1951 »heimatlose Ausländer«) den Anfang der deutschen Protestgeschichte seit 1945. Bei den DPs handelte es sich sowohl um überwiegend jüdische Überlebende der NS-Konzentrations- und Vernichtungslager, aber auch um zum Teil aus Lagern befreite osteuropäische Zwangsarbeiterinnen, die im Krieg zu Millionen ins Deutsche Reich verschleppt worden waren, sowie ehemalige Kriegsgefangene. Von den schätzungsweise über zehn Millionen Zwangsarbeitern und Kriegsgefangenen, von denen etwa 50 Prozent aus der UdSSR stammten, widersetzten sich etwa 5 Prozent massiv, unter öffentlichem Protest ihrer Repatriierung. Manche gingen bis zum Massenselbstmord, um ihre Rückführung zu verhindern, weil sie in der UdSSR mit Lagerhaft und Exekution rechneten. Die meisten Rückkehrverweigerer gehörten Minderheiten an und waren, wie Balten, Westukrainer und Weißrussen, erst mit dem Hitler-Stalin-Pakt 1939 unter sowjetische Herrschaft gekommen. Manche hatten mit den Deutschen kollaboriert.

Öffentlicher Protest auf westdeutschem Nachkriegsboden ging daher zunächst nicht von der deutschen Wohnbevölkerung aus, die anfangs schlicht ums Überleben kämpfte bzw. deren Protest die Besatzungsmacht rasch unterband. Schwerer taten sich die Alliierten mit dem Straßenprotest von Opfern und Überlebenden des Nationalsozialismus, auch wenn britisches und amerikanisches Militär keineswegs zimperlich auf Störungen von Ruhe und Ordnung reagierte. Bei der Repatriierung ehemaliger Sowjetbürger spielten sich immer wieder die westliche Öffentlichkeit verstörende Szenen ab. Zur *cause célèbre* wurde der Widerstand einer Gruppe sowjetischer DPs, darunter Frauen und Kinder, die sich im August 1945 in einer Kirche auf einem Lagerareal in Kempten verschanzt hatten. Dort feierten sie mit ihren orthodoxen Priestern eine Messe, als das US-Militär zur Tat schritt. Das Handgemenge mit den Soldaten, bei dem die sowjetischen DPs das eiserne Altarkreuz als Waffe einsetzten, weitete sich in der US-Presse zum Skandal aus (Goeken-Haidl 2006, 215ff.). Dieser Protest zielte klar auf westliche Öffentlichkeiten und Besatzungsmächte – nicht auf die deutschen Medien oder lokalen Politiker, die keine Kontrolle über die Lager hatten.

Ebenfalls zu den DPs zählten jüdische Überlebende in Lagern auf westdeutschem Boden. Deren Zahl wuchs im Laufe des Jahres 1945/46 an, da viele überlebende osteuropäische Juden angesichts einer antisemitischen Pogromstimmung vor allem in Polen Schutz im »amerikanischen Deutschland« suchten (Grossmann 2007). Das belastete die angespannte Wohnungssituation in den Zentren der DP-Bevölkerung weiter. Ende April 1946 kam es in Landsberg am Lech, wo sich die Einwohnerzahl durch den Zuzug von 7 000 jüdischen DPs etwa verdoppelt hatte, zu Angriffen auf Deutsche, nachdem zwei jüdische Jugendliche aus einem Lager am benachbarten Ammersee verschwunden waren. Die wildesten Gerüchte über ihre Verschleppung durch Deutsche zirkulierten. DPs zogen plündernd durch Landsberg, stürmten einen Bus, einzelne Passagiere wurden krankenhausreif geschlagen. Das US-Militär unterdrückte den Protest rasch, den die Landsberger als »jüdischen Aufstand« bezeichneten. Die DPs reagierten mit Beschimpfungen der »amerikanischen Gestapo«. Zwanzig Protestler wurden vor ein Militärgericht gestellt, achtzehn zu Freiheitsstrafen von bis zu zwei Jahren verurteilt (Paulus/Raim/Zelger 1995, 27).

Adressatin der jüdischen Protestler waren wie im Falle der sowjetischen DPs Politik und Öffentlichkeit der USA und Großbritanniens, die zur Akzeptanz der Gründung eines jüdischen Staates in Palästina bewegt werden sollten. Die amerikanischen Medien griffen die Vorfälle tendenziös auf und skandalisieren diese. Die *New York Times* befürchtete einen nationalistischen »Backlash« der Deutschen. Aus US-Sicht gefährdete der »jüdische Protest« eine Stabilisierung der Verhältnisse in Deutschland. Da-

Der Protest der *Displaced Persons* und deutscher Rassismus

Abb. 2: Proteste der *Displaced Persons*: In Landsberg am Lech kommt es am 28. April 1946 zu handgreiflichen Auseinandersetzungen zwischen der deutschen Bevölkerung und sogenannten *Displaced Persons* (DPs). Die US-Militärpolizei geht dazwischen, 20 Juden werden verhaftet und erst nach weiteren Protesten der DPs wieder freigelassen. In Landsberg wird seither vom »jüdischen Aufstand« gesprochen. Historisch gesehen sind die Proteste der DPs die frühesten auf dem späteren Territorium der BRD. Anfänglich demonstrieren die jüdischen DPs überwiegend für die Gründung eines Staats Israel, ab den späten 1940er Jahren thematisieren die nicht ausgewanderten Überlebenden des Holocaust dann vermehrt den anhaltenden deutschen Antisemitismus und Rassismus.
(Quelle: Edith Raim, Landsberg; Foto: Heinrich Rakocz, München)

bei waren die Landsberger Vorfälle nicht isoliert. In vielen Zentren der jüdischen DP-Population gab es Protestmärsche für eine Gründung von Israel. Die jüdischen Überlebenden gewannen ein neues Selbstverständnis. Sie wollten möglichst rasch aus Europa und von den verhassten Deutschen weg. Doch die internationale Politik und die Militärregierungen verhinderten dies. Deutsche Bevölkerung und Besatzungsmacht reagierten mit Unverständnis und Fassungslosigkeit.

Nach der Gründung des Staates Israel 1948 änderte sich der Fokus jüdischer Proteste. Er konzentrierte sich nun auf den massiven deutschen Antisemitismus, gegen den die jüdische Gemeinde vielfach vehement protestierte (Brenner 1995, 81). Auch dies sprach britische bzw. amerikanische Medien an, um Druck auf die deutsche Politik auszuüben, vermehrt jedoch die westdeutsche Öffentlichkeit, als deren Teil sich die in Deutschland verbliebene kleine jüdische Bevölkerung künftig verstehen musste. Als die *Süddeutsche Zeitung* kommentarlos einen Leserbrief abdruckte, in dem ein Autor sich darüber ausließ, dass die Amis den Deutschen angeblich nur das eine nicht verziehen, »dass wir nicht alle vergast haben«, marschierten Hunderte jüdischer DPs in Protest zur Redaktion der *Süddeutschen*. Berittene deutsche Polizei griff hart durch, ein Polizist machte im Handgemenge von der Schusswaffe Gebrauch; Demonstranten setzen einen Mannschaftswagen der Polizei in Brand, den sie zuvor mit einem Hakenkreuz bemalt hatten. Die herbeigeeilte *US Military Police* bewegte die deutsche Polizei zum Abzug und beendete den Protest nach zwei Stunden (Wetzel 1987, 348ff.).

Die Münchener Straßenschlacht zog in der internationalen Presse Kreise. Die deutsche Polizei wurde mit der SS verglichen, die *Süddeutsche* als würdige Nachfolgerin des NS-Hetzblattes *Der Stürmer* bezeichnet. Tatsächlich waren die besonders dramatischen Münchener Vorfälle und der ausgesprochen harsche Umgang mit den DPs nicht so einzigartig, wie Berichte aus Stuttgart zeigen. Dort war es schon im Mai 1946 bei einer Razzia gegen den als Zentrum des Schwarzmarktes geltenden »fremdartigen Basar« in der Reinsburgstraße zum Gebrauch von Schusswaffen mit Todesfolge gekommen. Die Aktion erinnerte an eine Ghetto-Räumung an der Ostfront: 220, zum Teil mit Karabinern bewaffnete Polizisten rückten mit Hunden und Lautsprecherwagen ein und forderten die Bewohner zum Verlassen ihrer Häuser auf. Die Stuttgarter Bevölkerung deutete den Widerstand der DPs gegen den Angriff nicht vor dem Hintergrund von deren KZ-Erfahrungen, sondern als Beweis dafür, dass sie »einwandfreie Schleichhändler« und Kriminelle wären (Müller 1990, 81ff.).

Deutlich sichtbar wird der larmoyante Nationalismus und wenig kaschierte Antisemitismus der ersten Nachkriegszeit in den Protesten gegen die Beschlagnahmung von Wohnhäusern durch britisches Militär für ein DP-Lager in Hagen im Ruhrgebiet. Die lokale Bevölkerung forderte verständlicherweise ihre beschlagnahmten Wohnungen und Gärten zurück. Sie begründete dies jedoch auch mit der Verantwortung der »einquartierten Fremdländer« für »Raubüberfälle, Bandendiebstähle, [und] Ausplünderung ganzer Felder und die sonstigen Drangsalierungen«. Den Briten warfen sie Missachtung rechtsstaatlicher Prinzipien vor:

> »Wenn es den westlichen Demokratien wirklich Ernst ist mit ihren Versprechungen, [...] dann muss auch dem Deutschen wieder das primitivste Recht des persönlichen Eigentums zuerkannt werden. [...] Denn die Läger sind [...] ein Faktor der Unsicherheit und Rechtlosigkeit den Deutschen gegenüber. Sie sind ein Krebsgeschwür [...].« (GHDI, Bd. 8, Dok. 4120).

Auch hier wird eine kodierte, rassistische Sprache verwendet. Die angesprochenen »Polen« waren vermutlich jüdische Flüchtlinge und KZ-Überlebende. Ihnen werden die üblichen negativen Stereotype zugeschrieben, die wir aus »ausländerfeindlichen« Vorfällen späterer Dekaden kennen. Auch zeichneten sich Deutsche als Opfer der Fremden und warfen den Besatzungsmächten fehlende demokratische Konsequenz vor. Die Besatzungsmacht, nicht der Krieg, wurde für chaotische Verhältnisse und wirtschaftliche Einschränkungen verantwortlich gemacht. Andererseits machten sich die ersten Nachkriegsprotestler auch Konzepte wie Rechtsstaatlichkeit und Demokratie zunächst noch verhalten zu eigen, indem sie das Recht ihrer »Volksgemeinschaft« gegen alliierte Besatzer und deren »fremdländische« Schutzbefohlene verteidigten. Protest war hier Arbeit an einem sich noch entwickelnden demokratischen Konsens.

1 Eine Volksgemeinschaft revoltiert

Hungerrevolten

Für die Besatzungsmächte politisch bedrohlich war der anwachsende Protest aufgrund des Hungers seit Ende 1946. Hunger, so meinte Konrad Adenauer in einer Rundfunkrede im September 1946, sei das größte Hindernis für eine demokratische Entwicklung in Deutschland (Koop 2007, 179). Bis Anfang 1945 hatten die wenigsten Deutschen gehungert. Aufgrund einer Rekordernte 1943, dem massiven Import aus den besetzten Gebieten sowie einer effizienten Rationierung und Vorratshaltung im Krieg funktionierte die Versorgung bis Ende 1944 leidlich, kollabierte jedoch mit dem Zerfall der staatlichen Strukturen 1945. So erreichte etwa Heidelberg bis zur Währungsreform 1948 das Vorfriedensniveau der Ernährungslage nur einmal, im Januar 1946. Aufgrund der Demontage nicht nur von kriegswichtigen Industrien, sondern dem Abtransport auch von Lokomotiven, Bahngleisen und Anlagen zur Fabrikation von Düngemitteln gingen Produktion und Verteilung von Lebensmitteln weiter zurück. Auch das Wetter spielte verrückt. Auf einen extremen Winter folgte ein extrem heißer Sommer 1947 mit enormen Ernteausfällen. Das besetzte Deutschland musste mehr Lebensmittel importieren als vor dem Krieg. Da aber ganz Europa hungerte und Devisen für die Einfuhr aus den USA fehlten, waren einer Verbesserung Grenzen gesetzt.

Diese gesamtwirtschaftlichen, im Kern globalen Zusammenhänge erschlossen sich den Hungernden nicht. In ihrer Sicht war der Aufbau demokratischer Strukturen von Ernährungsengpässen begleitet, weil der Hunger erst mit dem Frieden kam; er war wahlweise Teil einer sinisteren Strategie zur Ausrottung der Deutschen oder Beweis der Unfähigkeit der Besatzungsmacht. Ein Protest eigener Art waren Hamsterfahrten und Schwarzmarktgeschäfte, die seit dem Winter 1945/46 zur Wochenroutine vieler Städter gehörten. Diebstähle von Kohle waren Massenphänomene. So meldete beispielsweise die Gutehoffnungshütte in Oberhausen, dass »monatlich zwischen 5 000 und 7 000 Tonnen Kohle gestohlen würden«; ein Konsumverein in Duisburg gab an, dass innerhalb weniger Monate 10 000 kg Fett, 8 000 kg Kakao und 25 000 kg Zucker entwendet worden seien (Koop 2007, 182). Richter verfolgten diese Kleinkriminalität nicht mehr. Der Kölner Erzbischof Josef Kardinal Frings hat in seiner berühmten Silvesterpredigt 1946 den Mundraub legitimiert (»fringsen«).

Es blieb nicht beim »stillen Protest« des Hamsterns und Stehlens. Die gut vernetzten Gewerkschaftler und Sozialdemokraten des Ruhrgebiets empörten sich zunehmend öffentlich. Mitte 1946 herrschte noch Verständnis für die Notlage vor, Anfang 1947 ging die Geduld zu Ende. Mit Rationen unter 1 000 Kalorien konnten die Ruhrkumpel ihre schwere Arbeit kaum leisten. Sie gingen Anfang 1947 massenhaft in den Ausstand. Am 3. Februar 1947 veranstalteten 15 000 Arbeiter in Essen einen Hungermarsch, wenige Tage später streikten 20 000 Grubenarbeiter in Oberhausen, am 25. März 80 000 in Wuppertal, am 1. April 100 000 in Duisburg, 30 000 in Dortmund und 40 000 in Gelsenkirchen. Am 3. April legten schließlich 300 000 Bergleute die Arbeit nieder. 120 Zechen blieben geschlossen, in der britischen Zone drohte Anarchie. Auch in Hamburg streikten Arbeiter, nachdem es auf der Werft von Blohm & Voss mit einem Sitzstreik angefangen hatte. An einer Kundgebung am 9. Mai nahmen 150 000 Menschen teil und forderten, Hamburg zum Notstandsgebiet zu erklären. Es sei die Pflicht der Militärregierung zu helfen, so der Hamburger Gewerkschaftsvorsitzende Adolf Kummernuss, dessen Rede in dem legendären Ausruf gipfelte: »Ein Volk stirbt!« (Die Zeit, 15. Mai 1947).

Da Streiks verboten waren, legten die Ruhrkumpels die »Arbeit nieder«. Auch die Hamburger Arbeiter entschieden sich ausdrücklich gegen einen Streik und für eine Protestkundgebung, »um die Augen der Welt auf die deutsche Not hinzuweisen«. Auf Plakaten, die die Demonstranten mit sich führten, stand: »Wir haben Hunger«, »Wir fordern Brot«, »Versprechungen machen uns nicht satt«. Aber auch politische Parolen wie nach der Sozialisierung der Betriebe und der Einheit Deutschlands waren zu sehen (Häusser/Maug 2011, 183). Die Streikenden forderten die deutsche Einheit auch daher, weil durch die Aufteilung Deutschlands in Besatzungszonen das Ruhrgebiet von den traditionellen Kornkammern im Osten abgeschnitten worden war. Hungerstreiks und -proteste waren ein städtisches Phänomen. Sie nahmen ihren Anfang in der britischen Zone, aber dehnten sich im Frühsommer 1947 und Winter 1947/48 auf die US-Zone aus. Das industrielle Kernland an der Ruhr spielte den Vorreiter, weil die schlechte Versorgung der Bergarbeiter aufgrund der Symbolik der Kohle als Treibstoff der Wirtschaft und Heizmittel der Häuser die Schieflagen in der gelenkten Wirtschaft der Besatzungszeit besonders markant hervortreten ließ. Zugleich existierte mit den Gewerkschaften als Träger der Hungerproteste ein organisatorischer Kern, der trotz der zwölfjährigen Verbotszeit des »Dritten Reiches« über ausreichend Kompetenz zur Initiierung von Straßenprotest verfügte. Hungerdemonstrationen fanden sich vor allem dort, wo es Industrie oder starke Gewerkschaften gab.

Die zweite mobilisierbare Gruppe waren auch damals Studenten, die mit fantasievollen Plakaten auf sich aufmerksam machten (Pross 1992, 82). Appelliert wurde nicht mehr nur an die Weltöffentlichkeit und an die Alliierten, sondern auch an die deutsche Politik, da sich 1946/47 in den Ländern Landtage konstituierten. Der Mainzer Landtag etwa fordert im Juni 1947 die rheinlandpfälzische Regierung auf, alles für die Steigerung der landwirtschaftlichen Produktion und ihrer besseren Verteilung zu tun. Während einer Debatte im August 1947 kam es zum Eklat, weil CDU-Ministerpräsident Peter Altmeier mit scharf antikommunistischem Duktus von »Hetzern« und »wilden Agitationsmachern« als den Trägern der Hungerrevolte sprach. Das Mainzer Kabinett sah sich zu einem schwierigen Spagat genötigt, weil sich die Resolution der Abgeordneten zwar offiziell an die Landesregierung richtete, aber überall, nicht nur in Mainz, die jeweilige »ausländische Besatzungsmacht« für den Hunger verantwortlich gemacht wurde (Rothenberger 1980, 158).

Die tiefere Ursache der Not geriet vielen Deutschen rasch aus dem Blickfeld, wenn in einer Verballhornung des Horst-Wessel-

Lieds die NS-Herrschaft mit der der Vereinten Nationen der Besatzungsmächte verglichen wurde: »Die Preise hoch! Die Zonen fest geschlossen / Die Kalorien sinken Schritt für Schritt! Es hungern stets dieselben dummen Volksgenossen, [...] der Tag des Heils, die UNO-Zeit bricht an« (Weber 1994, 207).

Zwar hat der Hungerprotest die Ernährungslage nicht sofort verbessert. Dennoch hatte er Wirkung: Die internationale Hilfe, wie die schon angelaufene Hoover-Speisung, kam nun richtig ins Rollen. »Wir hätten«, so Hans Schlange-Schöningen, Direktor (quasi Minister) für Ernährung, Landwirtschaft und Forsten in der Bi- bzw. Trizone von 1947 bis 1949, »die Zeit des Maisbrotes und der 1 000 Kalorien ohne eine Explosion der Verzweiflung nicht überstanden« (1955, 289). Der Marshall-Plan 1947 lancierte gesamteuropäische Lösungen, die Vereinigung der britischen und amerikanischen Zone zur Bizone baute strukturelle Hemmnisse ab. Der Durchbruch kam mit der Währungsreform 1948, als die Liberalisierung erst der Preise, dann der Löhne zur allmählichen Wiederherstellung funktionierender Märkte führte.

Protest gegen Demontagen und Besatzer

Ein Gutteil der Proteste zwischen 1947 und 1950 richtete sich gegen die alliierten Besatzer, ob sie nun als Beschützer der DPs, als Verursacher der Wirtschaftskrise oder als Konkurrenten auf dem Wohnungsmarkt wahrgenommen wurden. Das wohl mächtigste Symbol deutscher Ohnmacht, des »Objektcharakters« Deutschlands als »Spielball der Siegermächte«, der besetzten und mediatisierten Lage der Deutschen nach 1945, waren die Demontagen in der Industrie. Die Ernährungsfrage war kritisch, im Alltag spürbar. Indes waren Versorgungsmängel, wie zerstörte Wohnräume, direkte Kriegsfolge und damit prinzipiell selbstverschuldet. Der Abbau industrieller Anlagen hingegen zeigte die Alliierten bei der

»aktiven Vernichtung« künftiger Lebensgrundlagen der Deutschen. So jedenfalls sahen es viele und begehrten dagegen auf, wie übrigens auch im Südwesten gegen die »Franzosenhiebe«. Im Schwarzwald wird die Erinnerung an den rigorosen Kahlschlag der Forsten als Beleg für die besondere Rücksichtslosigkeit der französischen Besatzungsmacht auch nach Jahrzehnten aktiv wach gehalten (Moersch/Weber 2008, 20; Wolfrum 2000).

Die Demontagepolitik hat das Verhältnis zwischen Besatzern und Besetzten 1948/49 stark belastet. Subjektives Empfinden und tatsächliche Lage klafften weit auseinander. Die Eingriffe waren weniger schlimm als anfänglich befürchtet. Sie reduzierten faktisch überschüssige Kapazitäten. Die Wirtschaftsgeschichte spricht von der Demontage als einem Sozialmythos: 1948 war das Bruttoanlagenvermögen noch immer höher als vor 1936. Überwiegend wurden die rüstungswirtschaftlichen Zuwächse der Jahre 1936 bis 1944 demontiert. Die Demontage dürfte den Strukturwandel zur Friedenswirtschaft sogar erleichtert haben, weil von der NS-Rüstungspolitik geschaffene Ungleichgewichte beseitigt wurden (Abelshauser 2004, 82).

Der abgeklärte historische Rückblick auf »zeitgenössische Panikmache« steht im scharfen Kontrast zur emotionalen Reaktion der Menschen damals. Als die Demontagelisten im Oktober 1947 veröffentlicht wurden, war dies ein Schock. Viele reagierten panisch, die Symbolik war schlagend, die Folgen wenig abschätzbar. Besonders heftig fielen die Konfrontationen in der britischen Zone aus, weil mit der Ruhr, der Region um Salzgitter und den Werften in den Küstenstädten die Zentren der deutschen Rüstungs- und Schwerindustrie genau dort lagen. Doch standen die Briten im Vergleich zu den »wohlhabenden Amerikanern« aufgrund ihrer eigenen Schwächung durch den Krieg im Verdacht, die deutsche Konkurrenz kleinzuhalten und ihre Wirtschaft durch deutsche Reparationen rekonstruieren zu wollen (Graham-Dixon 2013, 195ff.).

Die Demontagen an der Ruhr setzten im Frühjahr 1947 ein, dem psychologisch denkbar ungünstigsten Zeitpunkt: Die Hungerkrise erreichte mit dem Beginn der ersten Streikwelle in der britischen Zone ihren dramatischen Höhepunkt. Die Demontagen verstärkten die Wahrnehmung, wonach es darum gehe, im »Geist von Morgenthau« an den Deutschen »Rache zu üben«, sie zu vernichten oder dauerhaft in wirtschaftlich primitiver Form »unten« zu halten. Nach diesem Muster wurde etwa in Essen, wo die im April 1946 gegründete Metallgewerkschaft das organisatorische Rückgrat der Belegschaftsproteste bildete, an die Betriebsräte appelliert, dafür zu sorgen, dass »kein deutscher Arbeiter seine Hand dazu hergibt, seinen eigenen Arbeitsplatz abzubauen« (Heistermann 2004, 167).

Indes nutzten sowohl Unternehmer als auch Gewerkschaften Demontageprotest für andere Ziele. Zwar war die Erbitterung vieler Arbeiter und ihrer Familien über die Demontagen »erheblich« (Kleßmann 1986, 107). Doch merkten Gewerkschaftsführer schnell, dass sich Arbeiter leichter gegen Demontagen als für Sozialisierungsforderungen mobilisieren ließen. Der »Kampf um die Demontage« wurde teilweise stellvertretend für die politisch weniger leicht durchzusetzende Sozialisierung geführt. Es wurde also die erhoffte Überführung von Kohle und Stahl in gemeinwirtschaftliche Strukturen angestrebt, auch weil sich 1947, als die inzwischen reduzierten Demontagelisten mit Verzögerung bekannt gegeben wurden, der Ost-West-Konflikt bemerkbar zu machen begann. Politisch erschwerte das eine Umsetzung der Sozialisierung, zumal die amerikanische Seite inzwischen kräftig gegensteuerte.

Warum also schwappte die Welle der Anti-Demontageproteste erst 1948/49 so richtig hoch, mehr als ein Jahr nach dem Beginn der Demontagen? Die Anti-Demontageproteste sind ein gutes Beispiel dafür, dass Protest nicht einfach aus sich selbst heraus entsteht, sondern kontextabhängig ist und in einer bestimmten sozialen Lage verfängt: *Erstens* existierte erst ab Mitte 1948 der gesellschaftliche und politische Kontext für eine breite Mobilisierung gegen Demontagen (die sozialwissenschaftliche Forschung spricht von »Gelegenheitsstrukturen«). Mitte 1948 war die Demontage der meisten Rüstungsbetriebe abgeschlossen. Nun folgte die Demontage von »Überschussbetrieben«, die primär der zivilen Produktion nützten (Kramer 1991, 419). Dieser zweiten Demontagewelle fehlt die moralische und politische Legitimität der Demilitarisierung. Briten und Franzosen wurde vorgeworfen, es gehe ihnen nur noch um die Ausschaltung deutscher Konkurrenz.

Ein weiterer Faktor heißt *zweitens* »Amerika«: Nach der Stabilisierung der westlichen Zonen durch die Währungsreform gewann mit der Berlin-Blockade 1948/49 der Ost-West-Konflikt an Dynamik. Westdeutsches Klagen, die Demontage nütze Kommunisten (zuhause und in der Ostzone), trafen in den USA auf offene Ohren. Die Amerikaner ihrerseits übten Druck auf Briten und Franzosen aus, die Demontagen einzustellen, weil sie vor dem Hintergrund des Marshall-Plans die wirtschaftliche Rekonstruktion konterkarierten (Treue 1967, 47). Damit stärkten die Amerikaner deutschen Anti-Demontageprotesten den Rücken.

Drittens verfügte die deutsche Politik Ende 1948 wieder über erhebliche Autonomie. Die im Wettbewerb um Mandate und Einfluss stehenden Parteien nutzten ihre neuen Spielräume. Sie demonstrierten ihre Eigenständigkeit gegenüber den Alliierten umso stärker, je näher 1949 die Bundestagswahlen und damit die innenpolitische Souveränität der BRD rückte. Der Protest gegen Demontagen diente der parteipolitischen Profilierung.

Die veränderten Rahmenbedingungen erklären, warum es mit Protesten gegen Demontage erst so richtig losging, als die deutsche Politik 1949 viele der Fesseln der Besatzungszeit bereits abgestreift hatte. In Salzgitter, wo mit den »Reichswerken Hermann Göring« eines der erst seit 1937 errichteten Vorzeigeobjekte der NS-Rüstungswirtschaft stand, dauerte es mehr als ein Jahr, bis es nach dem Beginn der Demontagen zu ersten größeren Demonstrationen kam. Die Chronologie ist erhellend: Anfang 1949 soll sich die Bevölkerung Salzgitters in einem Zustand »verzweifelter Resignation« befunden haben. Zahllose Eingaben waren verpufft. Doch dann gerieten die Dinge in Bewegung, als sich die Landespolitik des Themas annahm. Im März 1949 tagte das niedersächsische Kabinett in Salzgitter. Demos nützten den politischen Interessen der Landesregierung von Hannover. Als sich im Sommer das Tempo der Demontagen beschleunigte, kam es am 17. August 1949, drei Tage *nach* den ersten Bundestagswahlen, zu einer ersten großen Protestversammlung mit 30 000 Teilnehmern (einem Drittel der Bevölkerung von Salzgitter). Am Folgetag demonstrierten 13 000 Belegschaftsmitglieder (Kieser 1983, 99).

Die Anti-Demontageproteste sind damit sowohl stellvertretender Ausdruck der gewachsenen Spielräume und »Gelegenheiten« für Protest als auch der generellen Unzufriedenheit mit der wirtschaftlichen und politischen Lage 1948: Die Gewerkschaften sahen sich mit ihren Hauptforderungen nach einem Betriebsrätegesetz und der bereits in einzelnen Landesverfassungen verankerten Sozialisierung zunehmend auf der Verliererstraße, weil die US-Militärregierung mauerte. Proteste gegen Demontage waren da politisch leichter kommunizierbar. Hinzu kamen verstärkend die Streiks, Demonstrationen und Unruhen wegen Hunger, Korruption und Schwarzmarkt, die für eine kontinuierliche Grundstimmung der Unzufriedenheit sorgten, die sich schließlich auch in Anti-Demontageprotesten entlud.

Gegen Währungsreform und Liberalisierung: Generalstreik 1948

Die Hungerproteste 1947/48 gingen nach der Währungsreform im Juni 1948 fast nahtlos in Teuerungsproteste über. Zwar verbesserte sich die Versorgungslage fast über Nacht, doch nun drohte Inflation: Anders als die Währungsreform oft erinnert wird, legte sich die Begeisterung rasch, weil die von Ludwig Erhard im Handstreich verfügte Aufhebung der staatlichen Preisbindung zu einer raschen Steigerung der Lebensmittelpreise führte. Aufgrund des noch bis Oktober geltenden Lohnstopps benachteiligte dies die Bezieher von Lohneinkommen gegenüber Händlern (Fuhrmann 2017). Die Stimmung war aufgeheizt, Erhard war der Sündenbock der Protestler. Die Teuerungsproteste hatten oft spontanen Charakter. Auf dem Münchener Viktualienmarkt musste ein Überfallkommando der Polizei eine Eierverkäuferin vor empörten Kunden schützen, die in einer »Eierschlacht« ihrer Wut über steigende Preise Luft machten (Münchener Stadtchronik, 31. Juli 1948).

Ein erster Höhepunkt der breiten Streikwelle im Herbst 1948 waren die Demonstrationen in Stuttgart am 28. Oktober 1948, als zwischen 13 und 14 Uhr zwischen 50 000 und 100 000 Menschen die Arbeit niederlegten und sich auf dem Karlsplatz versammelten. Die Demonstranten führten Plakate mit sich, auf denen sie forderten: »Wir wollen leben – nicht vegetieren« und »Fort mit Professor Erhard«. Im Anschluss an die Demonstration gingen die Scheiben von Geschäften mit luxuriösen Auslagen in der Königstraße zu Bruch. Als die Polizei die Menge zurückdrängen wollte, sah sie sich einem Steinhagel auch von Dächern umliegender Gebäude ausgesetzt. Die herbeigerufene US-Militärpolizei konnte »mit aufgepflanztem Seitengewehr und Tränengas« die Stuttgarter Einkaufsmeile räumen. Gouverneur Clay ordnete an, mit Panzern gegen die Demonstranten vorzugehen. Anschließend wurde in Stuttgart eine zeitlich unbefristete Ausgangssperre von 21 bis 4 Uhr verhängt (Müller 2017).

Der »Stuttgarter Tumult« vom 28. Oktober 1948 verdient eine genauere Betrachtung, da er aufgrund der militärischen Konfrontation und dem Einsatz von schweren Waffen durchaus an die Unruhen des 17. Juni 1953 in der DDR erinnert. Der Berliner Historiker Jörg Roesler (2013) hat argumentiert, dass sich die Ereignisse in Stuttgart und Ostberlin »in vieler Hinsicht« glichen: Arbeiter, deren Einkommen auf Grund von Regierungsentscheidungen sinken, protestieren; Generalstreik; Gewalt gegen Sachen, Plünderungen, anschließend Polizeieinsatz, gewaltsame Gegenwehr vor allem von Steine werfenden Jugendlichen. Als die deutsche Polizei nicht zu Rande kommt, wird die Besatzungsmacht zur Hilfe gerufen, in

Gegen Währungsreform und Liberalisierung: Generalstreik 1948

Abb. 3: **Proteste gegen die Währungsreform und die wirtschaftliche Liberalisierung 1948:** Menschenmassen blockieren Straßenbahnen auf der Stuttgarter Königstraße am 28. Oktober 1948. Während des »Stuttgarter Tumults« kommt es zu Plünderungen von Geschäften und Konfrontationen mit der US-Militärpolizei, die auch gepanzerte Fahrzeuge einsetzt. Entgegen dem Mythos wird die Währungsreform anfangs überwiegend abgelehnt, da die Freigabe der Preise, jedoch nicht der Löhne, zu einer raschen Teuerung führt. Zwei Wochen später, am 12. November 1948, folgt der erste und bisher einzige Generalstreik der Nachkriegszeit, gegen den »Wirtschaftsdiktator« Ludwig Erhard.
(Quelle: Stadtarchiv Stuttgart; Foto: Fritz Hartmann)

Stuttgart die Amerikaner, in Berlin die Sowjets. Panzer rollen auf, am Abend ist die Ordnung wiederhergestellt, eine Ausgangssperre wird verhängt, einige Beteiligte werden verhaftet, vor Gericht gestellt und abgeurteilt.

Warum, so Roesler, würden die Berliner Ereignisse als Bildikonen mit den Steine werfenden Jugendlichen in Schulbüchern kodifiziert, während die Stuttgarter Ereignisse außerhalb der lokalen Erinnerung weitgehend vergessen worden sind? Stuttgart passe nicht ins Bild der westdeutschen Erfolgsgeschichte, während Ostberlin 1953 eine wunderbare negative Kontrastfolie zur westdeutschen Wirtschaftswundererzählung darstelle. Daran ist richtig, dass Stuttgart 1948 tatsächlich nicht in die siegeswestdeutsche Erzählung der wirtschaftlich erfolgreichen BRD passt. Aber reicht das zur Erklärung aus? Denn anders als in der DDR 1953 wurde in der Bizone 1948 (sehr wohl dagegen in der Französischen Zone) weiterer Protest keineswegs unterbunden. Zwei Wochen später folgte der Generalstreik vom 12. November, danach eine Serie weiterer Demonstrationen, die auch mit der Gründung der BRD nicht erlahmten. Auch war im Prinzip der »Stein des Anstoßes« im November 1948 schon beseitigt, weil der als »Wirtschaftsdiktator« so heftig kritisierte Erhard eine Freigabe auch der Löhne verfügt hatte. Die DDR war zu vergleichbaren Zugeständnissen weder bereit noch in der Lage und unterband nach dem 17. Juni jegliche öffentliche Artikulation von Unzufriedenheit.

Sowohl die Demonstrationsstreiks vom Herbst 1948 gegen Teuerung und Erhards liberalen wirtschaftspolitischen Kurs als auch der Widerstand gegen die Demontagen sind exzellente Beispiele dafür, wie entscheidend die Kontextbedingungen für eine erfolgreiche Mobilisierung sind, welche Rolle die subjektiven Erwartungshorizonte spielen, und wie der Kontext letztlich Protest ermöglicht und »Gelegenheiten« schafft.

Zentral ist hierfür *erstens*, dass Protestler einen Erfolg ihrer Aktion erwarten können oder dies zumindest hoffen. Sie müssen subjektiv davon überzeugt sein, dass Protest Aufmerksamkeit generiert und Handlungen provoziert. *Zweitens* war ein Moment der Überraschung und Spontaneität – im Unterschied zur DDR 1953 – bei den Teuerungsprotesten 1948/49 kein relevanter Faktor, da die Gewerkschaften die Demonstrationen planten und organisierten. Das verweist erneut auf die Bedeutung institutioneller Träger von Protest. *Drittens* bestand Aussicht auf Erfolg nur aufgrund der wachsenden Handlungs- und Entscheidungsfähigkeit der westdeutschen Politik, die mit den Teuerungsstreiks vom

Herbst 1948 die überwiegende Adressatin der Proteste geworden war, während die Hungerrevolten vom Winter 1947/48 und mit abnehmender Tendenz dann auch der Demontageprotest sich noch ganz überwiegend gegen die Besatzungsmacht gerichtet hatten. Erst als die Landes- und Bundespolitik Probleme wie Demontagen und Teuerungen zu thematisieren begann und sie als Gegenstände antagonistischer parteipolitischer Profilierung entdeckte, verwandelte sich Resignation in aktiven Protest mit entsprechend größerer Mobilisierung. Damit bedarf es *viertens* eines offenen medialen und politischen Systems, damit Protest gesellschaftliche Impulse geben kann.

Protest der Besatzungsgeschädigten, Flüchtlinge und Vertriebenen

Protest gegen Hunger, Teuerung und Demontage solidarisierte die Nachkriegsdeutschen nach innen, gegen äußere Mächte und imaginierte Feinde und Fremde. Denn die deutsche Gesellschaft der Besatzungszeit war in sich äußerst heterogen, zwischen »Alteingesessenen« auf der einen Seite sowie »Flüchtlingen und Vertriebenen« auf der anderen Seite gespalten, aber auch politisch zwischen ehemaligen Anhängern des NS-Regimes, der großen Masse der »Mitläufer« und »Unpolitischen« auf der einen Seite sowie den wenigen »Resistenten«, Regimegegnern und Rückkehrern aus dem Exil auf der anderer Seite. Die NS-Gegner taten sich im Nachkriegsdeutschland politisch ausgesprochen schwer. Hinzu kam neben der »Landsmannschaft« (Herkunft) und dem sozialen Status (»Klasse«) auch Konfession und Religionszugehörigkeit als traditioneller Faktor der Heterogenität in Deutschland. Diese verstärkte sich aufgrund der Zuwanderung von »konfessionsfremden« Flüchtlingen und Vertriebenen vor allem in ländliche Regionen (Stadtrecher 2016).

1 Eine Volksgemeinschaft revoltiert

Ein Dauerbrenner auf lokaler Ebene waren die Anforderungen der Besatzungsmächte, aus Mittel- und Osteuropa vertriebene »volksdeutsche« Flüchtlinge zu beherbergen und Wohnraum für die Besatzungssoldaten zur Verfügung zu stellen. Die Requirierung von Wohnraum schweißte die lokale »Volksgemeinschaft« gegen alliierte Besatzer zusammen. Der Protest der davon betroffenen »Besatzungsgeschädigten« blieb Thema bis in die frühe Bundesrepublik, ja über die politische Souveränität 1955 hinaus. Erst als sich Briten, Amerikaner und Franzosen zunehmend in neugebaute Enklaven zurückzogen, verschwanden die Steine des Anstoßes von Protest gegen die Besatzer. Zugleich artikulierten sich mit der Gründung der Bundesrepublik zunehmend die gut organisierten Vertriebenen, die einen gerechteren Lastenausgleich forderten und sich, durch den Krieg »um Haus und Hof« gebracht, im Wirtschaftswunderland beeinträchtigt sahen.

Im Mit-, Neben- und Gegeneinander von deutscher Bevölkerung und Besatzern war die Beschlagnahmung von Wohnraum ein Dauerbrenner. Anna-Maria Pedron (2010) hat am Beispiel des zur US-Zone gehörenden Bremen die Wellen der Wohnraumbeschlagnahmungen untersucht und den rasenden Unmut, zu dem die rigorosen Requirierungen führten. Kam die Masse der GIs zwar in alten Wehrmachtskasernen unter, so wurden für Offiziere private Häuser beschlagnahmt. Menschen, deren Häuser den Luftkrieg überstanden hatten, sahen sich innerhalb weniger Stunden auf die Straße gesetzt. Die überfallartig Ausquartierten wussten oft nicht wohin. Sie saßen wortwörtlich auf der Straße und konkurrierten mit Ausgebombten und Flüchtlingen um Notunterkünfte. Als besonders empörend empfanden die *locals*, wenn NS-Verfolgte aus ihren Häusern vertrieben wurden, während ehemalige »PGs« verschont blieben.

Auch nachdem die wilde Phase der alliierten Beschlagnahmungen 1945 vorbei war, sorgten weitere Requirierungen regelmäßig für Zündstoff. Anfang 1946 setzten die Transporte von Vertriebenen aus Ungarn, Rumänien, dem Sudetenland und Jugoslawien ein. Es wurde noch enger in Häusern und Wohnungen. Gleichzeitig richteten sich die USA auf eine längere Besatzung ein und holten Angehörige von Offizieren und Unteroffizieren nach. Einerseits sollten diese das soziale Umfeld der eigenen Soldaten stabilisieren, andererseits den Deutschen Vorbilder demokratischen Familienlebens liefern. Der erwünschte demokratisierende Effekt stellte sich vorhersehbar nicht ein. Im Gegenteil: Viele Betroffene fühlten sich an »Methoden einer vergangenen Zeit erinnert« und setzen die US-Beschlagnahmungen mit dem rabiaten Vorgehen der Wehrmacht in der NS-Zeit gleich. Hinzu kam an vielen Orten Gewalt gegen Frauen, aber auch die konsensuelle Fraternisierung zwischen »Fräuleins« und US-Soldaten, die die deutsche Selbsteinschreibung in einen Opferstatus zusätzlich beförderten (Höhn 2008).

Eine so sichtbare und präsente »fremde Macht« kann in einer Gesellschaft reflexartig Unmut und Protest hervorrufen, wenn die Bedingungen stimmen. Die deutsch-amerikanische Freundschaft der Nachkriegszeit jedenfalls begann ambivalenter, als sie im Rückblick gern verklärt wird. Dass Wohnungen, Hotels, Gaststätten und auch Ladenlokale (für die PX-Geschäfte) beschlagnahmt wurden, sorgte permanent für grelle Empörung. Ein verdrängtes Kapitel der westdeutschen Protestgeschichte sind die Züge der Besatzungsgeschädigten, die die Rückgabe des requirierten Wohnraums forderten. Bis zum Bau der »Klein-Amerikas« in den 1950er Jahren kam es in vielen Städten immer wieder zu Protestdemonstrationen.

Die sich intern vertrieben fühlenden Besatzungsgeschädigten teilten die relativ positiven Einstellungen des größeren Teils der deutschen Bevölkerung zu Amerika nicht. Eher niederschwellig beschäftigten sich die eigens eingerichteten »Deutsch-amerikanischen Beratungsausschüsse« mit alltäglichen Schwierigkeiten, wie Wirtshausschlägereien, Lärm und auch Gewaltverbrechen. Indes blieben US-Soldaten der deutschen Jurisdiktion in der Regel entzogen. Verbrechen gegen die Zivilbevölkerung, darunter zahlreiche schwere Sexualstraftaten, blieben ungeahndet oder erfolgten außerhalb der von der deutschen Öffentlichkeit wahrnehmbaren Militärgerichtsbarkeit (Gassert 2015).

»Besatzungsbetroffene« organisierten sich ab 1948 zunehmend in »Interessengemeinschaften« auf lokaler und Landesebene. Der Protest gegen die Besatzer, vor allem gegen die übermächtigen »Amis«, verschaffte sich zunächst in Petitionen der Betroffenen und Eingaben der lokalen Politik bei den US-Behörden, halböffentlichem Grummeln und gelegentlichen Zeitungsberichten und Leserbriefen mit überwiegend negativem Tenor ein Ventil. Das änderte sich ab 1949, weil sich die Besatzungsgeschädigten, »vertrieben von Haus und Hof«, bevorzugt mit Flüchtlingen, Ausgebombten und Heimatvertriebenen verglichen. So sah sich beispielsweise die Landesregierung von Württemberg-Baden dazu gezwungen, immer massivere Forderungen als »hemmungslose Agitation« scharf zurückzuweisen. In Heidelberg, wo vor dem US-Hauptquartier die »Besatzungsgeschädigten« regelmäßig demonstrierten, organisierten im Juli 1951 120 »besatzungsbetroffene Hausfrauen« einen Protestmarsch zum US-Hauptquartier und im Oktober 1500 Besatzungsgeschädigte eine landesweite Protestdemonstration (Elkins/Führer/Montgomery 2014). Es scheint, dass insbesondere (Haus-)Frauen für die Freigabe von beschlagnahmtem Wohnraum mobilisierbar waren.

Neben den Besatzungsgeschädigten waren Kriegsopfer und Vertriebene eine schlagkräftig organisierte Lobby, die es verstand, die Bonner Politik mit Straßendemonstrationen und Kundgebungen unter Druck zu setzen. Schon am zweiten Sitzungstag des ersten Deutschen Bundestages, am 8. September 1949, marschierten Kriegsopfer für mehr Unterstützung und erinnerten die frisch gewählten Abgeordneten an ihre Wahlversprechen: »Abgeordnete des deutschen Bundestages! Die Kriegsopfer dürfen nicht Staatsbürger II. Klasse werden!« (Bothien 2009, 15). Als die Vertriebenenverbände am 5. August 1950 die »Charta der Heimatvertriebenen« unterzeichneten, wurde dieser Akt von einer Massenkundgebung in Stuttgart-Bad Cannstatt, aber auch an anderen Orten begleitet. Auch hier wird in der Erinnerung gerne in Superlativen geschwelgt, dies sei die größte Demonstration bzw. Serie von Kundgebungen der frühen BRD gewesen (Hackmann 2010).

Als 1951/52 der Bundestag über einen Lastenausgleich debattierte, organisierten sowohl der Zentralverband der Vertriebenen als auch der Zentralverband der Fliegergeschädigten mehrere große Demonstrationen in Bonn, mit jeweils über 50 000 Teilnehmerinnen. Dies waren nach den Untersuchungen des Bonner Historikers Horst-Pierre Bothien die bis dahin größten Demonstrationen in der Bundeshauptstadt, deren Abschlusskundgebungen damals noch überwiegend auf dem Bonner Marktplatz vor dem Rathaus stattfanden – während sich der Hofgarten erst später als wichtigste Bühne hauptstädtischer Proteste durchsetzte. Mit Parolen wie »Wir zahlten mit Leben, Gut und Heimat – wo bleibt Eure ausgleichende Tat«, »Keine Almosen, nur Recht«, »Wollt Ihr den Radikalismus«, »7 Jahre Geduld, wollt ihr Tumult« forderten die Vertriebenen Gerechtigkeit (Kraushaar 1996, 1/286f.).

Die Besatzungsgeschädigten, Kriegsopfer und Vertriebene übernahmen in den frühen 1950er Jahren die Formen und kommunikativen Strategien einer demokratischen Protestkultur. Sie orientierten sich hierbei an den klassischen Organisationsformaten der Gewerkschaften und Sozialdemokraten, die wiederum selbst zu den zentralen Protestakteuren gehörten – wie die Demonstrationen gegen die Demontage und wirtschaftspolitische Weichenstellungen gezeigt haben. Möglich wurde diese intensive Nutzung der öffentlichen Räume für Straßenprotest aufgrund der Lockerung der rechtlichen Beschränkungen des Versammlungs- und Koalitionsrechtes noch durch die Besatzungsmächte. Dies wurde je nach Besatzungszone unterschiedlich gehandhabt. Am restriktivsten ging es in der französischen und in der hier nicht behandelten sowjetischen Zone zu, während die Amerikaner schon 1946 erste Demonstrationen von Besatzungsgeschädigten tolerierten, obwohl diese zu diesem Zeitpunkt noch illegal waren.

Die ersten Demonstrationen der Nachkriegszeit orientierten sich, selbst wenn sie nicht von Gewerkschaften getragen wurden, an deren Traditionen. Es handelte sich um klassische Aufmärsche, organisiert von Parteien, Verbänden und zivilgesellschaftlichen Akteuren, wie den Vertretern der Vertriebenen und Kriegsopfer.

1 Eine Volksgemeinschaft revoltiert

Diese Demonstrationen waren geordnete, fast militärisch disziplinierte Angelegenheiten, angelehnt an die etablierten Muster der Arbeiterbewegung seit dem Kaiserreich. Sie hatten ein klares Ziel, meist die zentralen Plätze in den Städten. Nur selten führten sie – wie beim »Stuttgarter Tumult« 1948 – zu Handgreiflichkeiten zwischen Demonstrierenden und Polizei bzw. alliiertem Militär. Wichtig war schließlich, dass die rasche Übergabe der Verantwortung für weite Politikbereiche in deutsche Hände die gewählten deutschen politischen Repräsentanten zu Adressaten der Proteste machte, aber diese wiederum solche Proteste förderten, weil sie ihnen einen Resonanzboden gaben.

2

Der 17. Juni 1953: Die gescheiterte Revolution in der frühen DDR

Während der Generalstreik vom November 1948 in den Westzonen weitgehend vergessen ist, füllt die Geschichte des revolutionären Aufstandes vom 17. Juni 1953 in der DDR ganze Bibliotheken. Dessen Verlauf und unmittelbare Nachgeschichte ist so oft detailliert beschrieben worden, dass alles längst gesagt zu sein scheint. Von der Ostsee bis in den Thüringer Wald wird der ereignisgeschichtliche Ablauf des 17. Juni bis auf die lokale Ebene hinunter akribisch rekonstruiert. Viele Darstellungen folgen einem eingespielten Narrativ: Knappe Hinführung 1951/52, politische Entwicklung seit Stalins Tod am 5. März 1953, mit der Hoffnung auf Liberalisierung; wachsende Sorgen der Sowjets, woraufhin die nach

Moskau zitierte SED-Führung am 9. Juni mit dem »Neuen Kurs« reagiert, um Fehler beim »Aufbau des Sozialismus« zu korrigieren; dann provoziert die ebenso autoritäre wie ungeschickte Durchsetzung dieser »Reformen« in einer politisch volatilen Situation, in der es seit Herbst 1952 immer wieder zu Protestaktionen gekommen war, den Volksaufstand.

Im Folgenden wird der 17. Juni nicht als ein der DDR eigentümliches, einzigartiges Ereignis betrachtet, sondern als Teil der Durchsetzung neuer Ordnungen in Deutschland nach 1945. Zweifellos gehört das Datum in die Ahnengalerie der großen, revolutionären Erhebungen in der deutschen Geschichte, von der Märzrevolution 1848 über den November 1918 bis zum Tanz auf der Mauer 1989. Auch setzt der 17. Juni die Erzählung von gescheiterten deutschen Revolutionen fort, angefangen mit 1848/49, wo ebenfalls russische Truppen stabilisierend wirkten. Trotz ihres Scheiterns wird der »bürgerlichen Revolution« von 1848/49 dieses Etikett umstandslos zuerkannt, wie übrigens auch der (westlichen) Revolte der 68er, die sich in der öffentlichen Wahrnehmung das einschränkende Suffix der »Kulturrevolution« hart erarbeitet hat. Doch obwohl die SED-Herrschaft vorübergehend kollabierte, wird der 17. Juni kaum als gescheiterte Revolution bezeichnet. Es dominieren Zuschreibungen wie »Aufstand« (Kowalczuk, Mählert, Wolle), »Volksaufstand« (Koop, Pollack), »deutscher Aufstand« (Knabe) oder »Aufstand der Arbeiter« (Baring). Das große Wort »Revolution« wird vermieden, obwohl das Ziel des Aufstands die Umwälzung der bestehenden gesellschaftlichen und politischen Ordnung war (siehe die Definition in der Einleitung).

Es lohnt sich, den revolutionären Aufstand in den Wochen um den 17. Juni 1953 mit den sozialen Protesten in mehreren Städten der Westzonen 1948 zu vergleichen und systematische Verbindungslinien zu ziehen. Im Juni-Aufstand 1953 war der Widerstand gegen die Besatzer und ihre »Marionetten« noch offenkundiger als im Westen, wo deutschnationale, vielfach antiamerikanische Stimmungen bis in die 1950er Jahre weit verbreitet waren. Auch war der 17. Juni Teil des deutschen Ringens um wirtschaftliche

Rekonstruktion. Wie ihre östlichen Pendants 1953 mussten auch westliche Arbeiter nach der Währungsreform 1948 mit massiven Preissteigerungen zurechtkommen, während die Löhne stagnierten. Auch ihre Erwartungen an eine Verbesserung der Lebensverhältnisse wurden zunächst enttäuscht. Auch im Westen folgten auf Protestmärsche Übergriffe und Plünderungen sowie in Stuttgart eine direkte Konfrontation mit alliiertem Militär. Auch hier war der Protest 1948 nicht allein sozialpolitisch motiviert, auch hier wurden Fragen nach der politischen Einheit Deutschlands mit vernehmbarer, »antikolonialer« Stoßrichtung artikuliert, wie auch im vielfachen Widerstand gegen Demontagen sichtbar wurde, als selbst noch nach der Gründung der BRD bewaffnete britische und belgische Soldaten sowie streikende Arbeiter aufeinandertrafen.

Trotz vieler Gemeinsamkeiten überwiegen die Unterschiede zwischen dem Generalstreik und den Anti-Demontageprotesten 1948/49 im Westen einerseits sowie dem 17. Juni 1953 in der DDR andererseits. Im Westen verfügte der als »Wirtschaftsdiktator« geschmähte Ludwig Erhard die Freigabe der Löhne schon im November 1948. Dies nahm dem Protest seine wirtschafts- und sozialpolitische Sprengkraft. Auch Ostberlin beeilte sich mit Zugeständnissen. Es konnte jedoch weder kurz- noch mittelfristig deutliche wirtschaftliche Verbesserungen herbeiführen. Die DDR schottete sich infolge des 17. Juni weiter ab, während die BRD – beginnend mit dem Marshall-Plan und der Gründung der Europäischen Gemeinschaft für Kohle und Stahl (EGKS) (1952) – sich wirtschaftlich weiter öffnete.

Überdies wurden die Proteste im Westen, trotz auch dort existenter »spontaner Ausbrüche des Volkszorns«, weit überwiegend von freien Gewerkschaften getragen und kanalisiert. Diese agierten autonom. Sie waren keine Verlängerung der Staatsmacht oder der Betriebsleitungen. Die institutionellen Voraussetzungen von Protest waren daher entscheidend andere. In der DDR hingegen fehlten unabhängige Träger gesellschaftlicher Unzufriedenheit. Daher erschütterte der 17. Juni den werdenden SED-Staat in seinen Grundfesten. In den westlichen Besatzungszonen hingegen bzw. dann in der frühen BRD stellte sich die Systemfrage nicht. In der DDR trat nach dem 17. Juni keine Beruhigung ein. Der Widerstand flackerte immer wieder auf, viele stimmten nach der Niederschlagung der Aufstände mit den Füßen ab. Die DDR blutete aus, die BRD profitierte von der Zuwanderung nach dem 17. Juni.

Der westdeutsche Generalstreik von 1948 ist weitgehend vergessen worden, weil die frühe BRD niemals im Entferntesten in die Nähe eines revolutionären Umsturzes geriet. Der 17. Juni hingegen gehört zu den wichtigsten Ereignissen der jüngeren deutschen Geschichte, weil er ans Grundsätzliche rührte. Er warf die Frage nach der inneren Ordnung der DDR auf. Zugleich setzte er die »deutsche Frage« zum letzten Mal vor 1989 real auf die Tagesordnung. Er erreichte im Endergebnis das Gegenteil des Beabsichtigten: eine Festigung der SED-Herrschaft und eine Vertiefung der deutsch-deutschen Teilung. Doch für einen Augenblick glückte die Revolution: Das SED-Regime taumelte. Nur mit Hilfe sowjetischer Truppen wurde die Auflösung der DDR gestoppt. Die BRD musste dieses *fait accompli* ohnmächtig akzeptieren. Bonn erklärte den »Volksaufstand in der DDR« zunächst aus ehrlicher Betroffenheit zum Symboldatum der Einheit. Jedoch ritt die westdeutsche Geschichtspolitik den »Tag der deutschen Einheit« über die Jahrzehnte erinnerungskulturell zu Tode (Wolfrum 1999).

Der Protest der Arbeiter und Bauern 1953 kontrastierte mit der Selbstsicht des Regimes und einer proletarischen Protest- und Demonstrationskultur, deren Erbe die SED verwaltete. Am 17. Juni überkreuzte sich die verstaatlichte realsozialistische Protesttradition der deutschen Kommunisten mit wachsender Kritik an der Sowjetisierung der DDR. Im Folgenden werfe ich *erstens* einen Blick auf die offizielle DDR-Demonstrationskultur, die als eine ritualisierte und verstaatliche Form der Protestinszenierung in das Narrativ einer deutschen Protestgeschichte gehört. Danach skizziere ich *zweitens* den Weg zum 17. Juni im Kontext des wachsenden

Unmuts gegen den Herrschaftsanspruch der SED seit 1952, bevor ich *drittens* die Ereignisse des 17. Juni selbst rekapituliere. Das Kapitel schließt *viertens* mit einem Ausblick auf Dissens in der DDR bis zum Mauerbau 1961, als die DDR mit der endgültigen drastischen Abriegelung ihrer Grenzen bei paralleler Verschärfung der internen Überwachung dem »stillen Protest« der Flucht nach Westen ein Ende bereitete und zu einer prekären Stabilität fand.

Die offizielle Demonstrationskultur der SED

Die Bauarbeiter von der Stalinallee und den übrigen *hot spots* des 17. Juni 1953 wussten genau, »wie demonstrieren geht«. Ihr Protest folgte den in der europäischen Geschichte fest verankerten Mustern der Straßendemonstration, wie sie die Arbeiterbewegung seit Jahrzehnten perfektioniert hatte. Das Demonstrieren und geordnete Marschieren hatten deutsche Arbeiter von der Pike auf gelernt. Wie seine ideologischen Gegenstücke, der Faschismus und der Nationalsozialismus, so hat auch der Kommunismus nach seiner Machtergreifung, beginnend mit der Russischen Revolution 1917, Formen der traditionellen Protestkultur der Arbeiter in das Repertoire einer auf Permanenz gestellten Demonstrationskultur übernommen. Kundgebungen dienten in kommunistischen Diktaturen wie auch im italienischen Faschismus und im »Dritten Reich« nicht mehr der Mobilisierung von Widerstand gegen die herrschenden Verhältnisse, sondern der Mobilisierung von Zustimmung zur Festigung der Macht (Lindenberger 2004, 120). Die SED knüpfte selbstverständlich an den straßenpolitischen Traditionskern der deutschen Arbeiterbewegung an (Weitz 1997, 171ff.). Dafür, dass die Demonstranten 1953 einem eingeübten Muster wie selbstverständlich folgten, spricht auch, dass die ersten Protestmärsche an Orten mit starker sozialdemokratischer Tradition entstanden, wie in Berlin, Leipzig sowie im Chemiedreieck um Bitterfeld, Halle und Merseburg (Mählert 2004, 75).

Spontan nahmen die Proteste des 17. Juni anfangs so gut wie überall die tradierte Form der geordneten Straßendemonstration an, so beispielsweise der Protestmarsch von der Baustelle des Krankenhauses Friedrichshain quer durch das Zentrum von Berlin zum Haus der Ministerien am 16. Juni 1953, der den Erdrutsch auslösen sollte (Wolle 2013, 261f.) Oder: Als sich am frühen Morgen des 17. Juni die Arbeiter des VEB Waggonbau in Ammendorf bei Halle im Protest versammelten, bildeten sie zunächst ein Streikkomitee. Dann setzen sich viele von ihnen zu Fuß, in einem anwachsenden Zug auf der breiten Stalinallee Richtung Halle-Innenstadt in Bewegung. Auf dem Weg schlossen sich ihnen die Belegschaften anderer Betriebe an. Ähnlich verliefen die Proteste in Merseburg, Dresden, Leipzig, Görlitz und anderen Städten (Koop 2003, 175ff., 193ff.).

Erst als sich den Protestmärschen der Arbeiter weiteres Publikum anschloss und die »Staatsmacht« wenig Entgegenkommen zeigte, ging das Geschehen vom »geordneten« Aufmarsch in die »ungeordneten« spontanen Aufläufe und Straßenschlachten des »Volksaufstands« über. Die Bilder des chaotisch wirkenden Volksaufstands, nicht der disziplinierten Protestmärsche der Arbeiter, sind in der fotografierten und medialisierten Erinnerung des 17. Juni dominant. Dass an mehreren Orten der Marsch auf zentrale Plätze oder vor Gefängnisse, Stasi-Zentralen und Verwaltungsgebäude tumultartig endete, war einerseits eine Folge der fehlenden Perspektive für ein weiteres Vorgehen und anderseits des militärischen Eingreifens von Polizei und Sowjetarmee. Bis zu diesem Punkt unterscheiden sich die Protestmärsche des 17. Juni kaum von klassischen Arbeiterdemos.

Zu den routiniert inszenierten Ereignissen im Jahresfestkalender der SED zählten erstmals seit 1946 die jährlich um den 15. Januar veranstalteten Liebknecht-Luxemburg-Demonstrationen, die zur Grabstätte der beiden ermordeten Revolutionäre auf dem Berliner Zentralfriedhof Friedrichsfelde führten. Demonstrationsmärsche aus Anlass von Trauerfeiern gehören zum überlieferten Repertoire der Arbeiterbewegung. Aufgrund der restriktiven Handhabung des Versammlungsrechts im Kaiserreich waren sie eine der wenigen Möglichkeiten für die Sozialdemokratie, die Macht ihrer zahlreichen Anhänger relativ unbehelligt von der Staatsmacht öffentlich zu zeigen. Durch Hunderttausende von Teilnehmern »muteten die Leichenzüge prominenter Arbeiterführer mitunter wie die regierender Fürsten an« (Ludwig-Uhland-Institut 1986, 174).

An diese Tradition sozialdemokratischer Trauerzüge knüpften die Führungen von USPD und KPD am 15. Januar 1919 an, als sie gemeinsam mit 100 000 ihrer Anhänger 33 Opfer des Spartakus-Aufstandes zu Grabe trugen, darunter Karl Liebknecht und Rosa Luxemburg. 1930 verbot der sozialdemokratische Berliner Polizeipräsident die inzwischen um das Gedenken an Lenin erweiterten Liebknecht-Luxemburg-Feiern. Daher stand die Wiederaufnahme dieser Tradition in der Ostzone 1946 nicht zuletzt unter dem »Motto« der Einheitskampagne der Verschmelzung von SPD und KPD, um eben aus den aus Sicht der Kommunisten begangenen Fehlern der Weimarer Zeit zu lernen und das auch symbolisch zu festigen (Sabrow 2003, 117ff.).

Den Arbeitern des 17. Juni war das Konzept der Straßendemonstration aus der Erfahrung inszenierter Aufmärsche wie auch denen zum 1. Mai geläufig, der auch in Berlin erst wenige Wochen zuvor als »Internationaler Kampf- und Feiertag der Werktätigen für Frieden und Sozialismus« festlich begangen worden war. An den jährlich stattfindenden Mai-Paraden lässt sich sehr gut der Übergang zu einer spezifischen Demonstrationskultur der DDR studieren (Sauer 1991, 115ff.). Die Maifeiern waren, wie in NS-Deutschland, eine Pflichtveranstaltung für viele Betriebe und Schulen, wie auch das spezielle Jahresfest der DDR, der 7. Oktober als Gründungstag des zweiten deutschen Staates. Auch dieser wurde mit Aufmärschen, Paraden und Demonstrationen gefeiert. In der frühen DDR waren diese Feiern noch nicht in gleicher Weise militarisiert wie in den späten 1950er Jahren. Nach der

Gründung der Nationalen Volksarmee (NVA) lösten sich die Kundgebungen von den klassischen Vorbildern des Kaiserreiches und der Weimarer Republik und glichen sich nach sowjetisch-stalinistischer Manier mehr und mehr Militärparaden an.

Abb. 4: Verstaatlichter Straßenprotest und realsozialistischer Inszenierungsstil: Straßenprotest wird in der DDR zur Herrschaftssicherung verstaatlicht und auf Dauer gestellt, hier die Mai-Demonstration 1953 in Ostberlin. Die kommunistischen Parteien sind aus der Arbeiterbewegung hervorgegangen und setzen deren Traditionen in modifizierter Form fort. Von der Sowjetunion eignet sich die SED die zentralen Elemente eines »realsozialistischen Inszenierungsstils« wie den Vorbeimarsch der Werktätigen an Ehrentribünen sowie das Tragen der Bilder der Parteiführung und der sozialistischen Patriarchen an. Wie im Faschismus dienen auch im Sozialismus öffentliche Aufmärsche der Bestätigung, nicht der Hinterfragung des Status quo.
(Quelle: Bundesarchiv; Foto: Horst Sturm)

In der Gedenk- und Feiertagskultur der DDR verschmolzen demnach tradierte Protestformen der Arbeiterbewegung mit einem von der Sowjetunion übernommenen, »realsozialistischen« Inszenierungsstil«, vor allem dem Vorbeimarschieren an Ehrentribünen und dem Mitführen von Bildern der Parteiführung. Diese Sowjetisierung der DDR-Protestkultur erfolgte von Anfang an. Von der deutschen Arbeiterbewegung stammten nur noch die »Kernrituale« der Demonstration als Marsch mit abschließender Kundgebung, die im 19. Jahrhundert wiederum aus christlichen Prozessionen übernommen worden waren. Die Feiertagsdemos spielten mit den »revolutionären Traditionen«, um deren Erbe DDR und SED einerseits und SPD und westdeutsche Gewerkschaften andererseits konkurrierten. Doch entscheidend war die Darstellung der neuen Ordnung, personifiziert durch die auf der Tribüne aufgereihten Repräsentanten von Partei, Staat und Massenorganisationen. Diese blickten huldvoll winkend auf die Mai-Marschierer herab (Könczöl 2008, 121ff.).

Die Geschichte des 1. Mai in der DDR ist daher die einer Verschiebung hin zum »Moskauer Modell« der von den Bolschewiki eingeführten Vorbeimärsche der Werktätigen an der Führung und der optischen und realen Militarisierung der Massen. So nahmen an der vom ostdeutschen Freien Deutschen Gewerkschaftsbund (FDGB) am Traditionsort des Berliner Lustgarten organisierten Mai-Feier 1949 etwa 450 000 Menschen teil, darunter ein Block von 5 000 Volkspolizisten, die an der mit Funktionären und Vertretern der sowjetischen Militärregierung besetzten Tribüne vorbeimarschierten. 1951 dauerte die Ostberliner Parade schon sieben Stunden, erneut defilierten Betriebskollektive, Volkspolizei und Angehörige der Massenorganisationen geordnet an den Spitzenfunktionären und nun auch an Delegationen aus dem Ostblock vorbei. Daher unterschieden sich die Aufmärsche in der DDR auch äußerlich stark von den gleichzeitig in der BRD stattfindenden Maikundgebungen, wobei in Berlin die jeweiligen Mai-Großereignisse in antagonistischer Reklamation des Erbes der Arbeiterbewegung konträr aufeinander bezogen wurden.

Was als Massenumzug begonnen hatte, nahm in der DDR den Charakter einer Militärparade an und setzte damit auch Formen der Inszenierung des Maifeiertags im nationalsozialistischen Deutschland fort. Dort waren Reichsarbeitsdienst, Jugendliche, Parteiarmeen und dann auch Soldaten im Gleichschritt an Hitler vorbeiparadiert. Die Militarisierung der Demonstration war beim zweiten wichtigen Feiertag der DDR, dem 7. Oktober als Gründungsdatum des Landes, noch ausgeprägter. Dieser begann ebenfalls mit Umzügen, wurde jedoch seit 1955 vom Vorbeimarsch von Kampfgruppen dominiert. 1964 marschierte zum ersten Mal die NVA mit. Seit 1977 veranstaltete die DDR regelmäßig eine große Militärparade (Kitsche 1990, 153). Damit war beim Nationalfeiertag der straßenprotestlerische Traditionskern der DDR-Festkultur ganz an die Seite gedrängt. Vor diesem Hintergrund lässt sich der Aufstand vom 17. Juni auch als Wiederaneignung des revolutionären Erbes der Arbeiterbewegung interpretieren. Denn die spontanen Protestzüge dieser Tage erfolgten unter klarem Verzicht auf die »realsozialistischen Zutaten« als klassische Demonstrationen.

»Einheit«, Homogenität und »disziplinierter Auftritt« der Massen sind fester Bestandteil der Straßenpolitik sozialdemokratischer und kommunistischer Arbeiter. Dennoch geht der in der Forschung zu hörende kritische Einwand partiell ins Leere, dass Demonstrationen und Kundgebungen in der DDR »keinesfalls spontan« stattgefunden hätten, sondern »stets vorbereitet« nach einer festen Choreographie inszeniert worden seien (Düwel 2008, 380). Viele Demonstrationen sind weniger spontan als sie erscheinen. Hinter jedem Protestmarsch stehen Vorarbeiten oder kollektiv eingesunkenes Wissen, wie eine Demonstration aussieht. Offenkundig dienten Demonstrationen in der DDR aber als Inszenatorium der massenhaften Zustimmung und der Konsensstiftung. Dennoch brachte das Aufgreifen der Traditionen des Arbeiterprotests am 17. Juni die DDR als selbsternannten Arbeiter- und Bauernstaat in große Erklärungsnöte. Nicht die behaupteten »westlichen Provokateure« und »eingeschleuste Agenten« demonstrierten 1953 gegen eine Verschlechterung der Arbeitsbedingungen, sondern Werktätige, die ihren Unmut und Dissens reflexhaft in überlieferten Formen artikulierten.

Auf dem Weg zum 17. Juni

Von dem französischen Gelehrten und Staatsmann Alexis de Tocqueville (1805-1859) stammt die auf die Französische Revolution gemünzte Beobachtung, dass »der gefährlichste Augenblick für eine schlechte Regierung der ist, wo sie sich zu reformieren beginnt«. In dem Moment, wo ein Regime die Zügel lockert, wird die Unterdrückung zwar objektiv geringer, jedoch deutlicher empfunden:

»Sehr oft geschieht es, dass ein Volk, das die erdrückendsten Gesetze ohne Klage und gleichsam, als fühlte es sie nicht, ertragen hatte, diese gewaltsam beseitigt, sobald ihre Last sich vermindert« (Tocqueville 1856, 176).

Die 150 Jahre alten Ideen des französischen Aristokraten finden sich in der modernen sozialwissenschaftlichen Bewegungsforschung wieder, die ja nicht nur danach fragt, welche Ressourcen für eine Mobilisierung wichtig sind, sondern welche Kontexte sich vorteilhaft oder nachteilig auf Protest auswirken, wie eine bestimmte politische oder soziale Lage »Gelegenheiten« schafft.

In der DDR ging der Revolution des 17. Juni der Versuch voraus, beim geplanten Umbau der Wirtschaft zum Sozialismus unterlaufene Fehler zu korrigieren. Das aber wiederum eröffnete »Gelegenheiten« für Protest: Auf Druck der sowjetischen Führung hatte die SED am 11. Juni 1953 in einem sensationell wirkenden Schritt ihre früheren Beschlüsse bedauert und sich zur Zurücknahme von verschiedenen Spar- und Repressivmaßnahmen bereiterklärt (Kowalczuk 2013, 29f.). Weil sie jedoch zugleich auf Normerhöhungen bei der Arbeit (sprich Lohnkürzungen) beharrte, kam es zur Explosion in einer Lage, in der das Regime Unsicherheit zeigte.

Die DDR befand sich 1952 in einer hausgemacht schwierigen Situation. Schon Ende des Jahres schwappte eine erste Protestwelle durchs Land. Hatte die SED anfangs einen gewissen innerparteilichen Pluralismus noch toleriert, baute sie sich nun zielstrebig zu einer Kaderpartei stramm leninistischen Typs um. Ab 1952

67

folgte der planmäßige »Aufbau des Sozialismus«. Auch dieser Schritt diente nicht nur der Durchsetzung einer bestimmten Wirtschaftsphilosophie, sondern vor allem der Herrschaftssicherung der SED. Mit der Kollektivierung der Landwirtschaft, der Verschärfung des Kampfes gegen die Kirchen und die sogenannten »Jungen Gemeinden« sowie dem Vorgehen gegen selbstständige Gewerbetreibende (Handwerker und Kleinbetriebe) wurden »alternative«, dem »Klassenstandpunkt« der SED nicht mehr entsprechende Wirtschafts- und Lebensformen unterdrückt. Die DDR-Führung stellte auf eine getrennte Entwicklung Ostdeutschlands zu einer sozialistischen Gesellschaft um. Eine wachsende Abwanderung nach Westen war eine Folge. Dies wiederum bedingte den Ausbau der Grenzsicherung und den Aufbau der Kasernierten Volkspolizei (ab 1956 Nationale Volksarmee).

Die geplanten Enteignungen (auch privater Hotels, Gaststätten, Fuhr- und Taxiunternehmen), Zwangskollektivierungen der Landwirtschaft und die Ressourcen zehrende Militarisierung der ostdeutschen Gesellschaft nur wenige Jahre nach dem Zweiten Weltkrieg riefen massive Unruhe in der Bevölkerung hervor. Mit dem verschärften Klassenkampf intensivierten sich Repressionen gegen ideologische Abweichler, zu denen auch viele »brave Landwirte« zählten. Auf den Dörfern flackerte 1952 immer wieder Protest auf, weil der ostdeutsche Staat mit überhöhten Produktionszielen und Steuern Bauern zur freiwilligen Aufgabe ihrer Höfe zugunsten Landwirtschaftlicher Produktionsgenossenschaften (LPGs) zwingen wollte. So rotteten sich im Dezember 1951 in dem Dorf Dähre bei Magedeburg etwa 60 bis 80 Bewohner zusammen und befreiten einen Bauern, der hinter dem staatlichen Ablieferungssoll zurück geblieben war und in einem Schauprozess abgeurteilt werden sollte (Knabe 2003, 85).

Ein überdeutlicher Vorbote der Krise war die massenhafte Flucht der Bauern, die 1952/53 in Scharen ihre Dörfer verließen und nach Westen flohen. Im Februar 1953 appellierten die evangelischen Kirchen an Ministerpräsident Otto Grotewohl: »Es muss weit gekommen sein, wenn der Bauer Haus und Hof und der Gewerbetreibende seinen Betrieb verlässt, um in eine ungewisse Zukunft zu gehen« (ebd.). Aber auch städtische Arbeiter artikulierten Ende 1952 vermehrt ihre Unzufriedenheit mit Streikaktionen, etwa im Maschinenwerk »Karl Liebknecht« in Magdeburg. Dort streikte am 13. Dezember 1952 die Belegschaft, weil sie aufgrund der Neuregelung von Betriebskollektivverträgen ihre Jahresendprämie verlor. Als die Einheitsgewerkschaft FDGB im Frühjahr 1953 eine Kampagne zur »freiwilligen« Normenerhöhung entfachte, sorgte das in der Industrie für Protest, etwa bei Zeiss in Jena. Unter die lohn- und sozialpolitischen Forderungen mischte sich zunehmend das System herausfordernde politische Kritik. So habe eine SED-Zeitung einen Arbeiter zitiert, wonach erst eine »richtige Wahl« kommen müsse, dann würden die Genossen, die sich für Normerhöhungen einsetzten, »schon sehen, wo sie mit ihrer Partei bleiben« (ebd. 90). Ende Mai 1953 beschloss der DDR-Ministerrat, die Normen weiter anzuheben. Das überspannte den Bogen.

Die Norm- und Lohnfrage war politischer Sprengstoff in der DDR, weil sie wirtschaftliche und psychologische Grenzen beim »Aufbau des Sozialismus« aufzeigte. Das Regime verwickelte sich in einen Klassenkampf gegen das eigene Volk. Mit diktatorischen Mitteln, wirtschaftlichem Druck, Bespitzelung, Verhaftung und Einschüchterung sowie unter Einsatz massiver Propaganda, die den Westen stereotyp für die wirtschaftliche Misere verantwortlich machte, sollten der Bevölkerung weitere Lasten aufgebürdet werden. Dass die Menschen die Einschränkung politischer Freiheiten so lange akzeptiert hätten, so Ulrich Mählerts Urteil (2003, 10f.), habe einerseits mit einer fehlenden demokratischen Wertorientierung zusammengehangen, aber auch damit, dass die »Normalbürger« zunächst mit der Not der Nachkriegszeit beschäftigt gewesen und politisch motivierte Verhaftungen mit der Gründung der DDR auch zurückgegangen wären. Viele hofften Anfang der 1950er Jahre auf die versprochenen besseren Zeiten und sahen sich nun, im »Aufbau des Sozialismus«, mit noch mehr Opfern und Einschränkungen konfrontiert. Der 17. Juni war daher auch eine Folge enttäuschter Erwartungen.

Der Volksaufstand

Viele Darstellungen lassen den 17. Juni mit einer Dampferfahrt beginnen, die am Samstag, den 13. Juni vom Bahnhof Jannowitzbrücke zum Nordende des Großen Müggelsees führte. Diese war von der Gewerkschaft für Mitarbeiter des VEB Industriebau organisiert worden. Letztere arbeiteten auf der Baustelle im Krankenhaus Friedrichshain und hatten sich besonders laut und entschlossen über die Gehaltskürzungen beklagt. Der Ausflug war daher keine spontane Idee, sondern länger geplant. Er folgte einer Tradition der Berliner Arbeiter. Indes hatten am Freitag, den 12. Juni bereits mehrere Arbeitsbrigaden auf der dem Krankenhaus benachbarten Baustelle für das Vorzeigeprojekt Stalinallee die Arbeit niedergelegt, sich jedoch noch einmal beschwichtigen lassen. Es brodelte längst unter den Bauarbeitern, als die Schiffe am Samstag ablegten und der Ausflug reichlich Gelegenheit zum erregten Austausch bot. In der Hitze der Diskussion im Biergarten verabredeten einige Beschäftigte der Baustelle Friedrichshain für Montag einen Streik.

Vom »Weltgeist im Biergarten« spricht Stefan Wolle (2013, 256) und macht damit klar, dass der Ausflug ins Grüne zwar katalytische Wirkung für einen Teil der betroffenen Bauarbeiter hatte, aber nicht die tiefere Ursache für die Streikbewegung am folgenden Montag, den 15. Juni war. Dass die Revolution in der DDR von bierselig überhitzten Gemütern ausgelöst worden wäre, ist eine wohlfeile Legende von Staatssicherheit und SED-Führung, die der Wahrheit nicht ins Auge sehen wollten. An diesem Montag verabschiedeten Arbeiter der Baustelle Krankenhaus Friedrichshain eine Resolution. An dieser formulierte sogar ein Mitglied der SED-Kreisleitung mit, um die Proteste zu kanalisieren (Kowalczuk 2013, 39). Doch die Bauarbeiter ließen sich nicht mehr zähmen. Eine Delegation wurde losgeschickt, um im Haus der Ministerien in der Leipziger Straße Verhandlungen mit Ministerpräsident Grotewohl zu führen. Die höchste Regierungsebene war abwesend oder ließ sich verleugnen. Die Resolution blieb ohne Antwort. Als dann am Dienstag, den 16. Juni Funktionäre auf die Baustellen ausschwärmten, um die Gemüter zu beruhigen, wobei sie die Normerhöhung als zwar falsch, aber nicht mehr revidierbar bezeichneten, nahmen die Protestler ihr Schicksal in die eigene Hand. Einige zogen mit einem Plakat los, das die Senkung der Normen forderte, und warben auf der Baustelle Stalinallee um Unterstützung.

Der anwachsende Zug setzte sich um die Mittagszeit des 16. Juni diszipliniert in Bewegung. Er bekam Zulauf von anderen Betrieben und traf am frühen Nachmittag am Haus der Ministerien ein. Dort kam es zu einer denkwürdigen Konfrontation zwischen 10 000 protestierenden Arbeitern und dem Minister für Schwerindustrie, Fritz Selbmann, der sich als einer der wenigen Regierungsmitglieder vor Ort befand. Selbmann bezeichnete sich selbst als Arbeiter. Das sprach ihm die Menge vehement ab: »Du bist nicht unser Kollege – du bist ein Lump und Verräter.« Ein junger, anonymer Arbeiter zog Selbmann vom Tisch und wurde nun seinerseits zur Verkörperung des Weltgeistes: »Kollegen, es geht hier nicht mehr um die Normen und um die Preise. Es geht hier um mehr. [...] Das hier ist eine Volkserhebung. Wir wollen frei sein. Die Regierung muss aus ihren Fehler die Konsequenzen ziehen. Wir fordern freie und geheime Wahlen« (Wolle 2013, 262). Während die Stasi in ihren Berichten darüber spekulierte, dass hier auffällig viele »amerikanisierte Jugendliche« provoziert hätten, lag das Wort Generalstreik in der Luft. Überall in Berlin waren am Nachmittag des 16. Juni kleinere Protestzüge unterwegs.

Die Nachricht verbreitete sich wie ein Lauffeuer durch die gesamte DDR. Informiert auch von den Nachrichtensendungen des Westberliner Rundfunk im amerikanischen Sektor (RIAS) verweigerten am folgenden Morgen, Mittwoch, den 17. Juni zum Schichtbeginn um 6 Uhr fast überall in der Stadt Arbeiter die Arbeitsaufnahme. Sowohl am Alexanderplatz als auch im direkt an der Sektorengrenze gelegenen Haus der Ministerien (ehemaliges

Reichsluftfahrtministerium, heute Sitz des Bundesfinanzministers) fanden sich größere Menschenmengen ein. Die Volkspolizisten, die zum Schutz öffentlicher Gebäude aufgeboten worden waren, mussten sich vorsichtig zurückziehen. Nicht nur Bauarbeiter, sondern nun auch Jugendliche und Menschen aus allen Lebenslagen schlossen sich den Märschen und Aufständen an. Die Arbeiterbewegung mutierte zum Volksaufstand. Auch vom Rand Berlins marschierten Protestler ins Zentrum. Gegen 11 Uhr demonstrierten unübersehbare Massen auf dem Potsdamer Platz, dem Alexanderplatz und am Brandenburger Tor. Gleichzeitig kam es zu Schlägereien, Gewalt gegen Polizisten sowie Brandstiftungen an Wachhäusern der Uniformierten. Das Columbus-Haus am Potsdamer Platz, in dem sich eine Polizeidienststelle befand, wurde besetzt, vom Brandenburger Tor die Rote Fahne geholt.

Die ersten sowjetischen Panzerspähwagen rollten schon um 9 Uhr auf. Ab 11.30 Uhr kamen schwere Panzer, insgesamt 600 Stück, hinzu: »Diese Armada verbreitete Angst und Schrecken, allein der Krach, den die Panzerketten machten, erinnerte viele Berliner an den erst acht Jahre zurückliegenden Krieg« (Kowalczuk 2013, 46). Der SED entglitt die Macht. Sie brachte sich am Sitz der Sowjetischen Kontrollkommission in Karlshorst in Sicherheit. Ulbricht und Genossen schauten hilflos zu, während die Rote Armee den revolutionären Funken nach und nach austrat. Dabei gingen die Sowjets entgegen der Legende eher vorsichtig zu Werk und ließen ihre Panzer langsam fahren: »Es gab keine Blutbäder« (49). Am Abend waren die Plätze geräumt, eine Ausgangssperre verhängt, Soldaten biwakierten an Lagerfeuern in den Straßen. Noch in der Nacht begann ein Terrorfeldzug gegen die Streikenden und ihre Anführer. Laut einem sowjetischen Bericht wurden insgesamt 7 663 Personen verhaftet, davon aber 4 393 ohne Anklageerhebung wieder entlassen. 1 193 Gerichtsverfahren wurden eingestellt, 482 Angeklagte freigesprochen, 1 240 Aufständische verurteilt, davon 88 Prozent Arbeiter (Wolle 2013, 269).

Die Berliner Ereignisse des 16. Juni strahlten auf die ganze DDR aus. In über 250 Städten und Gemeinden kam es zu Streiks

Abb. 5: Menschen und Panzer am 17. Juni 1953: Ein sowjetischer T-34 vor einer wartenden Menschenmenge, darunter Jugendliche mit Fahrrädern, in der Schützenstraße in Ostberlin. Der SED-Führung entgleitet die Kontrolle, sie kann nur mit Moskauer Hilfe politisch überleben. Doch die scheinbar direkte Konfrontation zwischen Sowjetmacht und ostdeutscher Bevölkerung findet nur vereinzelt statt. Die Sowjets lassen ihre Panzer langsam fahren, es kommt entgegen dem populären Bild am 17. Juni zu keinem Blutbad, trotz insgesamt 55 Toten. Der Volksaufstand wird überwiegend mit der Androhung von Waffengewalt niedergeschlagen, eine Verhaftungswelle und verstärkte Flucht nach Westen sind die Folgen.
(Quelle: Bundesarchiv; Foto: o. Ang.)

und Demonstrationen. Zehntausende demonstrierten in Leipzig und Dresden. Lokal variierten Geschwindigkeit und Intensität der Streiks, die zum Teil über den 17. Juni hinaus bis Anfang Juli andauerten. Überall kam es zu Verhaftungen und Verurteilungen. Genau der Unrechtsstaat, gegen den sich die Häftlingsbefreiungen und Demonstrationen vor Gefängnissen gerichtet hatten, schlug nun mit aller Härte zurück. Allerdings drängte die sowjetische

Seite angesichts der Rachegelüste ostdeutscher Autoritäten auf Augenmaß und rasche Verurteilungen, um die Konfrontation nicht in die Länge zu ziehen. Denn aufgrund der Verhaftungen drohten neue Streikwellen. Moskau wollte die Stabilität in der DDR nicht riskieren. Mehr als 30 000 Gefangene, die noch vor dem 17. Juni verurteilt worden waren, wurden nach Überprüfung ihrer Urteile entlassen und damit eine wichtige Forderung der Bevölkerung erfüllt. Wenn auch das Verhalten der Gerichte oft willkürlich war, so war die strafrechtliche Bewältigung schon im Oktober abgeschlossen. Indes wurde eine Beteiligung am 17. Juni noch Jahre später gegen unliebsame Bürger vorgebracht, wenn diese aus anderem Grunde ins Netz der Behörden gerieten.

Am 17. Juni 1953 brach die SED-Herrschaft für einige Stunden zusammen. Der Schock saß tief. Die DDR wurde vom sowjetischen Militär gerettet. Sie verdankte ihr Überleben der Tatsache, dass vor dem Hintergrund des Kalten Krieges die Demarkationslinien in Europa unverrückbar gezogen waren und die Westmächte – aller antikommunistischen Rhetorik zum Trotz – sich peinlich an den 1945 in Jalta und Potsdam verabredeten territorialen Status quo in Europa hielten. Bundesregierung und Bundestag waren die Hände gebunden. Bonn sah ohnmächtig zu, protestierte, erklärte den 17. Juni zum nationalen Feiertag. Ulbricht, die SED und das sowjetische Militär saßen wieder fest im Sattel, waren aber vor aller Welt gedemütigt worden und hatten einen massiven Prestigeverlust erlitten. Die DDR schwieg den 17. Juni zwar tot. Doch er schwebte als Damoklesschwert weiter über dem Regime. Der Westen musste zähneknirschend akzeptieren, dass er die Freiheitsbewegungen in Osteuropa nicht aktiv unterstützen konnte, es sei denn um den Preis eines großen Krieges. Diese Erfahrung wiederholte sich kurz darauf 1956 in Ungarn und Polen, 1968 in der ČSSR sowie 1980/81 erneut in Polen.

Folgen und weitere Entwicklung in der DDR

Protest blieb auch nach dem 17. Juni ein Thema der DDR-Geschichte, wenn auch in engen Grenzen. Zu regimebedrohender Qualität wuchs er bis 1989/90 nicht mehr an. Die Menschen hatten die Erfahrung gemacht, so die Einschätzung des Mannheimer Politikwissenschaftlers und Pioniers der DDR-Forschung, Hermann Weber, dass »der Versuch einer gewaltsamen Veränderung des politischen Systems unter den bestehenden Machtverhältnissen keine Aussicht auf Erfolg hatte« (2000, 249). Umgekehrt vermied das SED-Regime Konfrontationen mit der Bevölkerung tunlichst. Es schwächte den Reformkurs ab. Um künftigen Aufständen vorzubeugen, investierte die DDR in den Sicherheitsapparat. Zugleich räumte Ulbricht, dessen Sturz eben noch unabwendbar erschienen war, innerhalb der SED-Kader kräftig auf: »Einen zweiten 17. Juni wird es nicht geben«, so die von Karl Maron, Chef der Hauptverwaltung der Deutschen Volkspolizei und stellvertretender DDR-Innenminister ausgegebene Devise (Diederich/Hertle 2003, 39-45).

Schon drei Jahre später, 1956, sah sich die SED-Führung erneut mit dem Gespenst des 17. Juni konfrontiert, als die Sowjetführung mit dem Stalinismus brach und auf eine erste Liberalisierung Streiks, Demonstrationen und Proteste in Ungarn und Polen folgten. Während sich in Polen die Situation eindämmen ließ, kam es in Ungarn zu einem dem 17. Juni vergleichbaren Aufstand. Diesen beendete erneut die Sowjetarmee. Auch in der DDR erfolgte eine »kleine Entstalinisierung«, deren Grenzen rasch deutlich wurden, als im Frühjahr und Sommer 1956 in den Zentren des 17. Juni wie Magdeburg erneut Unruhen aufflackerten. Als im Herbst 1956 in Polen und Ungarn die Situation eskalierte, kam es zu insgesamt 44 Streikaktionen in der DDR. Diese richteten sich erneut auf Lohn- und Normfragen, während politische Forderungen nicht erhoben wurden. Eine Solidarisierung der DDR-Arbeiter mit Ungarn und Polen blieb aus, auch aufgrund fortbestehender anti-polnischer Vorurteile (Fulbrook 1995, 189).

1956 erlebte die DDR eine kurze Studentenbewegung. In Reaktion auf die Entstalinisierung in der UdSSR kam es zu Protesten unter marxistischen Intellektuellen und Studenten. An den Universitäten der DDR löste die Abrechnung des neuen KPdSU-Generalsekretärs Nikita Chruschtschow mit Stalins Personenkult Hoffnungen und erhebliche Unruhe aus. Ende April bombardierten Studierende der Humboldt-Universität Ministerpräsident Grotewohl mit Fragen. Ende Oktober/Anfang November 1956 schwappte eine Protestwelle unter Medizin-Studierenden hoch. Diese wurden von der Staatssicherheit harsch unterbunden, obwohl sie zunächst gar nicht auf das Regime gezielt hatten, sondern auf eine Verbesserung der Studienbedingungen. Weil die Studierenden auch curriculare Verpflichtungen wie das obligatorische gesellschaftswissenschaftliche Grundstudium und den Russisch-Unterricht für Mediziner in den Blick nahmen, wurde der Protest rasch politisch. Die SED reagierte mit einer regelrechten Verhaftungswelle (Wolle 2013, 312ff.).

1956 steht schließlich auch für die Abwendung vieler Intellektueller von der DDR als dem »anderen«, »besseren« Deutschland. Auf den antifaschistischen Traditionskern der SED setzten viele noch lange, auch gegen besseres Wissen, angesichts der rapiden Verwestlichung der kapitalistischen BRD und dem Wirken ehemaliger Nazis in der Bonner Republik. Doch die antifaschistische Legitimität der DDR wurde aufgrund ihres Vorgehens gegen unorthodoxe marxistische Kritiker weiter angekratzt. Aufsehen erregte der Schauprozess gegen den Philosophiedozenten Wolfgang Harich, einem verdienten Anti-Faschisten, kommunistischen Widerständler in der Endphase des Zweiten Weltkriegs und überzeugten Marxisten-Leninisten. Ihm wurde nach den Protesten an der Humboldt-Universität der Prozess gemacht. Für Harichs undogmatischen Marxismus fehlte in der DDR der Platz (Schroeder 1999, 136f.). Auch im Westen, in Frankreich und Großbritannien wandten sich ab 1956 viele marxistische Intellektuelle vom »realen Sozialismus« ab. Weltweit negative Kommentare produzierte die Zwangsemeritierung von Ernst Bloch, dem bedeutendsten marxistischen Philosophen der DDR. Dieser durfte nach dem Mauerbau

1961 von einer Westreise nicht mehr in die DDR zurückkehren. Er fand an der Universität Tübingen Unterschlupf, ironischerweise gedeckt von einem CDU-Ministerpräsidenten. Die 1950er Jahre bis zum Mauerbau 1961 blieben ein unruhiges Jahrzehnt in der DDR. Von Dissens »bewegt« waren viele Jugendliche, die sich von Bevormundung und Kontrolle durch die SED-Jugendorganisation, die Freie Deutsche Jugend (FDJ) freimachen wollten. Auch in Ostdeutschland war der weltweite Siegeszug des Rock 'n' Roll zu spüren. Wie die Historikerin Wiebke Janssen gezeigt hat, machten US-amerikanische Schauspieler und Musiker wie Marlon Brando, James Dean, Elvis Presley und Bill Haley trotz des beschränkten Zugangs zu westlicher Populärkultur auch in der DDR Furore. Die kulturell konservative SED-Führung teilte hier die Vorurteile westliche Patriarchen wie Adenauer gegenüber »amerikanisierter« Jugendkultur. Die SED verstand keinen Spaß, als es in DDR-Städten zu vergleichbaren »Halbstarkenkrawallen« wie in Westdeutschland kam. Alle Versuche einiger DDR-Jugendlicher, sich autonome Räume zu schaffen, verfolgte der Staat ab 1956/57 harsch (Janssen 2010).

Angesichts der systematischen Bekämpfung dissentierender Haltungen blieb Menschen, die sich mit den Verhältnissen nicht arrangieren konnten oder wollten, nur die Flucht in eine aufnahmebereite Bundesrepublik. Diese profitierte von der Zuwanderung gut ausgebildeter Menschen in ihre boomende Wirtschaft. Die anwachsende Fluchtbewegung, die gegen Ende der 1950er Jahre ein für die DDR bedrohliches Ausmaß annehmen sollte, konnte das SED-Regime nur durch die endgültige Schließung der schon seit Mitte der 1950er Jahre stark befestigten Grenze stoppen. Der generalstabsmäßig geplante und umgesetzte Bau der Berliner Mauer in der Nacht vom 12. auf den 13. August 1961 führt nur zu vereinzelten Protesten, verschaffte sich allenfalls in Graffitis und »Schmierereien« Luft. Erneut hatte der Westen keinerlei Handhabe gegen den mit Moskaus Segen durchgesetzten drastischen Schritt der endgültigen Abriegelung der DDR. Protest in der DDR musste fortan neue Formen finden.

3

Friedensbewegung, Gewerkschaften, »Halbstarke«: Protest in der unruhigen Ära Adenauer

Am 17. April 1958 fand auf dem Hamburger Rathausmarkt eine der größten Kundgebungen der Nachkriegszeit statt. Hunderttausende demonstrierten gegen Pläne der Bundesregierung, die Ausstattung der Bundeswehr mit »modernsten Waffen«, sprich: Nuklearwaffen, voranzutreiben. Immer wieder wurden Reden des Ersten Bürgermeisters Max Brauer (SPD) sowie von Gewerkschaftsvertretern, Wissenschaftlern und Intellektuellen von tosendem Applaus unterbrochen. Die Menschenmenge skandierte: »Hamburg ruft aus vollem Hals, Atombewaffnung keinesfalls –

kein Hanseat Atomsoldat.« Auf Plakaten war zu lesen: »Keine Atomwaffen, sondern Frieden!«, »Wir wollen genauso alt werden wie Konrad!«, »Hamburg, zweites Hiroshima?« Zwei Wochen später standen die traditionellen Maidemonstrationen im gesamten Bundesgebiet unter dem Motto »Kampf dem Atomtod« und »Frieden«. Erneut war Hamburg ein Schwerpunkt, mit 800 000 Menschen auf Umzügen und Demonstrationen (»Kampf dem Atomtod« 2009, 7–10).

Trugen auch überwiegend Parteien und Großorganisationen, wie SPD und Gewerkschaften die Kampagne, so zeigten sich am Rande der Hamburger Kundgebungen die ersten Vorboten der später sogenannten »Neuen Sozialen Bewegungen«, die neuen Organisations- und Netzwerkstrukturen folgten und sich darin klar von den »alten« sozialen Bewegungen der Arbeiter- und Gewerkschaftsbewegung unterschieden: Aus einer 14-tägigen Mahnwache, die von der Hamburger Sektion des Verbandes der Kriegsdienstverweigerer (VK) rund um den Hamburger Lehrer und Quäker Hans-Konrad Tempel im April 1958 organisiert worden war, gingen ab 1960 die ersten Ostermärsche hervor. Sie gehören zu den wichtigsten Vorläufern von »1968« und der Neuen Linken der 1960er und 1970er Jahre (Otto 1977).

Protest gegen nukleare Rüstung und Atomkriegsgefahr zieht sich wie ein roter Faden durch die westdeutsche Geschichte. Kaum ein anderes Thema hatte in der alten Bonner Republik das Potenzial, derartige Menschenmassen auf die Straßen zu bringen wie die drohende Stationierung atomarer Waffen. Das gilt sowohl für die späten 1950er als auch für die frühen 1980er Jahre, als die Opposition gegen den NATO-Doppelbeschluss erneut Hunderttausende mobilisierte. Daher eignet sich diese Bewegung besonders gut, um systematische Gründe herauszuarbeiten, die zu Beginn einer erfolgreichen Mobilisierung stehen. Hierzu werde ich mich auf die verschiedenen Ansätze und Theorien sozialer Bewegungsforschung beziehen.

Dennoch bleibt zu konstatieren, dass die Gefahr einer atomaren Vernichtung seit der zweiten Hälfte der 1950er Jahre immer

3 Friedensbewegung, Gewerkschaften, »Halbstarke«

Abb. 6: »Kampf dem Atomtod« vor den Ruinen des Zweiten Weltkrieges: Friedenskundgebung in Hamburg aus Anlass des 13. Jahrestags des Atombombenabwurfs auf Hiroshima, 10. August 1958. Eine zentrale Gedenkfeier findet auf dem Ohlsdorfer Friedhof statt, wo viele Opfer des Luftkriegs in Massengräbern bestattet worden sind. Die Plakate stellen eine Verbindung zwischen dem Zweiten Weltkrieg, den deutschen Bombenkriegsopfern und der atomaren Bedrohung im Kalten Krieg her. Dieses erinnerungskulturelle Muster zieht sich durch fast alle Antikriegs- und Friedensproteste in Deutschland von den 1950er Jahren bis heute.
(Quelle: Bundesarchiv; Foto: o. Ang.)

drohte, ja bis heute nicht verschwunden ist. Doch manchmal ist das Thema aktuell, manchmal ist es das nicht. Der objektive Tatbestand der nuklearen Bedrohung ist zwar immer gegeben. Doch das subjektive Bedrohungsgefühl der Menschen in Deutschland stieg ja nach politischer Großwetterlage an oder verschwand. Daraus folgt, dass die Sache an sich kein hinreichender Mobilisierungsfaktor ist. Es muss etwas hinzukommen, damit die Angst vor dem Atomtod verfängt. Die Bewegungsforschung spricht hier von »Gelegenheitsstrukturen« (*opportunities*), die Protest begünstigen. Damit sind externe, in Politik und Gesellschaft liegende Faktoren gemeint.

Warum war und ist (bezieht man die Proteste des 21. Jahrhunderts gegen den zweiten Irak-Krieg mit ein) das Mobilisierungspotenzial »des Friedens« in Deutschland so hoch und auch deutlich höher als das anderer Themen, etwa im Vergleich zum Widerstand gegen die zivile Nutzung von Kernenergie? Ein Grund liegt *erstens* in der breiten institutionellen Basis aller großen Friedensproteste. Diese sind das Ergebnis von Koalitionen. Die Friedensbewegung fand sowohl in den späten 1950er als auch in den frühen 1980er Jahren die Unterstützung sowohl etablierter Parteien (vor allem SPD, Teile der FDP), der Gewerkschaften sowie kirchlicher Kreise sowie schließlich der Neuen Linken, die sich in den 1960er Jahren erst zu formieren begann. Derartige Koalitionsbildungen sind notwendige Voraussetzung nachhaltiger Proteste (Kern 2008, 112ff.). Doch eine breite Basis erklärt noch nicht hinreichend, warum das Thema Frieden immer wieder neu verfängt.

Die breite soziale Verankerung des Friedensprotests jenseits relativ kleiner kultureller und politischer Avantgarden ist *zweitens* eine Funktion der Mobilisierungskraft des Themas: »Frieden« und Kriegsfurcht sind aufgrund der existentiellen Bedeutung antizipierter Gewalterfahrungen besser als andere Kalamitäten dazu geeignet, ein breites Unbehagen an generellen gesellschaftlichen und politischen Trends zu thematisieren. Das geht dann über das artikulierte Ziel der Verhinderung von Atomwaffen hinaus, wenn z. B. Fragen der politischen Partizipation mitverhandelt werden. Die Friedensbewegung der 1950er Jahre konnte einen bestimmten Deutungsrahmen verankern (sozialwissenschaftlich *frames*; medial und diskursiv bestimmte Sachverhalte und Weltsichten), wonach die Regierung Adenauer die atomare Kriegsgefahr zu verharmlosen schien und somit die Bedenken der Bevölkerung nicht ernst nahm.

Vor diesem Hintergrund lässt sich *drittens* sagen, dass es im »Streit um den Frieden« um das bundesdeutsche Selbstverständnis geht. In der Gesellschaft werden Erinnerungen an den Zweiten Weltkrieg und den Nationalsozialismus wach; es tauchen Begriffe wie »Hiroshima« oder »Luftkrieg« auf; die Frage deutscher Schuld wird thematisiert; Krieg und Gewalt werden verarbeitet, zumal in den 1950er Jahren trotz des nun einsetzenden hektischen Wiederaufbaus die Folgen des Zweiten Weltkriegs im Stadtbild noch unübersehbar präsent waren: sei es durch Kriegsversehrte oder Lücken in den Häuserzeilen. Auch war in den 1950er Jahren die Hoffnung auf eine deutsche Einheit noch nicht gestorben. Mit jeder Verschärfung der Blockkonfrontation rückte die Einheit in weitere Ferne. Das heißt, es ging beim Thema Frieden auch um Identitäten, oder überhaupt »kollektive Identität in Deutschland« – wobei »Identität« auf die einleitend eingeführte expressive Dimension von Protest zurückdeutet, also die das Selbstverständnis der Protestgruppe betreffende Handlungslogik.

Damit war *viertens* der Streit um den Frieden eingebettet in eine politische Kontroverse um die künftige Ausrichtung des neuen deutschen Staates. Adenauer als ehemaliger Repräsentant des politischen Katholizismus der Weimarer Zeit stand für eine neue Mehrheitskultur, die sich im Kaiserreich in Opposition zum deutschen, protestantisch geprägten Nationalstaat gesehen hatte. Die BRD war katholischer und westlicher als ihre Vorgängerstaaten, protestantische Theologen waren aber gerade auf Friedensdemonstrationen auffällig häufig anzutreffen, weil sie sich in Opposition zur »rheinischen« Bonner Republik sahen. Auch die Arbeiterbewegung und deren Partei, die SPD, sahen sich in der Bonner Republik in eine strukturelle Minderheitsposition gedrängt. Daher speisten sich, vereinfachend gesagt, viele Protestbewegungen der alten BRD aus den Reihen der historischen Verlierer der Nachkriegszeit, die sich von einem kulturell stärker katholisch geprägten, nach Westen orientierten »CDU-Staat« nicht repräsentiert oder zumindest in ihren kollektiven Gestaltungsmöglichkeiten beschränkt sahen. Adenauers kompromissloser Kurs der Westorientierung konsolidierte demnach die neue Nachkriegsordnung auch auf Kosten bisher dominanter Gruppen, deren geografische Zentren nun hinter dem »eisernen Vorhang« lagen. Daher stellt sich auch die Frage, ob und bis zu welchem Grad vor allem die großen Friedensproteste der 1950er Jahre in breitester Verallgemeinerung nicht weniger auf eine Überwindung des Status quo abzielten, sondern ob es sich im Kern nicht eher um »restaurative« Bewegungen handelte, die auf Bewahrung einer imaginierten Ordnung abzielten? Wobei die Fixpunkte dieser zu bewahrenden Ordnung in der Zeit vor 1933, mental vermutlich noch im Kaiserreich, lagen.

Im Folgenden untersuche ich *erstens* die beiden großen Friedensbewegungen der 1950er Jahre, getragen von SPD, Gewerkschaften und Kirchen. Erkennbar besaß der Widerstand gegen die Wiederbewaffnung weniger Mobilisierungspotenzial als der gegen atomare Waffen. Dies ist erklärungsbedürftig. *Zweitens* greife ich in diesem Kapitel noch einmal den klassischen Arbeiterprotest auf, die Mobilisierung aus Anlass lohn- und sozialpolitischer Konflikte. Dieser sollte integraler Teil jeglicher Protestgeschichte sein, auch wenn er in historischen Überblicken oft ausgeklammert wird. Es folgt *drittens* eine Untersuchung des beginnenden Jugendprotests während der sogenannten »Halbstarkenkrawalle«. Diese verweisen auf ein in den 1960er Jahren immer wichtiger werdendes Segment westdeutscher Protestkulturen: die wachsende Politisierung jugendlichen Aufbegehrens. Neu war in den 1950er Jahren, dass das »Herz« vieler Protestbewegungen der mittleren Jahrzehnte der alten BRD sich als äußerst »jugendbewegt« erwies. Dadurch verschob sich die gesellschaftliche Wahrnehmung von Protest. Er war von nun an auf Jugend voreingestellt, Protest von Älteren und Etablierten erscheint demgegenüber als die kommentierungsbedürftige Ausnahme.

Die Friedensbewegungen der 1950er Jahre

Als am 25. Juni 1950 nordkoreanische Truppen die Demarkationslinie zwischen Nord und Süd des geteilten Landes überschritten, war die deutsche Öffentlichkeit schockiert. War dies der Auftakt zu einer nun beginnenden heißen Phase des bisher Kalten Kriegs? Wiederholte sich in Ostasien, was Hitler nach 1938 in Europa getan hatte? Die Schockwelle der nordkoreanischen Aggression traf die deutsche »Kriegsfolgengesellschaft« (Naumann 2001) unvorbereitet. Die Öffentlichkeit reagierte panisch auf das militärische Szenario im weit entfernten Ostasien. Das lässt sich vor dem Hintergrund der Lebenserfahrungen von Krieg und Gewalt traumatisierter Menschen erklären. Viele, so notierte sich ein junger Bundestagsabgeordneter, hätten »einfach Angst davor, dass noch einmal eine Katastrophe kommen könnte, die dann alles zerstört« (Gassert 2006, 283). Viele lehnten trotz der Kriegsgewitter in Ostasien eine deutsche Wiederbewaffnung ab.

»Ohne mich«, lautete das Stichwort zur geistigen Situation der Zeit. An der Ruhr münzten Arbeiter die Parole auf den Chef des zukünftigen Verteidigungsministeriums, den christlichen Gewerkschafter Theodor Blank: »Wir woll'n keine Soldaten sein, Theodor, geh' Du allein.« Angesichts der moralischen und psychischen Verwüstungen, die Krieg und Vertreibung, die Leiden der Deutschen und ihrer Opfer, aber auch privat gehütetes Wissen um die Abgründe der deutschen Besatzungsherrschaft in Europa hinterlassen hatten, rührte die Wiederbewaffnung nachgerade an gesellschaftliche Tabus. Unter den ehemals einfachen Soldaten, weniger unter Offizieren, war der Enthusiasmus für ein neuerliches militärisches Experiment stark begrenzt. Mit dieser, aus der psychologischen Situation des »Nachkriegs« verständlichen »Wehrunlust« sahen sich CDU-Abgeordnete konfrontiert, als sie sich auf einer Tagung für ehemalige Soldaten in der Evangelischen Akademie Bad Boll Anfang Dezember 1951 der gegnerischen Argumente kaum erwehren konnten (Heidemeyer 1998, 508, FN2). Der Kanzler und seine Partei schienen mit dem Rücken zur Wand zu kämpfen, während die Sozialdemokraten wie Fische in der breiten Strömung des friedensbewegten Volkes schwammen. Doch während sich Westdeutsche in einer Umfrage nach der anderen mehrheitlich gegen einen »Wehrbeitrag« aussprachen, ging Adenauer in die Offensive. Ab dem Juni 1950 preschte er mit Verlautbarungen und Memoranden zur Wiederbewaffnung vor. Die Reaktionen ließen nicht auf sich warten. Im Bundeskabinett kam es zum Bruch zwischen Adenauer und seinem Innenminister, dem späteren Bundespräsidenten Gustav Heinemann, der als Präses der Evangelischen Kirche in Deutschland (EKD) zu den prominentesten protestantischen Exponenten innerhalb der CDU gehörte. Heinemann verließ die CDU und schloss sich nach Jahren der Wanderschaft in der politischen Wildnis schließlich der SPD an. Bald war er einer der gefragtesten und nachgerade unvermeidlichen Redner auf Protestveranstaltungen gegen die Wiederbewaffnung. Im Oktober 1950 steckten auf Adenauers Geheiß hochrangige frühere Wehrmachtsoffiziere im Kloster Himmerod in der Eifel die Köpfe zusammen, um militärische Konzepte für einen deutschen Wehrbeitrag auszuarbeiten. Früh zeichnete sich das quid pro quo ab, das am Ende zweijähriger Verhandlungen stand: Souveränität als Preis für die Wiederbewaffnung innerhalb einer europäischen bzw. atlantischen Struktur.

Kein politisches Thema, so die Einschätzung des Adenauer-Biografen Hans-Peter Schwarz, habe die Deutschen seit dem Zweiten Weltkrieg so aufgewühlt wie die Wiederbewaffnung (Schwarz 1981, 119). Doch am Ende erzielte die Kampagne gegen die Wiederbewaffnung nur einen begrenzten Mobilisierungserfolg. War sie von Anfang an zum Scheitern verurteilt? Es gibt Gegenstimmen: Der Sozialwissenschaftler und Historiker der Ostermarschbewegung Karl A. Otto argumentiert, dass eine »Ein-Punkt-Bewegung« gegen die Wiederbewaffnung eine Chance gehabt hätte, wäre sie entschlossener vorgegangen (Werner 2006, 535). Zwar lief Adenauers Politik der breit dokumentierten wiederbewaffnungsskeptischen Haltung der Bevölkerung entgegen.

Indes war die evangelische Opposition gespalten. Prominente Protestanten wie der CDU-Politiker Eugen Gerstenmaier, der dem Widerstand gegen Hitler nahegestanden hatte, standen hinter Adenauer. Zur Verweigerung des Kriegsdienstes forderte vor allem der linksprotestantische Flügel der Bruderbünde rund um den Hessen-Nassauischen Kirchenpräsidenten Martin Niemöller auf. Das ehemals führende Mitglied der »Bekennenden Kirche« war aufgrund seiner Radikalität innerhalb der Kirche isoliert (Rupp 1970, 57).

Im Scheitern von »Ohne mich« zeigt sich die Bedeutung einer festen institutionellen Basis und eines klaren, leicht kommunizierbaren Ziels für erfolgreichen Protest. Zweifellos: Die »Gelegenheit« für gesellschaftlichen Widerstand war aufgrund einer antimilitaristischen Grundstimmung im Volk da. Doch es fehlten strukturelle Voraussetzungen einer breiten Oppositionsbewegung. Neben einer schlagkräftigen Organisation und akzeptierten Führungsfiguren mangelte es an einer einheitlichen Zielprojektion. Heinemann wollte oder konnte nicht die Galionsfigur sein. Das Protestspektrum war heterogen: Teile der Anhängerschaft von »Ohne Mich« waren Alt-Nazis, angetrieben von nationalistischen Ressentiments gegen die Siegermächte. Christliche Gegner des Wehrbeitrags wiederum favorisierten neutral-nationalistische Positionen, um ein Auseinanderleben der beiden deutschen Staaten zu verhindern. Teile der Gewerkschaften, der Sozialdemokratie und auch der prinzipiellen Pazifisten, die spätere Basis des Anti-Atom-Protests, traten wie die CDU/CSU für eine enge Anlehnung an den Westen ein. Sie sahen in der Westbindung den Garant einer erfolgreichen demokratischen Entwicklung (Otto 1977, 539). Doch das Thema Westintegration hatte Adenauer längst »besetzt«.

Daher gab es bei »Ohne Mich« zwar ein gemeinsames Ziel, die Verhinderung der Wiederbewaffnung, aber keine erfolgreiche Koalitionsbildung. Auch aufgrund des herrschenden Antikommunismus fehlte Adenauers Gegnern der klare identitätsstiftende Rahmen. Führende Sozialdemokraten wie Kurt Schumacher waren keineswegs prinzipiell gegen jegliche Wiederbewaffnung. Sie wollten das deutsch-deutsche Auseinanderleben verhindern. Doch angesichts der Haltung der westlichen Alliierten war es so gut wie unmöglich, die Idee einer ideologischen Westbindung mit der Idee einer Nicht-Bewaffnung oder gar bewaffneten Neutralität zu verbinden. Ein wiederbewaffnetes, neutrales Deutschland wäre ein geopolitischer Albtraum für die europäischen Nachbarn gewesen.

»Ohne mich« scheiterte also an der unklaren Haltung der Sozialdemokraten, die nicht gegen eine Armee an sich waren, sondern aufgrund von Adenauers Plänen eine deutsch-deutsche Entfremdung und Vertiefung der Teilung befürchteten. Hinzu kam der kontraproduktive Einfluss der damals noch nicht verbotenen, doch von der DDR gesteuerten KPD (Kommunisten). Die »Ohne Mich«-Kampagne konnte leicht als »von Osten infiltriert« gebrandmarkt werden.

Deutlich breiter waren die Mobilisierungsfähigkeit und der tatsächliche Erfolg der »Kampf dem Atomtod«-Kampagne. Zwar wurde auch die atomare Bewaffnung der Bundeswehr nicht verhindert. Doch sie wurde auf alliierten Druck hin eingehegt: Die Bundeswehr erwarb die Trägersysteme und übte mit diesen im Verband der NATO, wie im Ernstfall amerikanische nukleare Sprengköpfe abgeschossen werden sollten. Auch angesichts der heftigen Debatten um atomare Bewaffnung in anderen westlichen Ländern wie Großbritannien waren die »Gelegenheiten« für eine breite Mobilisierung nun deutlich günstiger als während der »Ohne Mich«-Kampagne: *Erstens* hatte der vorausgegangene »Streit um den Wehrbeitrag« weite Kreise politisiert und die politische Kultur ein Stück weit demokratisiert. Darauf konnten die Gegner der Nuklearbewaffnung aufbauen. *Zweitens* war die institutionelle Basis breiter: Erneut waren SPD, Gewerkschaften und evangelische Christen die wichtigsten Trägergruppen, aber deutlich einiger in ihrer Ablehnung. Ferner fanden sie Unterstützung durch wissenschaftliche Experten. *Drittens* begünstigten die generellen Rahmenbedingungen den Protest: »Bonn ist nicht Weimar«, lautete das geflügelte Wort des Schweizer Journalist Fritz

René Allemann: Fast zehn Jahre nach ihrer Gründung wirkte die BRD politisch stabil; sie besaß mehr Selbstverständlichkeit; auch die Westbindung galt nun als unhintergehbar. Die Gelegenheiten für nachhaltigen Protest waren günstiger, weil Kritik auf der Basis eines sich formierenden Konsenses mehr Resonanz finden kann: Intellektuelle wie die Mitglieder der Schriftstellervereinigung »Gruppe 47« konnten auch deshalb hartnäckiger Reformen einfordern und Demokratiedefizite im »CDU-Staat« beklagen, weil das den westdeutschen Teilstaat nun nicht mehr in seiner Existenz bedrohte (Schildt 2011, 127). Hinzu kam die absolute Mehrheit der Unionsparteien seit den Bundestagswahlen 1957. Das forderte zur Opposition geradezu heraus. Schließlich entspannte sich ungeachtet der dramatischen Krisen um Berlin und Kuba von 1958 bis 1962 der Kalte Krieg. In allen westlichen Ländern wurde die atomare Abschreckung in Frage gestellt, wenn selbst der Architekt der Eindämmungs-Doktrin, der amerikanische Diplomat George F. Kennan, ein *Disengagement* der Supermächte forderte. Das »Weltsystem« hatte zu einer, wenn auch prekären Stabilität gefunden. Darauf hatte während der Berlin-Blockade 1948/49 und des Korea-Krieges noch wenig hingedeutet.

Neben günstigeren politischen und gesellschaftlichen Rahmenbedingungen wurde die »Kampf dem Atomtod«-Kampagne durch ein klares und leicht kommunizierbares Ziel begünstigt: die Verhinderung der atomaren Bewaffnung bzw. eines Nuklearkriegs. Dieses Ziel wirkte zweifellos dringlich. Ein besseres Verständnis der Folgen nuklearer Verstrahlung stützte die Argumente der Aufrüstungsgegner. Ein berühmt-berüchtigter Zwischenfall, die atomare Verseuchung der Mitglieder der Crew des japanischen Fischerbootes »Glücklicher Drache Nr. 5« Anfang 1954 wurde zum griffigen Beispiel. Ein Wasserstoffbombentest auf dem Bikini-Atoll hatte die Fischer versehentlich verstrahlt, obwohl sie sich außerhalb der vorgesehenen Sperrzone aufgehalten hatten. Die Amerikaner hatten die Sprengkraft ihrer Bombe unterschätzt. Eine breite Diskussion über nuklearen »Fallout« in den USA, aber auch in Deutschland folgte. Die »Bombe« war eine Gefahr für Leib und Leben nicht nur in einem eventuellen Kriegsfall, sondern im Hier und Jetzt. Nuklearängste entwickelten sich zum signifikanten Topos der Kulturgeschichte. Sie werden seither in Filmen, Erzählungen, Theaterstücken, Romanen und Hörspielen immer wieder neu thematisiert. Der gesellschaftliche Referenzrahmen war daher ein anderer als zu Beginn der 1950er Jahre. Weite Kreise waren für die Gefahren nuklearer Verstrahlung sensibilisiert, als Konrad Adenauer am 4. April 1957 auf der Bundespressekonferenz verharmlosend taktische Atomwaffen als »im Grunde nichts anderes als eine Weiterentwicklung der Artillerie« bezeichnete, auf die folglich auch die Bundeswehr (im Unterschied zu strategischen Atomwaffen) nicht verzichten könne (DzD III/3, 578). Adenauer folgte schlicht gängigen NATO-Konzepten und den Vorstellungen der militärischen Modernisierer um Bundesverteidigungsminister Franz Josef Strauß, die sich gegen die alten Wehrmachtsgeneräle und deren auf konventionelle Landheere setzenden Pläne für den Aufbau der Bundeswehr stellten (Conze 2009, 290ff.). Doch die medialen Reaktionen waren verheerend: Adenauers Diktum mobilisierte tiefsitzende Ängste vor einem dritten Weltkrieg, der alles, was die Menschheit von 1939 bis 1945 erlebt hatte, in den Schatten stellen würde.

Auch die Träger des Protests waren breiter: Erneut SPD, Gewerkschaften und evangelische Christen, die sich in ihrer Ablehnung einig waren. Hinzu kam der Protest einer hochkarätigen Gruppe von Naturwissenschaftlern, darunter Nobelpreisträger wie Max Born, Otto Hahn, Werner Heisenberg und Max von Laue. Diese »Göttinger 18« erklärten sich unzuständig, konkrete Vorschläge an die Adresse der Supermächte zu richten; ja, sie zeigten sich als gute Antikommunisten und akzeptierten die womöglich friedenserhaltende Wirkung des »Gleichgewichts des Schreckens«. Aber sie forderten für ein »kleines Land wie die Bundesrepublik« den freiwilligen Verzicht auf Atomwaffen. Diese würde sich damit besser schützen und zugleich dem Weltfrieden dienen (Göttinger

Manifest 1957). Der Aufschrei der naturwissenschaftlichen Autoritäten hatte Gewicht. Der Kampagne gelang eine breite Koalitionsbildung, sie konnte ihre Ressourcen bündeln und auf ein klares Ziel ausrichten. Adenauer, dessen Verteidigungsminister Strauß und die Parteien der Regierungskoalition konnten in der Frage der atomaren Bewaffnung der Bundeswehr zu keinem Zeitpunkt eine eindeutige Meinungsführerschaft gewinnen, wie es ihnen in der Wiederbewaffnungsfrage gelungen war. Diese blieb, so die Einschätzung von Axel Schildt, »durchgängig auf der Seite der protestierenden Kritiker« (2011, 131). Zwar stimmte der Bundestag mehrheitlich für die nukleare Bewaffnung. Doch das heizte im März 1958 erst recht die Protestbewegungen an.

Die »Kampf dem Atomtod«-Kampagne scheiterte dann am Bundesverfassungsgericht, das im Juli 1958 eine geplante Volksbefragung verbot. Nun beugten sich die SPD der Macht des Faktischen der Parlamentsbeschlüsse, auch nach einer Wahlniederlage in Nordrhein-Westfalen. SPD und Gewerkschaften zogen sich aus der »Kampf dem Atomtod«-Kampagne zurück, der damit die organisatorische Basis wegbrach. 1959 stellte sich die SPD im Godesberger Programm auf den Boden der von Adenauer geschaffenen »Realitäten«. Langfristig zahlte sich diese Strategie aus, weil es Adenauer und der Union ihre bisherige politische Mobilisierungsgrundlage entzog (Geiger 2008, 117). Indem die SPD die »Kampf dem Atomtod«-Kampagne mehr oder weniger liquidierte, legte sie, ohne es zu ahnen, die Axt an Adenauers Kanzlerschaft. Denn die Politik der Entspannung der 1960er Jahre wurde zum politischen Sprengsatz im Unionslager und sollte den »Machtwechsel« 1969 mit vorbereiten.

Arbeiterbewegung, Mitbestimmung und Wirtschaftswunder

Keine Protestgeschichte ohne Gewerkschaften. Wie der Generalstreik 1948, der Protest gegen Demontagen, »Ohne mich« und »Kampf dem Atomtod« bereits verdeutlicht haben und die künftigen Auseinandersetzungen etwa um die Notstandsgesetze 1968 oder erneut um den Frieden in den frühen 1980er Jahren noch zeigen werden, sind Gewerkschaften neben bestimmten christlichen Milieus das bei weitem verlässlichste institutionelle Rückgrat vieler Protestbewegungen in Deutschland – selbst wenn innerhalb der Organisationen etwa eine eher konsensorientierte Gewerkschaftsführung und die *grass roots* der Gewerkschaftsjugend oft im Clinch lagen. Es trifft bis heute zu, dass, etwa beim Kampf gegen Rassismus oder im Kontext globalisierungskritischer Bewegungen, Gewerkschaften und ihre Mitglieder »sozialen Bewegungen« institutionellen Rückhalt bieten.

Gewerkschaften haben Geld, Strukturen, Knowhow und Aktivisten. Sie bringen Ressourcen, Netzwerke und Erfahrungen ein. Ihr Personal ist in aller Regel leichter mobilisierbar als der Rest der Bevölkerung, durchaus auch für Ziele jenseits klassischer Tarifkonflikte. Selbstverständlich sind Tarifkonflikte Brot und Butter gewerkschaftlicher Aktivitäten. Doch Gewerkschafter kennen sich mit dem Demonstrieren aus, sie müssen weniger mentale Hürden nehmen, um »auf die Straße zu gehen«. Sie haben ihren Bewegungscharakter nicht völlig eingebüßt. Im Ernstfall müssen ihre Mitglieder mobilisierbar bleiben. Deshalb findet man diese bei Protesten oft an prominenter Stelle.

Trotz seiner Bedeutung für die Protestgeschichte fristet gewerkschaftlich basierter Aktivismus ein Schattendasein an den Rändern moderner Protestforschung. Warum? Einerseits wohl, weil Gewerkschaften ungeachtet ihrer inneren Heterogenität und Vielfalt insgesamt systemstabilisierender Bestandteil unserer Wirtschafts- und Sozialordnung sind. Sie entsprechen dem konventionellen

Bild von der systemtransformierenden Funktion von Protest vordergründig nicht. Sie gehören irgendwie doch zum Establishment. Auch taucht in der Forschung der konzeptionelle Einwand auf, dass Gewerkschaften sich prinzipiell nicht von anderen Formen der organisierten Interessensvertretung unterscheiden und ihr Bewegungscharakter »angesichts ihres hohen Institutionalisierungsgrades weitgehend verschwunden« sei (Schmidt 2008, 158).

Des Weiteren dürfte das Interesse der Protestforschung an Gewerkschaften auch daher überschaubar sein, weil eine jüngere Forschergeneration überwiegend gewerkschaftsfern sozialisiert worden ist; sie gehören Akademikerkreisen an; ihnen fehlt die milieuspezifische Nähe zur gewerkschaftlichen Arbeit; sie stehen oft den Neuen Sozialen Bewegungen näher. Dem Gewerkschaftsprotest fehlt der innovative *sex appeal*. Welchen respektablen Kulturhistoriker regen die industriell vorgefertigten Banner der IG Metall zum Reflektieren an, während selbst die kleinsten Regungen einer versprengten Gruppe Berliner Kommunarden um 1968 ganze Heerscharen von kulturwissenschaftlich ausgebildeten Interpreten auf den Plan gelockt haben? Gewerkschaften wirken irgendwie »out«.

Der große gewerkschaftliche Kampf der frühen Ära Adenauer, jedenfalls nach dem Ende der Demontage, drehte sich um ein Thema, das heute wieder aktuell wirkt: Die Demokratisierung der Wirtschaft. Bis zum Beginn der dritten Legislaturperiode des Bundestags (1957) stand die Frage institutionalisierter »Mitbestimmung« der Arbeitnehmerseite im Zentrum gewerkschaftlichen Agierens. Diese war 1947 in der Eisen- und Stahlindustrie zunächst in der Britischen Zone eingeführt und dann 1951 für die Montanindustrie auf das gesamte Bundesgebiet ausgedehnt worden. Mit dem Arbeitsdirektor wurde ein Vertreter der Arbeiternehmerseite sogar direkt im Unternehmensvorstand verankert (Lauschke 2007).

Nachdem die paritätische Mitbestimmung in der Montanindustrie 1951 durchgesetzt worden war, scheiterte deren Ausweitung auf andere Wirtschaftsbereiche. Klaus Schönhoven spricht mit Blick auf die Montanmitbestimmung von einem »Abwehrerfolg« der Gewerkschaften (1987, 214). Adenauer machte Zugeständnisse im Montanbereich, da die Weichenstellungen während der Besatzungszeit schwerlich korrigiert werden konnten und Kohle und Stahl im Rahmen der Montanunion ohnehin europäisiert worden war. Trotz erheblicher Mobilisierung der Gewerkschaftsbasis, die im Mai 1952 an mehreren Orten (wie Hamburg, Frankfurt, Mannheim und München) in rekordverdächtigen Zahlen auf die Straße ging, kam es nicht zu der erhofften umfassenden Demokratisierung der Wirtschaft.

Für die Gewerkschaften waren Initiativen für einen wirtschaftspolitischen Systemwechsel aufgrund der wachsenden Prosperität in dem vom »Wirtschaftswunder« geprägten Westdeutschland künftig eher von nachrangiger Bedeutung. Zwar fand die Idee der Sozialisierung noch Eingang in das Godesberger Programm der SPD 1959. Der gewerkschaftliche Protest konzentrierte sich jedoch auf die »aktive Lohnpolitik«, nach dem Motto eines Plakats der IG Metall: »Die Preise sind gestiegen – wo bleiben unsere Löhne?« (IG Metall 1981, 403), nachdem beispielsweise der mit drei Monaten längste Streik in der Geschichte der BRD, der schleswig-holsteinischen Metallarbeiterstreik, nur zu mageren Resultaten geführt hatte. Vermehrt wurde für Arbeitszeitverkürzungen demonstriert. Auch in dem harten, von Aussperrungen begleiteten Konflikt in der baden-württembergischen Metallindustrie 1963 um den legendären IG-Metall Chef Willi Bleicher stellte sich die Systemfrage nicht mehr. Die Metaller kämpften für ihr »gutes Recht«, nicht für eine soziale Revolution. Arbeitszeiten wurden verkürzt, Löhne erhöht, doch an der privatkapitalistischen Organisation der Wirtschaft nicht mehr gerüttelt.

Die Aussöhnung mit dem Kapitalismus erfolgte im Rahmen der in der BRD ja nicht seltenen, aber doch insgesamt eingehegten, weil zeitlich begrenzten Arbeitskonflikte. Pragmatisch orientierte Gewerkschaften verfolgten eine »aktive Lohnpolitik« statt einer in der Masse ihrer Mitglieder aufgrund des wirtschaftlichen Aufschwungs immer weniger Resonanz findenden grundsätzlichen, antikapitalistischen Kritik, wie es der marxistischen

Tradition entsprochen hätte. Da gleichzeitig protestförmige Konflikte wie Streiks durch die Rechtsprechung als legitimes Mittel akzeptiert wurden, verfestigte sich die Rolle der Gewerkschaften als Säule der bundesdeutschen Variante des »rheinischen« Kapitalismus und des Wirtschaftswunder-Konsenses (Schönhoven 2007, 223; Schneider 1993).

Arbeiterprotest seit den 1950er Jahren war häufig auch Protest seitens der strukturellen Verlierer des Wirtschaftswunders. Die ersten Vorboten der modernen Globalisierung drangen während der »Kohlekrise« schockartig ins Bewusstsein, als sich die längst zum Mythos gewordenen Ruhrkumpel aufgrund von billigen Kohleimporten vor allem aus den USA und die wachsende Konkurrenz des Erdöls in Kurzarbeit und Arbeitslosigkeit gedrängt sahen. In den späten 1950er Jahren gaben daher in der öffentlichen Wahrnehmung gewerkschaftlicher Proteste zunehmend die Ruhrkumpel »den Ton an« (Kraushaar 1996, 3/2067).

Die Ruhrkumpel waren medial so sichtbar, weil sie als Berufsgruppe persönlich und symbolisch so eng mit dem Wiederaufbau und der Überwindung der wirtschaftlichen Engpässe und Nöte der Nachkriegszeit verknüpft waren. Ab 1958 stockte der Absatz der Ruhrkohle. Zechenstilllegungen waren die Folge. Daher kam es seit Januar 1958 zu Streiks und Kundgebungen der Ruhrkumpel. Mehr als 80 000 Bergarbeiter gingen am 25. Januar in Bochum in den Ausstand. Der Vorsitzende der IG Bergbau, Heinrich Gutermuth, sprach von der Kohlekrise als einem »wirtschaftlichen Stalingrad« (Lauschke 1984).

Im August und September 1959 erreichten die Proteste ihren Höhepunkt. Sie gipfelten in einem Schweigemarsch von bis zu 60 000 Ruhrkumpels am 26. September 1959 in Bonn, der bis dahin größten Demonstration in der Bundeshauptstadt. Das gespenstische Szenario erinnerte an einen Trauerzug: »Wären die dumpfen Trommel- und Paukenschläge nicht gewesen, hätte man kaum etwas von dem Zug der 50 000 gehört. Ruhig und außerordentlich diszipliniert zogen die Bergleute in ihren Marschblöcken durch die Innenstadt« (Bothien 2009, 139f.). Acht Stunden waren

13 Marschsäulen durch Bonn unterwegs. Die Demonstranten traten im Sonntagsstaat an. Sie trugen – demonstrationstechnisch innovativ – Buttons mit der Aufschrift »Soziale Sicherheit statt Chaos – Marsch nach Bonn«. Transparente warteten mit der bemerkenswerten, mit der Revolutionsfurcht spielenden Parole »Sicherheit statt Chaos« auf und fragten unter einem Konterfei Adenauers »Wie stehts bei ihm?« (Kraushaar 1996, 3/2278).

Abb. 7: Schweigemarsch der Ruhrkumpel durch Bonn, 26. September 1959: In der bis dahin größten Demonstration in der jungen Bundeshauptstadt demonstrieren 60 000 Bergarbeiter gegen die Energiepolitik der Bundesregierung und die drohende Arbeitslosigkeit im Kohlebergbau. Die als Berufsgruppe medial so eng mit dem Überleben in der Besatzungszeit assoziierten Ruhrkumpel sehen sich nun als Verlierer der Modernisierungen des »Wirtschaftswunders«. Sie fordern »mehr Kohle«, droht diese doch durch andere Energieträger ersetzt zu werden. Schwarze Fahnen verweisen auf den schleichenden Tod einer ganzen Industrie. Plakate (»Wie steht‹s bei ihm«) machen Adenauer und Erhard für die Misere des Ruhrbergbaus verantwortlich.
(Quelle: Stadtarchiv und Stadthistorische Bibliothek Bonn; Foto: Georg Munker)

3 Friedensbewegung, Gewerkschaften, »Halbstarke«

Der Kampf der Bergleute, mit der inszenatorisch ungewöhnlichen, Bevölkerung und Polizei gleichermaßen beeindruckenden Schweigedemonstration vom 26. September 1959 als Höhepunkt, rettete die Kohle nicht. Trotz mehrfacher Kohlerunden bis in die Zeit der Großen Koalition und darüber hinaus verschwanden die Arbeitsplätze in den Bergwerken des Ruhrgebiets nach und nach. Der Protest gegen Zechenschließungen nahm die Abwehrkämpfe der 1970er und 1980er Jahre vorweg, als der dann einsetzende massive Umbau der gesamten Wirtschaft zu einer Mitgliederkrise der Gewerkschaften führte. Proteste der Modernisierungsverlierer sollten auf der Bonner Bühne noch zahlreiche abrollen. Sie stellen in den jeweiligen Jahren oft die größten Demonstrationen am Sitz der Regierung dar, darunter 60 000 Bauern in Bonn 1971 für »gerechte Agrarpreise« oder 10 000 Beschäftigte der Textilindustrie gegen Entlassung und Kurzarbeit 1973. Nach der »Wiedervereinigung« erhoben ostdeutsche Kumpel ihre Stimme und kamen 1997 zu zwei großen Bonner Demonstrationen zusammen (Bothien 2009).

Wenn Gewerkschaftler auf die Straße gingen, so scheint es, machten sie vermehrt gegen den Abbau von Arbeitsplätzen Front und zielten damit auf Sicherheit der Arbeit und damit des Lebens ab, nicht auf die Ungewissheit soziökonomischer Neuordnung wie im ersten Nachkriegsjahrzehnt. Gewerkschaftlicher Protest wandelte sich im Laufe der Geschichte der alten BRD vom Kampf um eine aktive Umgestaltung des Wirtschaftssystems zu überwiegend defensiven Abwehrkämpfen, von promodern zu überwiegend bewahrend, Modernisierung begrenzend.

Jugendprotest, »Halbstarkenkrawalle« und Populärkultur

Steht gewerkschaftlicher Protest vom Generalstreik 1948 bis zum Trauermarsch für die Ruhrkohle 1959 für die Tradition »sozialer Bewegung«, so begegnet uns mit den »Halbstarkenkrawallen« gewissermaßen deren Zukunft. In den 1950er Jahren festigte sich die heutzutage gängige Vorstellung, dass »Jugend und Protest« zusammen gehören (Lindner 1996, 17f.). Zumindest repräsentierten die im Phänomen der »Halbstarken« greifbar werdenden Verknüpfungen von jugendlichem Aufbegehren gegen soziale Zwänge, »amerikanisiertem« Konsum und gesellschaftlicher Modernisierung vor dem Hintergrund eines ungewöhnlich stark ausgeprägten Generationskonflikts eine prägende Formel in der Protestgeschichte der mittleren Jahrzehnte der Bundesrepublik. Das nahm auf kleiner Flamme »1968« vorweg.

Nicht nur in Deutschland, in ganz Europa und Nordamerika kam es zu Aufsehen erregenden Versammlungen von jugendlichen »Ruhestörern«, die außer »Rand und Band« (so der deutsche Titel von Bill Haleys Film *Rock Around the Clock*) gerieten und Polizeieinsätze nach sich zogen. Die meisten Jugendlichen der 1950er Jahre lehnten das Label »Halbstarke« ab (Kaiser 1959, 118). Es war pejorativ gemeint und klassenbasiert: In bürgerlichen Kreisen rief es Bilder vom »verkommenen«, keine Autorität akzeptierenden Nachwuchs der Unterschichten hervor, der sich von »amerikanisierter Unkultur« verführen ließ. Damit brachten die »guten Bürger« gleichzeitig auch ihre Ablehnung der amerikanischen Populärkultur zum Ausdruck. Begriffe wie »Randale« und »Krawall« charakterisierten das jugendliche Aufbegehren zugleich als strikt unpolitisch (Maase 1992; Poiger 2000).

Marktfähige und damit potenziell »hegemonial« wirkende Populärkultur und sozialer Protest stehen in einem schwer zu entwirrenden Spannungsverhältnis. Sie changieren in ihrer politischen Auflading zeitlich und situativ je nach historischer und gesellschaftlicher Situation (Maase 2010). Populärkultur kann politisch wirken, muss es aber nicht. Zukünftig würde für die weitere Geschichte der BRD seit den 1950er Jahren diese Verbindung von Konsum, Musik, Kleidung und Jugendlichkeit als Aufbegehren gegen gesellschaftliche Normen und politische Ordnungen charakteristisch werden. Der enge Konnex verstärkte sich noch einmal um »1968«, bevor er sich im Laufe der 1980er Jahre wieder aufzulösen begann. Mit vollzogenem Übergang zur Konsumgesellschaft und der damit einhergehenden wachsenden gesellschaftlichen Akzeptanz von Populärkultur büßte letztere ihr politisch provokant wirkendes Potenzial wieder ein.

In der mittleren Phase der BRD waren Jugend- und Populärkultur prinzipiell politischer als zu anderen Zeiten und transportierten grundsätzlich protestförmige Haltungen. Dies gilt im Übrigen auch für die DDR. Noch hatte sich die deutsche Gesellschaft an die neuen expressiven, damals überwiegend aus den USA importierten Formen der Musik nicht gewöhnt, noch hatte sie sich nicht in einer Konsumkultur eingerichtet. Zwar hat populäre Kultur auch über 1970 hinaus das Potenzial zur Provokation und zur Artikulation von Dissens, wenn man an bestimmte Genres wie Punk in den 1970ern oder Rap in den 1980er Jahren denkt. Aber sie wirkte insgesamt weniger offensichtlich politisch als während der »langen 1960er« Jahre. In der Gegenwart ist weniger Musik populäre Trägerin dissenter Haltungen als soziale Medien, auf denen sich Protest verbal auslebt.

Unter das Signum der »Halbstarkenkrawalle« fällt eine große Bandbreite von Handlungsweisen. Diese reichten von, nach heutigem Verständnis, relativ »normalem«, aber damals eben noch ungewöhnlich und daher normwidrig wirkenden Konsumpraktiken (wie dem lauten Hören von Musik; oder der Pflege einer an Schauspielern und Musikern wie Marlon Brando und Elvis Presley orientierten äußeren Erscheinung, ausstaffiert mit groß karierten Hemden, »Nietenhosen«, d. h. Jeans, und schwarzen Lederjacken); über schlichtes »Herumlungern« an Straßenecken, knatternden Moped- oder Motorrad-Korsos bis zur tätlichen Gewalt gegenüber Passanten und Massenschlägereien vor, nach und während Konzerten (sogenannte »Veranstaltungskrawalle«). Obwohl die von den Jugendlichen ausgehende Gewalt im Einzelfall furchterregend gewirkt haben muss, kann man sich in heutiger Kenntnis der seitherigen Entwicklung angesichts der Reaktionen der damaligen Erwachsenen eines Schmunzelns schwer erwehren. Die Horrorvisionen, mit denen Pädagogen, Politiker und Polizisten auf »Halbstarke« reagierten, wurden keineswegs Realität. Der liberale Publizistikprofessor Harry Pross spießte zeitgenössische Untergangsszenarien in der FAZ ironisierend auf:

> »Die Burschen stehen an den Ecken herum, hocken auf Geländern [...]. Dort bilden sich auch die Blasen, die Banden, die Rudel, die Vorübergehende anpöbeln, wenn nicht Schlimmeres geschieht. Solche Stehkonvente geben Anlass zu manchem Ärgernis. Einmal, weil der Anblick des geballten Müßiggangs dem fleißigen Bundesbürger überhaupt ein Dorn im Auge ist. [...] Zum anderen, weil die Knaben laut sind und in corona auf die Tonart ihres Gruppenkomments umschalten, der nicht der unsrige ist« (Kurme 2006, 194).

Jungen Menschen in den 1950er Jahren diente amerikanische oder amerikanisierte Populärkultur zunächst einmal ganz simpel als Projektionsfläche ihrer Hoffnungen und als Medium ihrer Emanzipation gegenüber Älteren. Hier das Beispiel einer jungen Frau aus dem Ruhrgebiet, die sich an ihre Jugendzeit erinnert:

> »Und dann kam die erste Rock'n'Roll-Musik. Bill Haley. Ach, war das toll! Ich war ja so fasziniert. [...] während eines Bill Haley-Filmes hatte sich bei dem ganzen Publikum eine Aggression angesammelt. Unmittelbar nach der Vorstellung sind wir geschlossen losgezogen. Das entsprach auch so ganz meinen Ansichten. Ach, das war was ganz was Tolles! In Gelsenkirchen die Bahnhofstraße: einmal von oben bis unten runter und dann nur *Rock around the clock* – von oben bis unten – und *Bill Haley* geschrien. Das war eine Sensation. Ganz friedlich, wir haben keinem was getan. Die Passanten, die standen mit offenem Mund teilweise an der Straße. [...] Das fing halt schon zu Hause mit Theater an, wenn da Bill Haley im Radio war, *Rock around the clock* ganz besonders, dann war ich aus dem Häuschen. Das war irgendwie so'n [...] dann konnte ich nicht still sitzen [...] und kriegte ich erst links und rechts ein paar um die Ohren, und dann

wurde das Radio ausgedreht. [...] Ja, und dann wurde ich ein bißchen unruhig, ich nehme an, aus lauter Opposition meinem Vater gegenüber heraus« (Maase, 1992, 96).

Hier wird ein in Teilen doch wenig auffälliges Verhalten geschildert: Jugend hat Spaß, hört Musik, verhält sich provokant aufsässig gegenüber Eltern und Älteren. Diese »normalen« Krawalle waren zahlreich, viele lösten sich nach kurzer Zeit wieder auf. Es sind die »Großkrawalle« mit wenigstens 50 Teilnehmern meist nach Filmvorführungen und Konzerten, auf die sich die öffentliche Aufmerksamkeit konzentrierte. Von diesen gab es weltweit zwischen 1955 und 1958 gerade einmal 130, davon 90 Prozent in Deutschland Ost und West. Obwohl »Zusammenrottungen« Jugendlicher schon Anfang der 1950er Jahre gehäuft in London und New York vorkamen, waren Großkrawalle eine deutsche Spezialität, mit West-Berlin als Zentrum, daneben Hamburg und das Ruhrgebiet. Auch süddeutsche Städte wie Stuttgart, Mannheim und München erlebten einzelne Großkrawalle, jedoch nicht in der gleichen Dichte wie die nördlichen Großstädte (Kaiser, 1959, 102ff.).

Vorführungen von *Außer Rand und Band* arteten regelmäßig oft noch in den Kinos selbst und vor allem nach dem Ende der Aufführung zu Tumulten aus. Als Bill Haley im Herbst 1958 zu einer Tournee nach Deutschland kam, war Gewalt vorprogrammiert. In der Hamburger Ernst-Merck-Halle ging es hoch her wie auch im Sportpalast zu Berlin, wo die Ordnungskräfte überrannt wurden und Fans noch vor dem Beginn des Konzerts die Stuhlreihen auseinanderrissen. Haley und seine Band ergriffen die Flucht. Die Halbstarken demontierten regelrecht das Innere des Sportpalasts. Das Muster wiederholte sich in Hamburg und Essen sowie in Stuttgart auf dem Killesberg, wo laut *Stuttgarter Zeitung* »Schlager und Schläger« eine unheilige Allianz eingingen.

Was erklärt die Heftigkeit der Halbstarkenkrawalle in Deutschland? Die Politisierung und Eskalationsdynamik des Jugendprotests dürfte auch eine Folge der aus heutiger Sicht völlig unzureichenden Sicherheitsvorkehrungen gewesen sein. Das lässt sich in den zeitgenössischen Filmaufnahmen sehr gut erkennen, fehlten doch zum Beispiel Absperrungen der Bühnen oder ließ sich die Bestuhlung leicht aus den Angeln heben. Hinzu kam die völlig überzogene Reaktion staatlicher und gesellschaftlicher Autoritäten. Wie zeitgenössische Untersuchungen und seither auch die Forschung argumentieren, war neben einer Gruppendynamik, in der der Einzelne der Verantwortung für sein Handeln leichter enthoben war, die Reaktion der Polizei Teil des Spiels. Jugendliche alarmierten bewusst die Polizei, um diese zum Eingreifen zu animieren (Kurme 2006, 318).

Eskalation war garantiert, wenn die Polizeiführung, in einer Diktion, die an Partisanenkämpfe des Zweiten Weltkrieges erinnert, von ihren Beamten ein »scharfes« und »unnachsichtiges« Eingreifen forderte. Deeskalierende Debatten mit Störern wurden für »unzweckmäßig« gehalten. Es dauert meist nicht lange, bis Gummiknüppel zum Einsatz kamen, dann Wasserwerfer und Tränengas. Es scheint, dass eine im Wesentlichen vor 1945 geschulte Polizei insbesondere in Berlin und im ehemaligen Preußen bewusst auf Eskalation setzte und ihre »waffentechnische« Überlegenheit hemmungslos ausnutzte. Erst allmählich sickerte ein, dass einige Jugendliche Provokation suchten und polizeitaktische Zurückhaltung Krawalle zu mindern half.

Vor dem Hintergrund des Verhaltens der Polizei lassen sich die Halbstarkenkrawalle auch als typisches Konfliktmuster einer von autoritären und patriarchalischen Leitbildern geprägten Gesellschaft verstehen. Staatliche »Ordnungshüter« versuchten Streit mit Gewalt und ohne jegliche psychologische Schulung oder gar Einfühlungsvermögen zu regeln. Diese Muster zeigen sich noch eine knappe Dekade später beim Ohnesorg-Mord überdeutlich. Während der Proteste gegen den Besuch des Schahs von Persien in Berlin am 2. Juni 1967 tolerierte die für ihren Eskalationswillen bekannte Berliner Polizei zunächst den Einsatz persischer Schläger (»Jubelperser«). Dann vertrieb sie mit einer bewusst Opfer riskierenden Taktik die studentischen Demonstranten vom Platz, mit den bekannten Folgen (siehe Kapitel 4).

3 Friedensbewegung, Gewerkschaften, »Halbstarke«

Diese unverhältnismäßige Gewalt der Polizei blieb auch über die Jahre um »1968« hinaus noch virulent. Die deutsche Gesellschaft tat sich lange schwer damit, Straßenprotest zu tolerieren, wenn ihn nicht traditionell dazu berufene und befugte Gewerkschaften oder andere gesellschaftlichen Großorganisationen »ordentlich« ausführten. Sie tat sich auch schwer damit, die politischen Wirkungen von Populärkultur zu verstehen. Denn in der mittleren Phase der BRD waren Jugend- und Populärkultur prinzipiell politischer als zu anderen Zeiten. Konsum, Musik, Kleidung und Jugendlichkeit signalisierten ein Aufbegehren gegen gesellschaftliche Normen. Mit vollzogenem Übergang zur Konsumgesellschaft und der wachsenden sozialen Akzeptanz von Populärkultur büßte diese ihr politisch provokantes Potenzial im Laufe der 1980er Jahre wieder ein. Um »1968« sollte die Politisierung der Populärkultur jedoch einen Höhepunkt erreichen.

4

»1968«, Neue Linke, Studentenprotest und die gesellschaftlichen Umbrüche der langen 1960er Jahre

In ihren Jahresrückblicken 1968 sparten die öffentlich-rechtlichen Sender nicht mit Kritik an den Reaktionen der staatlichen Autoritäten auf die studentischen Proteste dieses Jahres. Der liberal-konservative Journalist Joachim Fest, damals als Redakteur beim Norddeutschen Rundfunk angestellt, ab 1973 Mitherausgeber der *Frankfurter Allgemeinen Zeitung*, hielt das Politikverständnis der regierenden Großen Koalition für anachronistisch. Das Verhalten der Politiker sei »einfallslos«, sie »nährten eher die Zweifel, die sie beschwichtigen wollten«; sie ergingen sich in »altväterlicher

Pädagogik« und »schulmeisterlicher Selbstgefälligkeit«; sie seien in ihrer »bemühten Alltagstüchtigkeit schon zufrieden«, wenn sie einen Bundeshaushalt verabschiedet und für »Ruhe und Ordnung« gesorgt hätten. Das sei zwar wichtig, aber nicht genug. Auch erweise sich der Staat angesichts von Notstands- und Vietnam-Demonstrationen als »unfähig, dem Aufruhr zu begegnen. Folge eines idyllischen Politikverständnisses, das sich nur für konformistische Demonstrationen gewappnet sieht« (tagesschau.de, Jahresrückblick 1968).

Zugleich attestierte Fest auch der neulinken Avantgarde der »68er« Visions- und Konzeptlosigkeit. In »Romantizismus« verfallen, trügen die Protestakteure Ressentiments über die Vergangenheit, die Gegenwart und die Zukunft vor sich her. Ihre gesuchten Protestinszenierungen wirkten wie »Mummenschanz« und »revolutionäres Gefummel«. Die Kritik der jungen Generation beruhe nicht »auf einer Analyse der Gesellschaft, sondern auf dem Ekel vor ihr. Sie ist ihr kein intellektuelles, sondern ein emotionales Problem, kein politisches, sondern ein ästhetisches« (ebd.). Fest bereitete hier die liberal-konservative Kritik der Studentenrevolte vor, die sich in utopische Träume verrannt habe. Aber zugleich zeigt sein Beitrag auch, dass »1968« Medien und Politik dazu zwang, sich mit Fragen politischer Teilhabe zu beschäftigen und die eigene Rolle zu reflektieren. Wie medienhistorische Untersuchungen zeigen, waren Sympathien für die Protestler durchaus gegeben, teilten doch vor allem Journalisten der damals mittleren Jahrgänge das grundsätzliche Anliegen der Kritik am Status quo, wenn sie sich auch von den Methoden der »68er« nicht angesprochen fühlten (Hodenberg 2006; Vogel 2010).

Fest kritisierte beide Seiten. Diese relativ differenzierte zeitgenössische Beurteilung von »1968« ging im Laufe der Jahrzehnte verloren, weil die Protestbewegungen der späten 1960er Jahre sehr viel stärker als über das gesprochene Wort über die visuellen Konfrontationen nachwirken, mit denen gerade auch abwägende Journalisten wie Fest ihre Fernsehbeiträge unterlegten. Daher wird »1968« vor allem als eine Art »Aufstand der Bilder« (Fahlenbrach

2008, 245) erinnert, in dem es klare Fronten gibt. Das inszenatorische Programm ist bekannt: Dynamisch, im Rhythmus lauter Rufe voranstrebende Ketten von Protestlern, Ho Chi Min-Plakate und -Gebrüll, gewalttätige Konfrontationen mit Ordnungshütern und Wasserwerfern, daneben viele kleinere Protestinszenierungen wie *Sit-Ins*, *Teach-Ins* und »gezielte Regelverletzungen«, ostentativ zur Schau gestellter Nonkonformismus in Hörsälen und vor Gerichten, Vollversammlungen mit bekannten Rednern am Podium, Diskussionen in verrauchten Seminarräumen und Wohnzimmern, neue Lebensformen wie Kommunen und Kinderläden, nackte Körper als Chiffren der »sexuellen Befreiung«. Diese Bilder sind durch Filmdokumentationen, großformatige Bildbände und Ausstellungen im kulturellen Gedächtnis der Deutschen fest verankert und kanonisiert. Ja, sie werden in Spielfilmen sogar nachgestellt.

1968 wirkt im Vergleich zu früheren Protestbewegungen in Deutschland sehr viel stärker über sein visuelles und performatives Repertoire als über die konkreten Inhalte, Motive und politischen Verlautbarungen derjenigen, die opponierten. Es dominiert in Rückblicken eher die Frage des »wie« als des »was«: Sicher, das ideologische Programm der Neuen Linken und die Kritikpunkte von »1968« werden historisch thematisiert, wie die Verwicklung der BRD in koloniale und postkoloniale Verhältnisse (Stichwort Schah-Besuch und Vietnam), der Skandal der NS-Belastung ihres führenden Personals (Stichworte »ungesühnte Nazi-Justiz«, Auschwitz-Prozess, Elitenkontinuität von Globke bis Kiesinger), die Verkrustung der universitären Verhältnisse (Stichwort »Unter den Talaren der Muff von tausend Jahren«) und die Befreiung von sozialen Normen (Stichwort »sexuelle Revolution«) sowie der Aufstand der jungen Frauen gegen das Patriarchat (Stichwort »neue Frauenbewegung«). Zugleich hat die historische Forschung herausgearbeitet, dass viele dieser gesellschaftlichen Kontroversen längst in der Luft lagen. Sie wurden von »1968« aufgegriffen und zugespitzt. Die Protestakteure der späten 1960er Jahre waren weniger Katalysator als Epiphänomene der Modernisierung (Schildt u. a. 2010).

Was also macht »1968« so bedeutsam? Zweifellos nicht die Tatsache des öffentlichen Protestierens, denn demonstrierend auf die Straße zu gehen war um 1968 nun wahrlich nichts Neues. Straßenprotest gehörte, wie wir gesehen haben, zum Inventar der Nachkriegspolitik seit 1945. Die Kampagnen der 1940er und 1950er Jahren zunächst gegen alliierte Besatzer und wirtschaftliche Liberalisierung, dann gegen die atomare Bewaffnung der Bundeswehr brachten deutlich mehr Menschen auf die Straße als die studentischen Gruppen um 1968. Wie wir aus den Untersuchungen des Berliner Sozialforschers Dieter Rucht (2001, 36f.) wissen, war die Protestintensität der späten 1960er Jahre zwar relativ hoch. Doch die vielen einzelnen Protestereignisse fielen quantitativ gesehen nicht besonders ins Gewicht. Mit Ausnahme der großen Demonstrationen gegen die Notstandsgesetze unter anderem im Bonner Hofgarten am 11. Mai 1968, an der dank der Mitwirkung mobilisierungsstarker Gewerkschaften wie der IG Metall Hunderttausende teilnahmen, blieb die Anzahl der Teilnehmer an studentischen Protesten überschaubar. Dennoch hat sich »1968« sehr viel stärker in die Erinnerung eingebrannt als ältere Protestzyklen. Warum?

Drei Aspekte lassen »1968« hervorstechen: *Erstens*, die Revolte der späten 1960er Jahre war in Deutschland die erste größere Protestbewegung des Fernsehzeitalters, darin vergleichbar der Bürgerrechtsbewegung in den USA. Sie wirkte konsequent über ihr visuelles und zum Teil auch akustisches Programm. Indem sich die 68er nicht an die etablierten Regeln der klassischen Demonstration hielten und neue Formen des Straßenprotests erfanden, wird ihr Agieren als innovativ erinnert. Erstmals überhaupt in der Geschichte Nachkriegsdeutschlands wurde eine Serie von Protesten primär in einem visuellen Massenmedium verhandelt. Zwar rahmte das Fernsehen die »68er-»Bewegung durchaus kritisch, wie der eingangs zitierte Kommentar von Joachim Fest zeigt. Aber zugleich diente das Fernsehen auch als Plattform für die Protestakteure, die ihre Forderungen mittels einer damals völlig neuen Unmittelbarkeit artikulieren konnte. Visuell, so die Bielefelder Medienhistorikerin Meike Vogel, führten die »kontrastierenden Erzählweisen zu einer extremen Polarisierung« im Publikum (2010, 298). *Zweitens* ereignete sich »1968« in einer makrosozialen Schwellensituation. »1968« folgte auf den breiten Durchbruch zur Konsumgesellschaft in Deutschland. Im Unterschied zur Friedensbewegung der späten 1950er Jahre trat »1968« in einer veränderten sozialen Lage auf den Plan, in der die Menschen zwar in einer neuen Gesellschaft lebten, deren Lebensstandard sich deutlich von dem nur zehn oder zwanzig Jahre früher unterschied. Aber die Mehrheit hatte sich an den neuen Wohlstand noch nicht so recht gewöhnt. Daher wichen in den 1960er Jahren generationsspezifische Erfahrungen stärker voneinander ab als in anderen Epochen. Diese großen mentalitätsbedingten Abstände zwischen Alt und Jung gaben dem Protest seine Brisanz. Auf diese neue Gesellschaft reagierte nicht zuletzt eine »neue Linke«, für die im Vergleich zum etablierten Marxismus nicht mehr soziale Unterschiede, sondern kulturelle Differenzen die entscheidenden gesellschaftlichen Konfliktlinien beschrieben. Hinzu kam *drittens* die selbstbewusst globale Orientierung der Generation von »1968«, die viele ihrer zentralen Referenzpunkt von Entwicklungen außerhalb der deutschen Grenzen bezog.

Ich beginne *erstens* mit den gesellschaftlichen Umbruchsprozessen der 1950er und 1960er Jahre als dem sozialen Hintergrund, vor dem sich die Protestbewegungen der späten 1960er Jahre entwickelten. Dabei wird deutlich, dass die rebellischen 68er in ihrer Kritik am Status quo zur gesellschaftlichen Akzeptanz einer neuen Form des Wirtschaftens und Konsumierens beitrugen. Es folgt *zweitens* eine Betrachtung des Aufstiegs einer »Neuen Linken«, die sich von neuen Begriffen wie »antiautoritär« und »emanzipativ« leiten ließ und sich auch darin vom klassischen Marxismus unterschied. Das in diesen Kontext gehörende Entstehen einer »neuen Frauenbewegung« wird hier ausgeklammert und dafür in Kap. 5 umfassend behandelt. Es folgt *drittens* ein Blick auf den »Globalismus der Freiheit« der 68er-Bewegung, die sich stark mit den Entwicklungen in der »Dritten Welt« beschäftigte und darin

Europas neue Rolle nach dem Ende der Imperien diskutierte. Das Kapitel endet *viertens* mit einem Blick auf die Rolle der NS-Vergangenheit in den Konflikten rund um »1968« als einem Spezifikum der deutschen Studentenbewegung.

Konsumgesellschaft und Demokratisierung

Nach dem Ende des Zweiten Weltkriegs 1945 war in der späteren Bundesrepublik von den Besatzungsmächten ein liberaldemokratisches System westlicher Prägung installiert worden. Doch gesellschaftlich dominierten sowohl in der BRD als auch in den benachbarten Ländern weiter Ordnungsmodelle des 19. Jahrhunderts. Klassenzugehörigkeit und der sozioökonomische Status der Eltern waren entscheidend für die Entwicklungspotenziale junger Menschen. Den meisten der sprichwörtlichen »Arbeiterkindern« war der Zugang zu Universitäten verwehrt, wie auch »Kindern vom Lande«. Außerhalb der Städte fehlten moderne schulische Infrastrukturen. Familiäre Normen und die Beziehungen der Geschlechter zueinander orientierten sich an patriarchalischen Modellen. Zumindest theoretisch regulierten kirchliche und staatliche Autoritäten Sexualität. Ein illiberales Familien- und Ehestandsrecht diskriminierte Frauen und kriminalisierte Homosexuelle. Der kulturelle Sektor schottete sich gegen demokratisierende Tendenzen und nicht zuletzt gegen die »Unkultur der Massen«, auch amerikanischer Provenienz ab. Während Europa längst industrialisiert war, wirkte das platte Land mancherorts noch wie aus der vorindustriellen Epoche herausgefallen.

Katalysator der gesellschaftlichen Aufbrüche der späten 1960er Jahre war der große Boom der Nachkriegsjahrzehnte, das »Wirtschaftswunder«. Dieses bescherte vielen Bundesdeutschen einen noch um 1950 unvorstellbaren Wohlstand. Wachsende Einkommen und sinkende Preise für massenproduzierte Produkte des

Konsumgesellschaft und Demokratisierung

täglichen Bedarfs, aber auch langlebige Güter wie Kühlschränke, Waschmaschinen und schließlich Fernseher krempelten den Alltag um. Mit der Prosperität kamen weitere Veränderungen: Die Automobilisierung schritt rasend voran, das Straßensystem wurde parallel ausgebaut. Moderne Verkehrsmittel und neue kommunikative Infrastrukturen wie das Fernsehen, aber auch der Anschluss vieler Haushalte an das Telefonnetz banden Menschen auf neue Weise überlokal ein. Vermehrte Reisen ins Ausland und opulenter werdende Bildberichte in illustrierten Zeitschriften wie *Quick* und *Stern* schufen neue, Grenzen überschreitende Wahrnehmungszusammenhänge. Mehr Geld und mehr Freizeit waren Basis einer Konsumgesellschaft, in der sich Erwachsene, vor allem aber junge Menschen, freier bewegen konnten. Um 1970 wirkte die BRD als modernes Land, das sich äußerlich stark von der Zeit um 1950 unterschied.

Der große Nachkriegsboom brachte eine Gesellschaft hervor, in der Massenkonsum und Massenkultur den Alltag bestimmen. Ihre konsumtiven Muster und Wahrnehmungsweisen sind ungeachtet der seither erfolgten digitalen Revolution im Wesentlichen bis heute gültig. Erste Anklänge der neuen Konsumgesellschaft finden sich schon in der Weimarer Republik, während in den USA der Übergang zur Konsumgesellschaft schon in der Zwischenkriegszeit erfolgte. Sie konnte sich in Deutschland aufgrund der Weltwirtschafskrise und des Zweiten Weltkrieges erst in den 1950er und 1960er Jahren entfalten. Ermöglicht wurde diese neue Gesellschaft durch Wachstum: Wachstum der Bevölkerung; der jungen Familien; der Lebenserwartung; Wachstum der Wirtschaft und zwar deutlich über den historischen Wachstumskurven des 19. Jahrhunderts; Wachstum der Produktivität; der urbanen Regionen; des Einkommens pro Kopf und – Essential der Konsumgesellschaft – Wachstum des für nicht lebensnotwendige Güter wie Nahrung, Kleidung und Wohnen frei verfügbaren Einkommens.

Diese Konsumgesellschaft der zweiten Hälfte des 20. Jahrhunderts ist *demokratischer* als die im 19. und frühen 20. Jahrhundert dominierende Industriegesellschaft. Sie verspricht und ermöglicht die Verwirklichung individueller Wünsche durch Waren. Sie stellt eine Form gesellschaftlicher Demokratisierung dar, weil sich Unterschiede zwischen »hoch« und »niedrig« abschleifen, sich breiten Teilen der Bevölkerung Zugang zu bisher unerreichbaren Produkten und höherem Lebensstandard eröffnet, ohne dass reale Einkommensunterschiede nivelliert würden. Auch in der Konsumgesellschaft gibt es Schichten und Klassen, aber diese sind mit Blick auf ihre konsumtiven Möglichkeiten nicht mehr so streng voneinander geschieden. Weil das Leben in westlichen Ländern seit den 1960er Jahren durch Massenkultur und Massenkonsum charakterisiert und somit »gleicher« geworden ist, eröffnen sich, auch für Jugendliche, Frauen und Arbeiter, Möglichkeiten, die es vorher in der Form nicht gab.

Für Frauen entstanden neue Spielräume, da sie nun vermehrt in Arbeitsprozesse außerhalb des Hauses eingebunden wurden. Eine tertiarisierte Wirtschaft, in der Dienstleistungen immer wichtiger wurden, ermöglichte einerseits mehr Frauenarbeit, erforderte sie aber anderseits auch. Daher ist die Emanzipation der Frau, nicht nur politisch, sondern auch ökonomisch betrachtet, kongenial zu einer liberal-kapitalistischen Konsumgesellschaft. Zuspitzend lässt sich der Feminismus als eine systemkonforme Ideologie deuten, weil unsere Ökonomie auf der Mobilisierung aller Kräfte und deren Integration in den Arbeitsprozess basiert. Die »Lust am Zuverdienen« (Oertzen 1999) wurde von Konsumwünschen ebenso angetrieben wie von Fragen der Emanzipation. Gleichzeitig eröffnete die neue Wirtschaft neue Spielräume gerade für junge Menschen, die über mehr Zeit, Einkommen und auch Platz wie ein eigenes Zimmer verfügten, um Musik oder Radio zu hören. Diese monetären und physischen Voraussetzungen sind zentral für Konsum, wie der Kopenhagener Historiker Detlef Siegfried herausgearbeitet hat (2006).

»1968« lässt sich daher als Teil der Gewöhnung an die neue Konsumgesellschaft deuten: Konsum, Massenkultur, Protest und Demokratisierung sind keine gegenläufigen Prozesse, sondern stehen in komplexen Austauschverhältnissen. Der massenhafte Wohlstand und der damit einhergehende Wandel in der Arbeitswelt verlangen nicht sofort neue Lebensformen. Doch sie ermöglichen neue Entwürfe menschlicher Kohabitation. Das rief auf konservativer Seite immer wieder Kritik hervor. So meinte Anfang der 1980er Jahre der frühere Bundesfamilienminister Bruno Heck, damals Vorsitzender der Konrad-Adenauer-Stiftung: »Die Rebellion von 68 hat mehr Werte zerstört als das Dritte Reich. Sie zu bewältigen ist daher wichtiger, als ein weiteres Mal Hitler zu bewältigen« (Lucke 2008, 8). BILD-Chefredakteur Kai Diekmann geißelte »1968« als »Epochenbruch der deutschen Gesellschaft in Richtung Egozentrik, Mittelmaß und Faulheit« (ebd.); noch jüngst hat der AfD-Politiker Jörg Meuthen davon gesprochen, seine Partei wolle »weg vom links-rot-grün verseuchten 68er-Deutschland« (Süddeutsche Zeitung, 30. April 2016).

Was konservative Kritiker damals wie heute nicht verstanden und verstehen: Die Rebellion von 1968 war ein Stück weit inszeniert, wie Joachim Fest in seinem Jahresrückblick 1968 deutlich machte. So brach die berühmt-berüchtigte Kommune 1 (K1) zwar nach außen hin alle Normen, als sie für die Fotografen die Hüllen fallen ließ. Das stand in der Öffentlichkeit pars pro toto für »sexuelle Befreiung«. Doch das war schon 1968 weniger revolutionär, als es auf den ersten Blick erschien. Das radikale Aufbegehren der K1 folgte der konsumgesellschaftlichen Logik, die das nach Selbsterfüllung strebende Individuum fordert, neue Formen des Wohnens und der Familie: »Rebellische Kommunarden« wie Rainer Langhans, Fritz Teufel, Uschi Obermaier und andere waren symbolische Referenzpunkte einer in der Konsumgesellschaft angelegten Möglichkeit. Im Kern verhielten sie sich konform zur neuen Gesellschaft, obwohl das weder ihrem Selbstbild noch der Fremdwahrnehmung von außen entsprach, noch den später daraus erwachsenen Mythen.

Die damaligen wie späteren Kritiker empörten sich vor allem über zwei Entwicklungen: Zum einen beklagten sie gegenüber dem emanzipatorischen Impetus der »68er« den Verlust von Autorität, sei es die der Eltern, der Kirchen oder der Politiker, aber auch anderer öffentlicher Ordnungsfaktoren. Dieser »Zusammenbruch von Autorität« war bereits im Kontext der »Halbstarkenkrawalle« breit thematisiert worden. Hierarchien sind zwar seither nicht aus der Gesellschaft verschwunden, aber sie werden anders, weniger offenkundig vermittelt. Zum anderen erregten sich die Gemüter an der viel beschworenen sexuellen Revolution, dem am stärksten mythenbefrachteten Thema der 1960er Jahre überhaupt. Hier änderte sich erstens vor allem, wer öffentlich über Sexualität sprechen durfte und wie, ob beispielsweise Pornografie freie Rede konstituierte, und wer Zugang dazu hatte; zweitens, wie außereheliche Sexualität zu beurteilen war.

Die sogenannte sexuelle Revolution zeigt die begrenzte Reichweite von »1968«. Es hat, mit Ingrid Gilcher-Holtey (2013), vor allem Wahrnehmungen revolutioniert. In der westlichen Kunst und Hochkultur wurde und wird weibliche (aber auch männliche) Nacktheit schon lange öffentlich zur Schau gestellt. Bilder von Rubens oder Klimt waren aber nur einer elitären Teilöffentlichkeit frei zugänglich. In massenhaft reproduzierter Form unterlag Pornografie der Zensur und konnte bestenfalls halblegal vertrieben werden. In den 1960er Jahren wurden die Schwellen des breit Sagbaren und Vorzeigbaren abgesenkt. Indes bedeutete die Tatsache, dass nackte, überwiegend weibliche Körper freier zur Schau gestellt und weibliche Sexualität in Filmen wie *Viva Maria* offener thematisiert wurde, nicht, dass sich sexuelle Praktiken umstürzend änderten. Zum Teil nahmen Erwartungen zur Treue sogar zu, bezogen sich nun auf beide Geschlechter gleichermaßen – und nicht mehr nur auf Frauen wie bisher. Auch chemische Kontrazeption (»die Pille«) wurde weniger von Jugendlichen als von verheirateten Paaren oder Paaren in stabilen Beziehungen genutzt. Ihnen ermöglichte verlässliche Verhütung befriedigendere sexuelle Erfahrungen – und zwar Männern und Frauen (Marwick 1998).

Somit lässt sich von einer Demokratisierung von Sexualität sprechen, weil sowohl durch die Verfügbarkeit von neuen Verhütungsmitteln und einen weniger reglementierten Diskurs Ungleichgewichte im Zugang zu Sexualität nach Geschlecht und Klasse abgebaut werden konnten. Nicht allein das Reden über Sex wurde demokratisiert; auch der Trauschein war nicht mehr Voraussetzung sexueller Beziehungen. Durch Kirchen und Staat gesetzte institutionelle Zugangsschranken zu Sexualität wurden abgeschafft. Doch innerhalb dieses Rahmens lebten (und leben) die meisten Menschen weiter in monogamen Beziehungen, wenn auch – häufiger – in einer Abfolge monogamer Beziehungen über den Lebenszyklus hinweg (nicht zuletzt aufgrund gestiegener Lebenserwartung). Diese Art von Stabilität scheint für die meisten Menschen weiter der emotional günstigste Rahmen zu sein.

Ich will nicht den Anschein erwecken, als ob die »langen 1960er Jahre« nun einfach eine lineare Erfolgsgeschichte zu wachsender Befreiung und Befriedigung menschlicher Bedürfnisse gewesen wären: Gegenseitiger Respekt musste hart erkämpft werden. Das in Kapitel 5 thematisierte Entstehen der neuen Frauenbewegung im Umfeld der 68er-Revolte zeigt, wie patriarchalisch die Strukturen auch innerhalb der Studentenbewegung waren. Denn die »sexuelle Revolution« war anfangs sehr männlich gedacht. Indes: Das Experimentieren mit neuen Lebensformen, das sich im Kontext einer Neudefinition der Geschlechterverhältnisse ereignete und wofür Institutionen wie der »Kinderladen« stehen, gehörte zu den wichtigen Voraussetzungen der Einwurzelung einer modernen, tertiarisierten Ökonomie. Fehlende Kinderbetreuung außerhalb des Hauses bremst den Eintritt von Frauen in den Arbeitsmarkt und damit das Wirtschaftswachstum.

Zusammenfassend lässt sich sagen, dass die »Rebellion am Markt« der 1968er ungeachtet ihrer Kritik am Kapitalismus Entwicklungstendenzen der Konsumgesellschaft aufgriff und wenn auch zum Teil nicht beabsichtigt dazu beitrug, deren Akzeptanz gesellschaftlich zu verbreitern. Der französische Regisseur Jean-Luc Godard hat diese bereits zeitgenössisch vielkommentierte Kombination von Genuss und Politik, wie sie von den großen ikonischen Rockbands der Sixties, den Beatles, Rolling Stones usw. ostentativ vorgelebt und musikalisch zelebriert wurde, auf die einprägsame Formel der »Kinder von Marx und Coca-Cola« gebracht.

Sehen wir uns nun die Anpassung des Marxismus an die neue Nachkriegsgesellschaft im Kontext des Aufstiegs einer »Neuen Linken« an.

Eine Neue Linke

Anders als viele zeitgenössische Kommentatoren anfangs befürchtet hatten, ging der endgültige Übergang zur Konsumgesellschaft in den 1960er Jahren nicht mit wachsender politischer Apathie einher, sondern führte zu einer Politisierung der jüngeren Generation (Siegfried 2006; Sedlmaier 2018). Gleichermaßen politisierte sich die Medienlandschaft. So stilisierte sich der *Spiegel*, nicht zuletzt aufgrund der nach der nach ihm benannten Krise 1962, zum »Sturmgeschütz der Demokratie« um; die lange konservativ und nationalistisch, den westlichen Alliierten kritisch gegenüberstehende *Zeit* vollzog eine linksliberale Wende und wurde zum Sprachrohr der Verwestlichung. Auch dank der Einführung des Zweiten Deutschen Fernsehens (ZDF) und der dritten Programme konkurrierten dezidiert politische Magazin-Sendungen wie »Panorama«, »Report«, »Bericht aus Berlin«, »Monitor« oder »Kontraste« um die Publikumsgunst. Träger dieses Politisierungsschubs in der Medienwelt waren nicht die noch viel zu jungen späteren 68er, sondern Mitglieder der sogenannten skeptischen Generation oder »1945er« (Dirk Moses), der auch Fest angehörte und die sich gegen das ängstliche Konsensstreben der Ära Adenauer profilierten. Medial kam »1968« nicht aus dem Nichts, sondern wurde durch den neuen »zeitkritischen« Journalismus vorgedacht und vorbereitet (Hodenberg 2006; Vogel 2010).

Vorausgegangen war auch eine folgenreiche ideologische Verschiebung innerhalb der Linken. Enttäuscht aufgrund der Niederschlagung von Volksbewegungen im sowjetisch beherrschten Osteuropa, wie dem 17. Juni in der DDR sowie vor allem dem

Ungarnaufstand 1956, kappte die westeuropäische Linke ihre Bindungen zu Moskau. Ungebrochene Sympathie für die UdSSR gab es in Deutschland danach nur noch bei linken Splittergruppen, in Westeuropa bei den moskautreuen französischen und spanischen KPs, während die Italiener ihren eigenen Weg gingen. Auch die Klientel der Linken änderte sich. Eine Gruppe französischer Soziologen sprach angesichts des Vordringens der tertiären, postindustriellen Wirtschaft von einer »neuen Arbeiterklasse« der Techniker, Ingenieure und des mittleren Managements, die sie als Triebkraft des sozialen Wandels an die Stelle der Industriearbeiterklasse setzten und damit universitär ausgebildeten Gruppen eine neue historische Bedeutung zumaßen (Gilcher-Holtey 1995, 104). Auch die aus dem Exil in den USA zurückgekehrte Frankfurter Schule zog Studierende in ihren Bann, weil sie in den jungen Intellektuellen das revolutionäre Subjekt sozialer Transformationen erkannte.

Organisatorisch lässt sich der Aufstieg einer »Neuen Linken« in der BRD am Ausschluss des Sozialistischen Deutschen Studentenbundes (SDS) aus der SPD festmachen. Der SDS, ursprünglich die Studentenorganisation der Sozialdemokraten, zu deren Vorsitzenden einst auch ein Helmut Schmidt gehört hatte, war nicht bereit gewesen, der scharfen Abgrenzung der SPD von der DDR sowie dem Ausstieg der Sozialdemokraten aus der Friedensbewegung und der »Kampf dem Atomtod«-Kampagne zu folgen (Fichter/Lönnendonker 2008). Auch den Abschied von der Leitidee der proletarischen Revolution, wie er im Godesberger Programm 1959 auch programmatisch endgültig umgesetzt wurde – de facto hatte die SPD diesen Schritt schon viel früher im späten Kaiserreich bzw. der Weimarer Republik vollzogen –, machte die Neue Linke zunächst nicht mit. Die Neue Linke war auch deshalb eine »neue« Linke, weil sie an den jungen »nicht-orthodoxen« Marx anknüpfte, nicht an das verhärtete Theoriegebäude, das ein »orthodoxer« Leninismus-Stalinismus in der UdSSR daraus gemacht hatte. Ihre Helden waren weniger Lenin, schon gar nicht Stalin, sondern dessen Hauptgegner Trotzki, der Philosoph und Mitbegründer der italienischen KP, Antonio Gramsci, der als Gegner des Faschismus von Mussolini jahrelang eingekerkert worden war. Gramsci lieferte der neuen Linken wichtige theoretische Bausteine. Auch die von den Freikorps 1919 ermordete Rosa Luxemburg hatte Vorbildfunktion. Sie hatten gemeinsam, dass sie nicht erfolgreiche, sondern gescheiterte Revolutionäre waren, während der im politischen Sinne erfolgreiche, »real existierende Sozialismus« so wenig appetitlich und inspirierend wirkte. Zugleich entsprach das Scheitern von Luxemburg, Gramsci und Trotzki auch der Selbstwahrnehmung der jungen Studierenden, die sich in einer vergleichbar verzweifelten Opposition zu den herrschenden Verhältnissen wähnten.

Die Neue Linke fragte, wie man »im Westen« überhaupt noch Revolution machen könne. Die liberalen Systeme verfügen über eine hohe Kapazität, Kritik zu absorbieren und zu integrieren, doch sie kamen in ihrer Toleranz damit erst recht »repressiv« daher, wie einer der wichtigsten Stichwortgeber der Neuen Linken, Herbert Marcuse, argumentierte. Auch hierfür lieferte insbesondere Gramsci mit der Idee der »kulturellen Hegemonie« wichtige Einsichten und Möglichkeiten der Erklärung: Wie ein Schwamm saugt das liberal-kapitalistische System, die offene Gesellschaft, alles in sich auf. Sie ist in der Lage, wie das Schicksal rebellischer Geister wie etwa der Beatles zeigt (und seither unzähliger vergleichbarer Künstler wie z. B. die anfängliche Ghetto-Musik des Rap), Kritik durch Kommerzialisierung zu entschärfen, zu absorbieren und je nach Lesart auch zu korrumpieren.

Dass die Konsumgesellschaft des liberalen Kapitalismus Kritik zu absorbieren versteht, war eine zentrale Beobachtung des im kalifornischen Exil entstandenen Buchs von Theodor W. Adorno und Max Horkheimer, *Die Dialektik der Aufklärung*. Wie viele nonkonformistisch linke Intellektuelle der Weimarer Zeit, die aus Hitler-Deutschland vertrieben worden waren, fanden die beiden Köpfe der Frankfurter Schule Unterschlupf in den USA. Damit ist eine weitere wichtige Quelle transatlantischer Austauschprozesse benannt, die der Neuen Linken der 1960er Jahre ihre besondere Prägung gaben. Mit Adorno und Horkheimer hatte das unorthodoxe marxistische Denken der Weimarer Zeit im Exil überlebt und war dann in den 1950er Jahren nach Deutschland reimportiert worden, wo es junge intellektuelle Rädelsführer des SDS wie Rudi Dutschke und Hans-Jürgen Krahl inspirierte (Kraushaar 1998).

Die Aufklärung, argumentierten Horkheimer und Adorno, war ursprünglich ein Aufschrei gegen die Entmündigung und Versklavung des Menschen in der traditionellen, ständischen Gesellschaft mit ihrem ideologischen Apparat, sprich Christentum, gewesen. Sie sei eine emanzipatorische Bewegung der rationalen, auch wissenschaftlichen Weltsicht gegen Aberglauben gewesen. Diese Aufklärung wandte sich im 20. Jahrhundert gegen sich selbst, weil durch rein technische Rationalität neue Formen der Unterdrückung geschaffen würden. Daher erklärten Adorno und Horkheimer den Nationalsozialismus auch nicht als »Rückfall in die Barbarei«, sondern als Übersteigerung eines technizistischen Fortschrittsgedankens (wie das etwa im Begriff der »Todesfabriken« zum Ausdruck kommt). Es war vermutlich auch kein Zufall, dass Adorno und Horkheimer ihre Theorien in Los Angeles ausformulieren, der am weitesten »zukünftigen« Metropole der USA. Dort hatte eine tertiäre Wirtschaft und automobile Konsumgesellschaft bereits in den 1940er Jahren zu dominieren begonnen.

Zur Bibel der deutschen 68er wurde Herbert Marcuses Hauptwerk *Der ein-dimensionale Mensch*. Auch Marcuse gehörte zu den deutsch-jüdischen Flüchtlingen der NS-Zeit. Der Dritte im Bunde der Frankfurter Schule, etwas jünger als Adorno und Horkheimer, sprach sehr viel dezidierter als die beiden Älteren den studentisch-bewegten »Neulinken« aus dem Herzen. Er argumentierte, dass in westlichen Konsumgesellschaften Herrschaft nicht mehr über die direkte Ausbeutung der Massen erfolge. Er sprach von »repressiver Toleranz«, wonach in der Moderne zwar alles möglich sei, aber dadurch der Mensch erst recht eingeschränkt würde. Das süße Gift des Konsums betäube die Menschen, lasse sie funktionieren, bringe sie von »wahrer persönlicher Glückserfüllung« ab. Glück – inklusive sexueller Befriedigung – werde immer mehr zur Ware. Wahre menschliche Bedürfnisse würden durch künstlich geschaffene Bedürfnisse ersetzt. Dagegen rief er zum Widerstand auf. Theorien wie die von Marcuse fielen bei den jungen revolutionären Avantgarden auf fruchtbaren Boden. Theorie band die Transformation der Gesellschaft in Weltentwürfe ein, die für die Studenten plausibel klangen. Sie bot ihnen Orientierung und Sinnstiftung. Ferner fand sie eine Erklärung dafür, warum nicht mehr die Arbeiter das Subjekt der Revolution waren. Diese schienen vielmehr die fabelhaften Errungenschaften der Konsumgesellschaft zu genießen und hatten ihren revolutionären Impuls gegen Kühlschränke und Fernseher eingetauscht. Daher müssten neue Schichten diese Aufgabe übernehmen. Auch die Überlegungen der französischen Industriesoziologen André Gorz und Alain Touraine zur neuen postindustriellen technokratischen Klasse als einer »neuen Arbeiterklasse« sog die Neue Linke begierig auf. Denn die beiden Franzosen kamen zu dem für die studentischen Avantgarden erfreulichen Schluss, dass es der neuen Klasse der Intelligenz und der Angestellten nicht allein um Mitbestimmung am Arbeitsplatz, sondern um allgemeine kulturelle und gesellschaftliche Fragen gehe (Gilcher-Holtey 1995; Horn 1998).

Schlüsselworte in diesen Kontexten waren »Partizipation« und »Emanzipation«. Autoren und Theoretiker der Neuen Linken sprachen – anknüpfend an den jungen Marx und die Frankfurter Schule, aber auch an Sartre und Gramsci – von Demokratisierung nicht mehr als Klassenkampf, sondern im kulturrevolutionären Sinn. Sie erträumten sich eine umfassende Demokratisierung der Lebensverhältnisse. »Partizipatorische Demokratie« war das politische Pendant zur »emanzipatorischen« Schleifung gesellschaftlicher Bastionen und Hierarchien, wie sie Dutschke und der »antiautoritäre Flügel« des SDS vertraten. Politisch zielte das auf eine neue Kultur einer breiten Teilhabe der Bürger an Entscheidungsprozessen, im Gegensatz zur patriarchalisch gedachten, repräsentativen Demokratie, die das effiziente Regieren in Institutionen betont (Schmidt 1990, 251ff.). Entscheidungen sollen aus der Mitte der Gesellschaft hervorgehen, nicht von einer politischen Funktionselite gesteuert werden. Dahinter stand ein Modell einer umfassenden Politisierung der Gesellschaft, in der sich die Subjekte von Fremdbestimmung und Kontrolle sowohl im politischen als auch im sozialen Sinne befreiten, oder, wie man zeitgenössisch lieber sagte: »emanzipierten« (Frei 2008, 216).

Dieses anti-institutionelle oder zumindest institutionenskeptische Verständnis der Demokratie in einer neuen Gesellschaft brachte folglich auch neue Formen »sozialer Bewegung« mit sich. Die dafür relevanten Theoriegebäude und Terminologien lieferte dann in den 1970er Jahren eine neue sozialwissenschaftliche Bewegungsforschung nach. Diese sind ein Paradebeispiel dafür, dass theoretische Prämissen und Gegenstände der Sozial- und Geisteswissenschaften stets auch Quelle für das historische Verständnis der Gesellschaft sind, die sie in ihren Theorien erst konstruieren (siehe Kapitel 5). Die Neuen Sozialen Bewegungen postulierten die historischen Grundkonflikte jenseits von industrieller Moderne und »Klassenkampf«. Sie betonten »postmaterialistische Werthaltungen« und Themen sowie eine Hinwendung zu kulturellen Fragen von Lebensqualität, Selbstverwirklichung, Partizipation, Transparenz, »neue Werte«, aber auch Sicherheit (Raschke 1988). Sie verabschiedeten sich allmählich, nicht sofort in den Jahren nach 1967/68, von Utopien als gesamtgesellschaftlicher Zielprojektion und konzentrierten sich in den 1970er und 1980er Jahren auf Verbesserungen in Teilbereichen (wie Umwelt, Frieden, Frauen).

Das »neu« in den Neuen Sozialen Bewegungen grenzt ab von »alten« sozialen Bewegungen, der Arbeiterbewegung des 19. Jahrhunderts und der aus ihr hervorgegangenen Strukturen, also Parteien, Gewerkschaften und anderen Massenorganisationen, die aus Sicht der Neuen Linken ihren »Bewegungscharakter« längst verloren hatten. Die Neue Linke grenzte sich damit vom existierenden Sozialismus sowohl im Osten als auch im Westen ab: Im Osten war das der bürokratisierte Staatssozialismus der DDR bzw.

der UdSSR und der übrigen sozialistischen Länder, den sie genauso ablehnte wie die organisierte und ebenfalls recht bürokratisierte Sozialdemokratie und gewerkschaftlichen Organisationen, die sich im Westen mit den Verhältnissen scheinbar vollständig abgefunden hatten. Ihnen gehe es primär um Lohnzuwächse und Verbesserung der Lebensbedingungen ihrer Mitglieder, aber um keine grundsätzliche Systemkritik. Dies hatte nicht zuletzt Godesberg und der Trennungsbeschluss für alle erkennbar deutlich gemacht.

Der globale Anspruch der 68er-Bewegung

Ein bedeutender Ansatzpunkt der neulinken Kritik an den bestehenden Verhältnissen in den westlichen Ländern waren die Beziehungen der so genannten »Ersten« zur »Dritten Welt«. Mit Blick auf das Nord-Süd-Verhältnis hatte sich in den beiden Jahrzehnten nach 1945 der europäische Referenzrahmen dramatisch verändert. Europas Rolle in der Welt war durch den Zweiten Weltkrieg unsicher geworden. Das hatte einerseits mit dem Aufstieg der Supermächte zu tun, aber andererseits ganz entscheidend auch mit dem Zerfall der europäischen Imperien aufgrund der Dekolonisierung. Letztere kam in den 1960er Jahren völkerrechtlich gesehen zum Abschluss. Aber mental und gesellschaftlich war der »Abschied von den Imperien« in Europa noch nicht verarbeitet.

Die Neue Linke hatte Anteil an der »Bewältigung des Kolonialismus« im Westen, ähnlich wie sie dazu beitrug, den Durchbruch zur Konsumgesellschaft zu bewältigen. In ihren Augen war die Dekolonisierung unvollständig geblieben. Zwar erreichten die meisten der damals von allen Seiten sogenannten »Entwicklungsländer« ihre formale Unabhängigkeit. Aber »neoimperiale« Formen der Kontrolle hielten die neuen Länder in Asien und Afrika, darin vergleichbar den Arbeitern im Westen, die sich weiter der »Hegemonie« des liberalen Kapitalismus unterworfen sahen, in Abhängig-

Der globale Anspruch der 68er-Bewegung

Abb. 8: »1968«, globale Solidarität und die Medialität der »Revolte«: Am 19. Juni 1970 protestieren Heidelberger Studierende während der »McNamara-Demonstrationen« gegen eine internationale Entwicklungshilfekonferenz und versuchen, einen Polizeikordon vor dem Tagungshotel zu durchbrechen. 500 Polizisten und 700 Demonstrierende lieferten sich eine dreistündige Straßenschlacht, bei denen Steine und Flaschen fliegen sowie Wasserwerfer zum Einsatz kommen. Auf den Plakaten wird die Zusammenarbeit deutscher Großunternehmen mit dem südafrikanischen Apartheidregime sowie der weißen Minderheitsregierung in Rhodesien angeprangert. Zugleich wird die Politik der Weltbank und deren Präsidenten Robert S. McNamara kritisiert, in Vorwegnahme späterer Globalisierungskritik. Die Rolle der Medien unterstreicht die Präsenz des Kameramanns in der Reihe direkt hinter den behelmten Polizisten. Die Demonstranten stürmen direkt auf die Kameras zu. (Quelle: Stadtarchiv Heidelberg; Foto: o. Ang.)

keit von den ehemaligen Kolonialmächten. Dies war kein formaler Imperialismus alter Schule. An seine Stelle trete, so das Argument »postkolonialer« Theoretiker wie Frantz Fanon, ein viel perfideres System. Dieses sei ähnlich schwer zu greifen wie die innergesellschaftliche Hegemonie, die Adorno, Horkheimer und Marcuse analysiert hatten. Nicht zuletzt war der Sarde Gramsci ein wichtiger Stichwortgeber für diese postkolonialen, imperialismuskritischen Debatten.

Die Kritik am westlichen Neoimperialismus entzündete sich Anfang der 1960er Jahre zunächst am französischen Krieg in Algerien, der auch für die deutsche Studentenbewegung ein wichtiger früher Fokus der antagonistischen Mobilisierung war. Später richtete sich dann das Interesse stärker auf die Interventionen der USA vor allem in Kuba, auch im Kongo und im Iran, mit dem Schah von Persien als »Marionette des Westens« im Kalten Krieg. Von großer Bedeutung waren Austauschstudenten aus Asien und Afrika, die an westdeutschen Universitäten eingeschrieben waren. Sie waren auf vielen SDS-Demonstrationen sichtbar präsent. Sie dienten als kommunikative und repräsentative Verbindung zu den postkolonialen Freiheitskämpfen in der »Dritten Welt« (Slobodian 2012). Als wichtiger Stolperstein für eine breite Empörung und Widerspruch erwies sich dann der Vietnamkrieg. Dieser eskalierte in der zweiten Hälfte der 1960er Jahre und erreichte ausgerechnet 1968 seinen Höhe- und Wendepunkt. Westliche Protestler imaginierten so ihren eigenen Widerstand gegen »das System« vor der Folie postkolonialer Freiheitskämpfe, auf die man die eigenen Hoffnungen und Erwartungen für die westliche Gesellschaft projizierte (Frei 2008; Brown 2013).

Waren anfangs Austauschstudenten aus der »Dritten Welt« wichtige Anreger für die globale Perspektive des SDS, so gewannen im Laufe der 1960er Jahre transatlantische Netzwerke an wachsender Bedeutung. Eine direkte Vorbildfunktion für den deutschen SDS besaßen der amerikanische SDS sowie die amerikanische Bürgerrechtsbewegung. Führende deutsche SDS-Mitglieder wie Michael Vesper oder Karl Dietrich (»KD«) Wolff hatten in den USA studiert. Sie brachten von dort Erfahrungen, Bewegungswissen und Protesttechniken mit, weshalb auch etablierte Taktiken wie der Sitzstreik als »Sit-In« terminologisch neu erfunden und wie der »Teach-in« unübersetzt blieb. Hinzu kam die

Präsenz von Akteuren der US-Bürgerrechtsbewegung wie z. B. Angela Davis, eine prominente afroamerikanische Kritikerin des Vietnamkrieges sowie Schülerin von Marcuse und Adorno. Diese nahm immer wieder an Demonstrationen in Deutschland teil, so auch an Protesten gegen die Notstandsgesetze. Ferner trugen in Deutschland stationierte US-Soldaten und Deserteure zu dieser transatlantischen Gegenallianz bei (Klimke 2010).

Die Einbindung der sich von kolonialen Erblasten frei fühlenden BRD in tatsächliche oder vorgestellte postkoloniale Strukturen und neoimperiale Verhältnisse lieferte den ereignisgeschichtlich wichtigen Anstoß zu Radikalisierung der westdeutschen Studierenden in den Jahren 1967/68. Am 2. Juni 1967 kam es während eines Besuchs des Schahs von Persien in Berlin zu massiven Protesten. Der brutale Diktator hatte den Iran zu seinem eigenen Vorteil ausgebeutet. Doch er erfreute sich im Kontext des Kalten Kriegs als loyaler Verbündeter der USA der Unterstützung der westlichen Länder. Die Regierung der Großen Koalition unter Kiesinger und Brandt hofierte ihn, auch weil man sich vom Iran fette Aufträge für die deutsche Wirtschaft erhoffte. Während der Proteste gegen den Schah-Besuch in Berlin erschoss ein Polizeibeamter den Studenten Benno Ohnesorg. Dies war der eigentliche »Startschuss« zum deutschen »1968«. Viele der Studierenden sahen die Ermordung – wie inzwischen zweifelsfrei erwiesen ist, wenn auch die Motive des später als inoffizieller Mitarbeiter der Stasi enttarnten Todesschützen Karl-Heinz Kurras im Dunkeln bleiben – nicht als Unfall, sondern als gezielten Mord.

Der Todesschuss vom 2. Juni 1967 gilt als Startpunkt der 68er-Bewegung in Deutschland. Gudrun Ensslin, die bald zur ersten Generation der RAF-Terroristen gehören sollte, sprach kurz nach Ohnesorgs Ermordung auf einer Versammlung des Berliner SDS davon, dass nun nur noch der bewaffnete Kampf als Alternative bleibe. Mit der »Generation von Auschwitz« könne man nicht argumentieren (Aust 2008, 60). Protest lag in der Luft, als Ende Januar 1968 dann die überraschende Tet-Offensive der südvietnamesischen Befreiungsfront und der nordvietnamesischen Armee die Amerikaner und ihre südvietnamesischen Verbündeten in die Defensive drängte. Die Bilder aus Vietnam schockierten nicht allein das Publikum in USA, sondern gingen um die Welt. Das Ende des amerikanischen Imperiums schien nahe. Der Erregungszustand unter den Studierenden in ganz Europa erreichte seinen Höhepunkt. Ein deutscher Student erinnerte sich, in welchen Referenzrahmen er die dramatischen Ereignisse in Südostasien einordnete:

»Die Tet-Offensive war ein die Welt erschütterndes Ereignis; nun konnte ich mir vorstellen, was die Russische Revolution für Menschen mit sozialistischen Idealen bedeutet haben musste. [...] Direkt neben der amerikanischen Botschaft in Saigon spielte sich die Schlacht von Haus zu Haus ab. Die Flagge der NLF wehte über der alten Kaiserstadt Hue. [...] Kein Zweifel – die Weltrevolution stand direkt vor der Tür« (Fraser 1988, 176f.).

Die Hoffnung auf einen umfassenden, weltrevolutionären Flächenbrand brachte im Februar 1968 schließlich mehr als 6 000 Studierende aus ganz Europa, Nordamerika sowie zahlreiche afrikanische und asiatische Gaststudenten an der TU Berlin zusammen, um auf dem großen »Vietnam-Kongress« über die Folgen dieses Krieges und die weiteren Schritte zu beraten. Grußworte aus aller Welt wurden verlesen. Berlin stand für einen Moment im Mittelpunkt einer weltweiten Protestbewegung.

Generationskonflikt und NS-Vergangenheit

Ungeachtet dieser imaginierten globalen Austauschbeziehungen hat jedes der vielen »1968« seine eigenen nationalen Ausprägungen gehabt, wie es Ensslins Zitat über die »Generation von Auschwitz« verdeutlicht. 1968 wähnte sich eine jüngere Generation in einem Konflikt mit einer älteren Generation. Dabei betraf dies eher selten die eigenen Eltern als die Älteren insgesamt. Viele junge

Menschen der 1960er Jahre wehrten sich nicht nur gegen die als äußerst schändlich, sondern auch als persönlich beschämend empfundene NS-Vergangenheit. Persönlich beschämend war diese Vergangenheit auch deshalb, weil junge Deutsche bei Besuchen im Ausland »den Blick der Weltöffentlichkeit« auf sich ruhen sahen. Sie wollten nicht in Kollektivhaftung für die Taten ihrer tatsächlichen oder angenommenen Väter (und Mütter) genommen werden. Dafür steht beispielsweise Beate Klarsfelds »Ohrfeige« für den damaligen Bundeskanzler Kiesinger (Koenen 2001, 119f.). Nicht nur in Deutschland, sondern überall in der westlichen Welt wurde mit Begriffen wie »Faschismus« hantiert, um das liberalkapitalistische System als Steigbügelhalter neuer Nazis zu diskreditieren. Doch in Westdeutschland war diese Kritik aufgrund der NS-Machtergreifung 1933 und der katastrophalen Entwicklung der deutschen Geschichte im 20. Jahrhundert besonders ausgeprägt. Der »Alt 68er« Götz Aly (2008) hat in einer meinungsstarken und umstrittenen Philippika von »unserem Kampf« gesprochen. Indem er die 68er direkt mit dem nationalsozialistischen Studentenbund verglich, glückte ihm die Provokation. In ihrer Intoleranz seien die Studierenden doch recht »typisch deutsch« gewesen. Und er erklärt in atemberaubenden Konjekturen den radikalen Linksterrorismus im gleichen Aufwasch gleich mit.

Aly stellt insbesondere den von der historischen Forschung längst relativierten Konsens in Frage, dass »1968« die NS-Vergangenheit auf die Agenda gestellt habe und die studentische Protestbewegung das Problem als Erste öffentlich benannt habe. Das ist in dieser Verkürzung zweifellos falsch. Das Skandalon der relativ unbehelligten Mitwirkung ehemaliger NSDAP-Mitglieder an höchsten Stellen des Regierungsapparats, in der Wirtschaft und vor allem in der staatlichen Verwaltung (Polizei und Justiz), aber auch in den Medien war nicht neu. Ebenso wenig wie das deutsche Volk 1945 war auch seine Führungsschicht – von der obersten politischen und militärischen Leitung des »Dritten Reiches« einmal abgesehen – nach 1945 ausgetauscht worden. Zugleich tolerierten auch ehemalige Regimegegner diese Kontinuität der Eliten; auch

125

aus pragmatischen Gründen, sahen sie sich doch in einer Minderheit gegenüber ehemaligen Mitläufern und Nazis. Seit den frühen 1960er Jahren kam es dennoch zu einer ersten strafrechtlichen Verfolgung ehemaliger Täter, so in den bekannten großen Prozessen – Eichmann in Jerusalem oder dem Auschwitz-Prozess in Frankfurt. Diese Prozesse tasteten nur die Oberfläche der Elitenkontinuität an. Die Studenten ihrerseits waren weniger an der geduldigen Verfolgung konkreter Täter interessiert als an einer Kritik der gesellschaftlichen Ordnung der BRD. Ihre Thematisierung der NS-Vergangenheit stand stellvertretend für eine Kritik der Gegenwart. Die relativ gefestigte Demokratie der BRD mit ihrem kapitalistischen Wirtschaftssystem galt der Neuen Linken als »faschistisch«. Das war, bei allen Defiziten der BRD, Unsinn. Es lief umgekehrt auf eine Verniedlichung des Nationalsozialismus hinaus. Was immer man auch über das autoritäre Gehabe der älteren Generation, darunter auch vieler Professoren sagen konnte, die wenigsten waren versteckte Nazis. Viele waren ausgesprochen liberal und im formellen Sinne demokratisch geläutert. Doch habituell agierten sie als Patriarchen.

Die Neue Linke vermutete daher auch hinter rechtlich notwendigen und aus heutiger Sicht harmlosen Beschlüssen zur »inneren Sicherheit« Tendenzen zu einer »Refaschisierung«. So wurde die vom Bundestag lange verschleppte Regelung des Ausnahmezustandes im Grundgesetz, der bis dahin ein Reservat der Alliierten gewesen war und von der Großen Koalition endlich kodifiziert werden sollte, als eine Art Planspiel für eine »neue Machtergreifung« und zweites »Ermächtigungsgesetz« diffamiert: »Strauß und Barzel üben fleißig für ein neues 33«. Dabei hatte die SPD unter Brandt der Neuregelung in Absprache mit der CDU/CSU zugestimmt und wesentliche rechtsstaatliche Garantien auch für den Ausnahmezustand erreicht, der zum Beispiel für den internen Katastrophenschutz eine wichtige Funktion hat, so dass bei einem Hochwasser seither auch die Bundeswehr eingesetzt werden darf.

Warum konnte das Thema NS-Vergangenheit so verfangen? Zum einen hatte Deutschland den Nationalsozialismus tatsächlich

Generationskonflikt und NS-Vergangenheit

Abb. 9: »Streikt gegen NS-Gesetze«: Die Studentenbewegung und die NS-Vergangenheit: Transparente am Architektur-Gebäude der TU Berlin, 28. Mai 1968, im Protest gegen die Verabschiedung der Notstandsgesetze durch den Bundestag. Diese werden hier mit dem »Ermächtigungsgesetz« von 1933 gleichgesetzt. Das kleine Poster links macht auf die Gefährdung der Demokratie aufmerksam. Auch appellieren die Studierenden an die Solidarität der Arbeiter und prangern Polizeigewalt an. Tatsächlich findet Protest gegen die Notstandsgesetze in Gewerkschaftskreisen, vor allem unter Mitgliedern der IG Metall, große Resonanz, während sich sonst kaum Gemeinsamkeiten zwischen »1968« und der Arbeiterbewegung ergeben.
(Quelle: Wikimedia Commons; Foto: Holger Ellgaard)

noch nicht »verarbeitet«. Zum anderen suchten die »68er«, vielleicht ja auch unbewusst, gezielt den größtmöglichen provokatorischen Effekt. Dieser war nun einmal auf dem vergangenheitspolitischen Feld am leichtesten möglich. Hier waren die Älteren unsicher und angreifbar. Indem die »68er« summarisch, ohne Rücksicht auf Verluste, die westdeutschen Eliten als Protofaschisten brandmarkten, provozierten sie mediale und gesellschaftliche Reaktionen. Das hatte, so wirkt es im Rückblick, negative Effekte.

Eine offene Diskussion von persönlicher Schuld und Beteiligung an der NS-Herrschaft und damit moralischer Verantwortung konnte so nur schwer von kriminellen Handlungen abgetrennt werden. Historisch oberflächlich informiert, warfen weite Teile der »68er« alles in einen Topf. Warum aber zielten die »68er« so sehr auf Provokation? Warum konnten sie damit überhaupt reüssieren? Ein wichtiger Grund lag in unterschiedlichen generationellen Lebenserfahrungen. Konflikt zwischen Generationen ist normal. Aber nicht immer sind Generationskonflikte politisch aufgeladen. Selten wichen die Lebenserfahrungen und Deutungshorizonte der Generationen so radikal voneinander ab wie in den 1960er Jahren. Die ältere Generation war in Kriegs- und Nachkriegszeiten aufgewachsen. Sie hatte einerseits persönliche Not erlebt, andererseits eben den Nationalsozialismus mehr oder weniger willig mitgetragen. Die jüngere Generation der in den späten 1940er Jahren geborenen »68er« war zwar über das kommunikative, familiäre Gedächtnis in die Erzählungen vom Krieg eingebunden. Sie wuchs jedoch in der großen wirtschaftlichen Boomphase auf. Sie kannte Prosperität als Normalfall, nicht als Ausnahmeerscheinung. Ihr Referenzrahmen war die Konsumgesellschaft. Das führte zu gravierenden Erfahrungs- und Mentalitätsunterschieden, die sich als Generationenkonflikt deuten lassen.

Auch ging die Formel von der partizipatorischen Demokratie mit medialen Experimenten und Umbrüchen einher. In den 1960er Jahren fand ein fundamentaler Wandel des medialen Ensembles statt. Dieser war zwar auch Teil des Durchbruchs zur Konsumgesellschaft. Doch er folgte seiner eigenen Logik. Die Hamburger Kommunikationswissenschaftlerin Kathrin Fahlenbrach spricht von der »performativen Wende« politischen Protests in den späten 1960er Jahren. »1968« habe stark auf öffentliche, medial kommunizierbare Provokationen abgestellt. Auch dies lässt sich als eine Demokratisierung des politischen Sprechens deuten, weil der Einzelne durch Provokation »vor laufenden Kameras« ungefilterte Aufmerksamkeit erzielen kann, was etwa die Kommunarden um Fritz Teufel und Rainer Langhans gezielt nutzten. In den 1960er Jahren wurden die Zugangsschranken zur Sphäre medial gefilterter Kommunikation systematisch abgesenkt. »1968« war eingebettet in eine Medienrevolution. In den 1960er Jahren fand ein Übergang von einem bisher primär textbasierten (»Print«) sowie auf gesprochener Sprache (»Rundfunk«) beruhenden Mediensystem zu einem Mediensystem statt, in dem visuelle Codes dominieren. Obwohl »1968« kongenial zur Konsumgesellschaft war, konnten die Provokationseliten von »1968« die etablierten Kräfte auch daher aus der Reserve locken, weil das Fernsehen bisher durch Journalisten gefilterte Ereignisse nach damaliger Wahrnehmung unmittelbarer erfahren und erleben ließ. »1968« provozierte, weil die Provokation durch den Fernseher in jedes Wohnzimmer transportiert wurde. Sie wurde auf bisher unbekannte Weise erfahrbar. Der Protest traf auf ein Publikum, dessen ältere Generation noch in einer anderen medialen Welt aufgewachsen war und deren Ordnungen nun durch revolutionäre Bewegung scheinbar bedroht waren. Diese Älteren hatten sich noch nicht an das Fernsehen gewöhnt und ließen sich provozieren (vergleichbar den Erfahrungen mit sozialen Medien heute).

»1968« war eingebettet in eine Demokratisierung des politischen Sprechens aufgrund der medialen Umbrüche der 1960er Jahre, die im Zeichen einer wachsenden Visualisierung der Medien und des Politischen stand, mit dem Übergang zum Fernsehzeitalter, aber auch einer verstärkten Hinwendung zum kritischen Bildjournalismus. Diese »visuelle Entfesselung« der Berichterstattung potenzierte das provokatorische Potenzial von »1968«. Denn Protest und Provokation müssen hörbar und sichtbar sein, sonst verpufft ihre Wirkung. »1968« war wie für das Fernsehen gemacht. Es verfing auch daher, weil der unmittelbare Eindruck der visuellen Wahrnehmung am Fernseher neuartig war. Provokatorische Inszenierungen, wie der den Staat in keinster Weise gefährdende Jux der »Spaziergangsdemonstrationen« der Berliner Kommunarden auf dem Kurfürstendamm, erzielten so eine starke Wirkung. Größere Proteste wie während der »Osterunruhen« 1968, nach dem Anschlag auf Rudi Dutschke, empfanden viele tatsächlich als »Ordnung bedrohend« und vorrevolutionär. Im Ganzen war »1968« mehr Indikator als Motor des Wandel. Der Protest der späten 1960er Jahre ist für Deutschland und die deutsche Protestgeschichte in mehrfacher Hinsicht ein Schwellenphänomen: Organisationssoziologisch steht es für den Umbruch von »alten« zu »Neuen Sozialen Bewegungen«. Gesellschaftlich ist es eng verknüpft mit dem breiten Durchbruch zur Konsumgesellschaft in Westeuropa und der sozialen Bewältigung des »Wirtschaftswunders«: Lebens- und Arbeitswelt änderten sich, Konsum wurde durch mehr verfügbares Einkommen und Freizeit erleichtert. Dies erforderte Anpassungsleistungen im Verständnis von Ehe, Familie, Sexualität und Geschlechterverhältnissen. Die Demokratisierung der Gesellschaft war eingebettet in eine Lebensstilrevolution. Medial war »1968« die erste Protestbewegung des Fernsehzeitalters. Die relativ kleine Avantgarde der »68er« prägte diesen Wandel entscheidend mit, hat ihn aber, was noch wichtiger war, gesellschaftlich kommuniziert und in diesem Sinne zu »bewältigen« geholfen.

»1968« war mit Blick auf die Gesellschaft in Deutschland ein kommunikationshistorischer Durchlauferhitzer: Die Protestler der späten 1960er Jahre waren in ihren medialen Strategien innovativ und erfinderisch. Sie erkannten das Potenzial der wachsenden Visualisierung der politischen Kommunikation. Sie stärkten damit aber die »expressive«, nach innen wirkende, auf die Identität der demonstrierenden Gruppe selbst abzielende Dimension von Protest. Dies kommt auch in der Formulierung von der »Kulturrevolution« zum Ausdruck. Denn die »instrumentellen«, politischen Ziele ließen sich nicht verwirklichen. »1968« machte neue Formen medialer Kommunikation wie auch das Konsumieren von Gütern hoffähig. Aber es war keineswegs Ursache dieser Entwicklungen. Vielmehr hat es einen gewichtigen Beitrag zur gesellschaftlichen Selbstverständigung vor dem Hintergrund des gewaltigen Nachkriegsdemokratisierungsschubs geleistet.

5

Eine protestierende Republik?
Die »Neuen Sozialen Bewegungen«
der 1970er und 1980er Jahre

Am 18. Februar 1975 stellten sich bei Wyhl in Südbaden Männer, Frauen und Kinder, darunter Bauern, Fischer und Winzer aus umliegenden Gemeinden, vor und auf Baumaschinen, um den Beginn der Bauarbeiten für ein Atomkraftwerk in den Rheinauen nördlich des Kaiserstuhls zu verhindern. Zwei Tage später räumte die Polizei mit Hundestaffeln und Wasserwerfern den Platz. Doch aufwühlende Bilder von weinenden Menschen, die gewaltfrei, durch zivilen Ungehorsam »um ihr Land kämpften«, fachten den Widerstand erst recht an. Tausende aus der Region sowie von auswärts angereiste Demonstranten standen ohnmächtig am Stacheldraht des wie ein militärischer Sperrbezirk gesicherten Geländes. Am 23. Februar gelang es einer größeren Gruppe, die Barrikaden zu überwinden und den Platz erneut zu besetzen. Die Polizei rückte schließlich ab, »unter Wahrung der Verhältnismäßigkeit der Mittel« (Bund). Der Coup glückte, auch weil aus der Region stammende Polizisten die Besetzer bei der Überwindung des Bauzauns hatten gewähren lassen. Sie kannten die Hintergründe und Motive des Protests und teilten die Einschätzung des baden-württembergischen Ministerpräsidenten Hans Filbinger nicht, hier wären »Kommunisten« am Werk (Engels 2003, 115).

Gut neun Monate lang blieb der Bauplatz von Wyhl besetzt. Die Besetzer betonten als Mitglieder der »Badisch-Elsässischen Bürgerinitiativen« auch in alemannischen Mundartparolen (wie das ikonische, zuerst im elsässischen Markolsheim 1974 geprägte »Nai hämmer gsait!«) auf Plakaten und Flugblättern ihre Bodenständigkeit. Sie organisierten eine »Volkshochschule Wyhler Wald«, die mit ihren Vortragsveranstaltungen, Expertenworkshops und kulturellen Aktivitäten die verschiedenen Gruppierungen integrierte und zugleich die Ernsthaftigkeit und inhaltliche Seriosität der Proteste hervorstrich. Verhandlungen zwischen Besetzern und Landesregierung führten Anfang 1976 zur freiwilligen Räumung des Platzes. Jahrelange Rechtsstreitigkeiten, im Rahmen derer der Bau des Kernkraftwerks mal untersagt, mal wieder genehmigt wurde, ließen den Widerstand immer wieder neu aufleben. Schließlich verkündete, auch angesichts wachsender gesellschaftlicher Kritik an der Atomenergie, Ministerpräsident Lothar Späth 1983 einen vorläufigen Baustopp. Das AKW sei für die wirtschaftliche Entwicklung der Region entbehrlich (Eith 2013, 42).

Wyhl gilt nicht allein als Symbolort der Anti-AKW-Bewegung, sondern als eine Art Urszene der sich in den 1970er Jahren vielerorts formierenden Bürgerinitiativen. Diese wiederum stehen für »neue« Erscheinungsformen des Protests, wofür sich der Begriff der »Neuen Sozialen Bewegungen« eingebürgert hat (Rucht 1980). Nun sind Symbole meist mythenbehangen, so dass Wyhl im

5 Eine protestierende Republik?

Abb. 10: Ein breites Bündnis aus Anlass der Bauplatzbesetzung des geplanten AKW in Wyhl: Blockierte Baumaschinen auf dem besetzten Gelände in Wyhl am Kaiserstuhl bei Freiburg, 18. Februar 1975. Das Foto unterstreicht, dass sich an den Anti-AKW-Protesten verschiedenste Bevölkerungsschichten beteiligen, darunter Bauern und Weingärtner, Junge und Alte sowie vor allem Frauen. Diese breite Bündnisbildung zwischen Bewegungsaktivisten aus Freiburg und dem benachbarten Elsass sowie lokaler Bevölkerung am Kaiserstuhl ist ein entscheidender Grund für die Verhinderung des AKW in Wyhl, während an anderen Orten diese Bündnisbildung scheiterte.
(Quelle: picture alliance; Foto: o. Ang.)

Rückblick immer größere Bedeutung bekam. Es gilt heute als »stilbildend« für die »neuen Instrumentarien zivilgesellschaftlichen Protests« und einer erfolgreichen »direkten, außerparlamentarischen Einflussnahme«, wie dies der Freiburger Politikwissenschaftler Ulrich Eith auf den Punkt gebracht hat (2013, 43). Wyhls Ikonisierung zum »deutschen Erinnerungsort« (Bernd-A. Rusinek 2001) hat auch mit der Entdeckung der Zivilgesellschaft durch die

Forschung zu tun. Aus historischer Sicht wissen wir, dass die in Wyhl verwendeten Protestformen nicht völlig neu waren. Ferner lässt sich Wyhl ohne die Vorgeschichte des Widerstandes gegen vergleichbare Projekte in dem ebenfalls badischen Breisach, Kaiseraugst im Kanton Basel sowie Markolsheim und Fessenheim im Elsass erklären (Tompkins 2016). Es war der Erfolg der Badener (im Unterschied zu Baselern und Elsässern), der Wyhl zur Protestikone werden ließ.

In Wyhl trafen verschiedene Akteure zusammen, die bisher in getrennten Welten gelebt hatten und nun gemeinsam agierten. Umwelthistoriker wie Jens Ivo Engels verweisen auf die konservativen, modernisierungsskeptischen Motive der lokalen Protestler, die den breiten Konsens aller etablierten Parteien zur friedlichen Nutzung der Atomenergie in Frage stellten. Auch zögerte die lokale Bevölkerung anfangs, sich das Repertoire der Neuen Linken anzueignen. Sie mussten fast zum Demonstrieren getragen werden. In der von der Bürgerinitiative begründeten »Volkshochschule Wyhler Wald« gingen regionale Formen der Geselligkeit und universitäre Formate eine Symbiose ein. Auch die Sorge um die Heimat als lokale Antriebskraft von Protest formulierten teilweise externe kulturelle Akteure wie der Liedermacher Walter Mossmann vor. Dieser beherrschte nicht nur das Alemannische, sondern half, den Widerstand gegen das AKW in eine historische Linie »revolutionärer Traditionen« Südwestdeutschlands wie der Bundschuh-Bewegung im Bauernkrieg oder dem Heckerzug 1848 zu stellen.

Wyhl steht in der deutschen Protestgeschichte seit 1945 für die soziale Verbreiterung und »Normalisierung« von Protest sowie die geografische und demografische Proliferation der Impulse, die mit Blick auf das Protestrepertoire von »1968« ausgegangen waren (zuletzt Milder 2017). Ich deute den Anti-AKW-Protest der 1970er Jahre und insbesondere die Mobilisierung gegen den NATO-Doppelbeschluss Anfang der 1980er Jahre als Anzeichen einer wachsenden gesellschaftlichen Akzeptanz von öffentlichen Protesthandlungen als Medium zur Kommunikation von sozialem

Dissens. Politische Teilhabe forderten nun auch Gruppierungen protestförmig ein, die bisher wenig Neigung zum Demonstrieren gezeigt hatten. Andererseits zeigt Wyhl in seiner scheinbaren Bodenständigkeit und Heimatverbundenheit, dass Protest in der Gesellschaft wieder stärker konservative Züge annahm als um 1968. Protest wandte sich vermehrt gegen technische und wirtschaftliche Modernisierungen. Auch die expressive (nach innen gewendete) Dimension von Protest dominierte hier; schließlich wurden Protestbewegungen zunehmend gezielter und spezialisierter in ihren Zielen.

Mit der großen Friedensbewegung der frühen 1980er Jahre, so die These, war der Prozess der »Normalisierung von Protest« weitgehend abgeschlossen. Straßenprotest hatte nun endgültig die »linke Ecke« verlassen und war in breiteren bürgerlichen (im Falle von Wyhl auch bäuerlichen) Kreisen angekommen. Wie die Forschung diese als neuartig wahrgenommenen Muster von sozialer Bewegung gedeutet und in analytische Begriffe überführt hat, steht daher als Frage zu Beginn des *ersten* Unterkapitels. Es folgt *zweitens* eine Darstellung der Neuen Frauenbewegung, dem Kardinalbeispiel für gesellschaftliche Verbreiterung der neulinken Impulse der Jahre um 1968. Daran anschließend untersuche ich *drittens* die Ökologie- und Umweltbewegung, in der die modernisierungsskeptische Wende der bundesdeutschen Protestkultur prägnant sichtbar wird, aber auch eine Tendenz zur Institutionalisierung von Bewegungen. Wie die Gegenkultur von »1968« zur Alternativszene der 1970er mutierte und dabei auch die »Provinz« in Bewegung kam, ist der Gegenstand des *vierten* Abschnitts. Das Kapitel schließt *fünftens* mit der großen Friedensbewegung der 1980er Jahre gegen den NATO-Doppelbeschluss.

Was sind Neue Soziale Bewegungen?

Die »neuen« Protestakteure der 1970er Jahre brachten eine inzwischen selbst historisch gewordene neue Forschungsrichtung hervor. Diese suchte mit dem Begriff der »Neuen Sozialen Bewegungen« (NSB) Protest konzeptionell neu zu fassen und von früheren Protestbewegungen abzugrenzen. Diese überwiegend politik- und sozialwissenschaftliche Forschung erlebte parallel zur aufblühenden Protestkultur der 1970er und 1980er Jahre ihren ersten Boom. Frühe Protestforscher und Entdecker der NSB, wie Joachim Raschke, Karl-Werner Brand und Dieter Rucht, verstanden die NSB als »Traditionsbruch« mit der Arbeiterbewegung, was ihrer Meinung nach »historisch gesichert« sei (Raschke 1985, 10). Die Arbeiterbewegung sei von »großen Utopien« angetrieben worden, lange sei Protest »eine Waffe der Ausgegrenzten« gewesen, so Rucht. Die NSB hingegen seien gezielter und begrenzter. Protest sickere inzwischen in alle sozialen Gruppen und Schichten ein: »Selbst Zahnärzte greifen zum Mittel des kollektiven Protests, um ihre Interessen zu wahren« (Rucht 1999, 20).

Dieses Aufkommen einer neuen Forschungsrichtung lässt sich als Teil der Protestgeschichte der 1970er Jahre deuten. Die frühen Vertreter der NSB-Forschungen waren oft selbst in den Bewegungen aktiv gewesen oder standen ihnen zumindest nahe. Sie verorteten ihren Gegenstand im politisch »linken« oder »progressiven« Spektrum. Sie wollten einen Kontrapunkt zu liberalen und konservativen Kritikern von »1968« setzen. Diese hatten die Studentenbewegung in polemischer Absicht in eine Linie mit den faschistischen Bewegungen der Zwischenkriegszeit gestellt und zeichneten Schreckbilder »revoltierender Massen«. Die NSB-Forschung kappte diese Genealogien. Daher hat sie das konservative Element in der Umweltbewegung lange ignoriert. Ihre Vertreter betonten die essentiell (basis-)demokratisierende Rolle der NSB. Neu sei auch die anti-institutionelle Orientierung der NSB, obgleich sowohl die Frauen- als auch die Ökologiebewegung diesen

Anti-Institutionalismus bald hinter sich ließen und sich erfolgreich institutionalisierten. Neu schienen auch die Thematiken der NSB: weniger »Verteilung« und soziale Gerechtigkeit, mehr Fokus auf Lebensqualität und kulturelle Fragen (etwa saubere Umwelt und sexuelle Orientierung).

Was also galt der NSB-Forschung als neu? Die mittlere Reichweite, Institutionenskepsis, auf die Gesellschaft zielende Stoßrichtung der NSB: Es gehe weniger um die »Durchsetzung großer institutioneller Innovationen« (Rucht 1999, 19), im Vergleich zu älteren Bewegungen, die für Grundrechte (Liberalismus), gleiches Wahlrecht (»alte« Frauenbewegung, Abolitionismus) und einen Sozialstaat (Gewerkschaften) gekämpft hätten. NSB zielten auf Verbesserung innerhalb bestehender Zusammenhänge, wie z. B. Gleichberechtigung, Partizipation und Bürgerbeteiligung an Infrastrukturentscheidungen (Straßen, Kraftwerke). Sie arbeiteten an einer »Demokratisierung der Demokratie«, d. h. politischer Entscheidungsprozesse. Auch organisationssoziologisch unterschieden sich die NSBs vom Bisherigen: weniger Großorganisationen als Netzwerke, ad-hoc-Bündnisse und Initiativen, anfängliche Skepsis gegenüber Professionalisierung und vor allem Funktionärswesen, wie es Gewerkschaften kannten, obwohl Organisationen wie Greenpeace eine rasche Institutionalisierung erlebten. Markenkern der NSB sei »Straßenpolitik«, ein Agieren jenseits des parlamentarischen Rahmens.

Mit dem Abstand von Jahrzehnten ist offenkundig, dass diese sozialwissenschaftlichen Prägungen selbst wiederum »historisch«, also zeitgebunden sind: Die idealtypische Abgrenzung der NSB von klassischen Parteien, Verbänden, Gewerkschaften sowie die damit einhergehenden theoretischen Prämissen schlossen direkt an das Selbstverständnis von Bewegungsaktivisten an. Diese betonten (wie etwa Rudi Dutschke in seinem bekannten Interview mit Günter Gaus 1968) selbstbewusst die Neuartigkeit ihrer Formen und ihres Agierens. Sie wollten sich von etablierten Akteuren abheben und ihr eigenes »Geschäftsmodell« entwickeln. Sie hatten jedes Interesse daran, Gewerkschaften, Parteien und andere

Etablierte als bürokratisch und als politisch nicht genügend responsiv zu zeichnen. Auch grenzte der Bewegungsbegriff die NSB von herkömmlichen Lobbys ab (also von demonstrierenden Zahnärzten oder Milchbauern). Die Behauptung des »Neuen« korrespondierte mit der Selbstdarstellung der Bewegungsaktivisten. Es wäre sicher sehr zugespitzt, in der Unterscheidung von NSB und »älteren« Bewegungen so etwas wie eine sozialwissenschaftlich bemäntelte Legitimationsstrategie von Bewegungsaktivisten zu sehen. Denn es ist sinnvoll, mit diesen Abgrenzungen als erkenntnisanleitenden Prämissen zu operieren. Doch Theorie soll helfen, Fragen zu stellen, Probleme zu identifizieren, nicht Antworten vorzugeben. Sicher hatte sich die Protestkultur seit 1945 verändert. Doch der vielfach behauptete Wandel war weniger krass und plötzlich, als es in den 1970er und 1980er Jahren den Anschein hatte und wie ein Teil der NSB-Forschung bis heute argumentiert. Auch etablierte Gewerkschaften und Verbände, wie z. B. die IG Metall, griffen die Impulse von »1968« auf. Historiker sollten sozialwissenschaftliche Konzepte und Begriffe nicht einfach zeitlos setzen, sondern deren »Historizität« (ihren gewordenen Charakter) kritisch herauspräparieren, wie übrigens auch sozialwissenschaftlich generierter Daten (zur Debatte Graf/Priemel 2011; Pleinen/Raphael 2014).

Die in den 1980er Jahren vorgenommenen Setzungen haben das interdisziplinäre Gespräch zwischen sozialwissenschaftlicher und historischer Protestforschung gebremst. Die Betonung des kategorial Neuen durch den NSB nahestehende Pioniere wie Raschke und Rucht hat Längsschnittanalysen in der Protestgeschichte behindert. Es gibt in der deutschen Sprache keinen epochenübergreifenden Überblick zu Protestbewegungen und -kultur seit dem 19. Jahrhundert. NSB und die Geschichte der Arbeiterbewegungen werden in unterschiedliche Schubladen gepackt, die einen eher historiografisch, die anderen eher sozialwissenschaftlich untersucht, aber selbst innerhalb der Geschichtswissenschaft selten zusammengeführt (Mittag/Stadtland 2014). Hierzu trug auch bei, dass die neuere sozialwissenschaftliche Erforschung von NSB sich die Prämissen einer modernisierungstheoretisch unterfütterten Strukturgeschichte zu eigen machte (so Rucht 1994), während sich die historische Protestforschung just um diese Zeit stark von der Ethnologie inspirieren ließ und auf mikrohistorische Ansätze setzte, anknüpfend etwa an E.P. Thompsons Überlegungen zur moralischen Ökonomie der Unterschichten (Gailus 2005, 140f.; Gassert 2015, 153).

Die (Neue) Frauenbewegung

Wie verhalten sich nun die NSB der 1970er Jahre zu »1968«? Das lässt sich am besten anhand konkreter Zusammenhänge beantworten, weshalb zunächst das Entstehen einer (Neuen) Frauenbewegung im Fokus steht. Diese zeigt Kontinuitäten und Neuanfänge besonders eindrücklich. Sie gehörte in ihrem Gründungszusammenhang noch ins Jahr 1968, weil sich der moderne Feminismus öffentlich zuerst an den Widersprüchen innerhalb der Studentenbewegung und deren patriarchalischen Strukturen entzündete. Denn der Anspruch einer auf »Emanzipation« und »Gleichheit« zielenden Protestbewegung passte so gar nicht zur Wirklichkeit ungleicher Geschlechterrollen und Frauen systematisch diskriminierender Strukturen im SDS.

Die Neue Frauenbewegung ging aus der Mitte von »1968« hervor. Voraussetzung waren jedoch die sozioökonomischen Umbrüche der »langen« 1960er Jahre, die, wie wir bereits gesehen haben, nicht zuletzt für Frauen theoretisch und praktisch Spielräume außerhalb klassischer Familienstrukturen eröffneten. In einer tertiarisierten Ökonomie bestehen prinzipiell mehr Chancen für Frauenarbeit außerhalb des Haushalts, ungeachtet der anfangs beschränkten Reichweite der neuen »Frauenberufe« etwa in der Büroarbeit. Dennoch wurde diese Arbeit von Frauen als »Anerkennung« ihrer Leistungsfähigkeit und Kompetenzen geschätzt und gesucht. Dies schärfte ihr Bewusstsein für neue Rollenbilder. Andererseits sollten »Hausarbeit« und »Kinderarbeit« bis in die 1980er Jahre als bürgerliche Rollennorm für Frauen dominant bleiben. Erst mit dem Ende der DDR änderte sich das gesamtdeutsche Bewusstsein stärker.

Auch hier lässt sich ein komplexes Verhältnis von Kontinuität und Wandel beobachten, das für das Verständnis der Neuen Frauenbewegung wichtig ist. Zum einen gab es die identitätsstiftende Tradition der »älteren« Frauenbewegung. An diese knüpfte die Neue Frauenbewegung einerseits an, grenzte sich aber andererseits von ihr dadurch ab, dass sie unabhängig von den staatlichen und gesellschaftlichen Institutionen (wie Parteien) agieren wollte. Diese galten als unrettbar männlich dominiert. Die Neue Frauenbewegung konstruierte parallel zu »neuer sozialer Bewegung« ihre autonomen Räume, um sie von der »traditionellen« sowohl bürgerlichen als auch marxistischen bzw. sozialdemokratischen Frauenbewegung zu unterscheiden. Letzteren war es im 19. und frühen 20. Jahrhundert zunächst einmal um die Durchsetzung des Frauenwahlrechts gegangen. Dieses setzte die Neue Frauenbewegung als selbstverständlich voraus, wohl wissend, dass damit kein völliger Abbau rechtlicher Diskriminierungen einhergegangen war.

Als Gründungsmoment der Neuen Frauenbewegungen gelten die Auseinandersetzungen auf einer Delegiertenkonferenz des SDS am 13. September 1968 in Frankfurt. Diese Konferenz war geprägt von massiven Spannungen zwischen verschiedenen Flügeln des SDS, die schließlich zu seiner Auflösung 1969 führen sollten. In eine ohnehin komplexe Situation platzte Helke Sander, Sprecherin des »Aktionsrat zur Befreiung der Frauen«, mit einer Rede, in der sie den männlichen SDS-Genossen vorwarf, die Diskriminierung von Frauen innerhalb der Protestbewegung zu ignorieren. Sie forderte, die jahrelang verdrängten Probleme »endlich im Verband zu artikulieren«. Sie sprach von ihrer persönlichen Aggression, weil der SDS »ein Spiegelbild der gesamtgesellschaftlichen Verhältnisse« sei, wo Frauen von Männern nicht ernst genommen und an den Rand gedrängt würden. Indem der SDS das Problem tabuisiere, würde er sich »in nichts von den Gewerkschaften und den bestehenden Parteien« unterscheiden. Das ging an den Kern des Selbstverständnisses des SDS, der ja eine »neue« Linke sein wollte (Sander 1968, 60). Tatsächlich hatten Frauen im SDS meist »Hilfsaufgaben« übernommen: Sie kochten Kaffee, tippten Flugblätter, verteilten diese auch auf den Straßen, wurden »revolutionär chic« fotowirksam auf Vollversammlungen gerne gesehen, aber waren eher nicht dazu aufgerufen, dort große Reden zu schwingen. Dies blieb den männlichen Wortführern vorbehalten. Überdies fragten sich als »Bräute der Revolution« sexualisierte Frauen, angesichts des unverhohlenen Sexismus vieler männlicher Protestler, deren Rollenverständnis verdächtig dem ihrer Väter glich, wie denn die Ideale einer partizipatorischen Demokratie in einer patriarchalisch geprägten Gesellschaft verwirklicht werden könnten. Denn weibliche Körper waren auch in progressiven Milieus häufig männlicher Kontrolle unterworfen, nicht zuletzt durch ein recht einseitiges Verständnis sexueller Befreiung.

Auch hob Sander die Probleme der Frauen mit Kindern hervor, weil diese unter der Beschränktheit der SDS-Männer besonders litten. So entschuldigten sich die männlichen Genossen, sofern sie Väter waren, gern von der Familienarbeit mit dem Hinweis auf wichtige politische Aktivitäten. Ihre Frauen (wie Gretchen Dutschke) mussten sich, wie ihre Mütter eine Generation zuvor, um Kinder, Küche und Haushalt kümmern und politisch bewegten Männern und Lebenspartnern den Rücken freihalten. Sprächen die Frauen im SDS diese Probleme an, so Sander, reagierten die männlichen Genossen mit borniertem Spott – und zwar alle Genossen gleich welcher Fraktion, ob eher dem antiautoritären, oder eher dem orthodox kommunistischen Flügel des SDS zuneigend. Eigentlich erwarteten Frauen von progressiven Männern, »dass sie die Brisanz unseres Konfliktes einsehen.«

Zukunftsweisend ist die Rede von Sander auch deshalb, weil sie die Frage der diskriminierenden Praktiken innerhalb der Bewegung als symptomatisch für den Realitätsverlust der in abgehobenen Theoriedebatten verfangenen Männer deutete und damit als ursächlich für die Krise der Bewegung an sich. Das »Frauenproblem« war somit »nur« Symptom für umfassendere Aporien innerhalb des SDS, der sich in eine intellektuelle und politische Sackgasse manövriert hatte. Sanders‹ Rede gipfelte in dem Aufruf: »Genossen, wenn ihr zu dieser Diskussion [...] nicht bereit seid, dann müssen wir allerdings feststellen, dass der SDS nichts weiter ist als ein aufgeblasener konterrevolutionärer Hefeteig« (63).

Die Aufregung war groß, doch die mehrheitlich männlichen Genossen lehnten eine Änderung der Tagesordnung ab. Sie wollen mit der Grundsatzrede des SDS-Vorsitzenden Hans-Jürgen Krahl (Ex-Assistent von Theodor Adorno und einer der Ober-Theoretiker des SDS) weitermachen. Da sprang die hochschwangere Sigrid Rüger auf und warf sechs Tomaten auf das Podium. Zwar verfehlten die zum Teil ihr Ziel, doch der SDS hatte seinen Skandal. Das Ereignis hätte vielleicht nicht so weite Kreise gezogen, wenn nicht zunächst Bewegungs-, aber dann auch etablierte Medien darüber berichtet hätten. Eine wichtige Intervention kam von der späteren RAF-Terroristin Ulrike Meinhof, die in ihrer Person eine Verbindung von alter und neuer Linker verkörperte und die selbst wiederum schlechte Erfahrungen als Mutter und Ehefrau mit ihrem Gatten, dem *Konkret*-Herausgeber Klaus Rainer Röhl, gemacht hatte. Sie forderte in ihrer *Konkret*-Kolumne dazu auf, dass die Frauen sich selbst organisierten und »dabei von ihren Männern nichts anderes verlangen, als dass sie sie in dieser Sache in Ruhe lassen und ihre tomatenverkleckerten Hemden allein waschen« (Meinhof 1980, 149).

Das Ereignis galt als der symbolische Startpunkt der neuen Frauenbewegung, war bald der Inbegriff des weiblichen Aufbegehrens. Es gründeten sich »Weiberräte«, die, wie es Meinhof forderte, Autonomie anstrebten. »Autonom« als zentraler Begriff der Neuen Frauenbewegung besaß dabei eine doppelte Stoßrichtung, nämlich Selbstorganisation und Separierung innerhalb der studentischen Bewegung, aber auch vom Staat bzw. etablierten Institutionen (Gerhard 2008, 203). Diese Frauenbewegung war daher, anders als der SDS, anfangs stark lokal basiert. Es wurden Orte für Frauen geschaffen, eine Gegenöffentlichkeit ins Leben gerufen, Frauenkulturzentren wie »SARAH« in Stuttgart gegründet, dann die Zeitungen wie *Emma* und *Courage* (Bieschke 2015, 98f.).

Die zweite wichtige Quelle der Neuen Frauenbewegung war der Kampf gegen Paragraph 218 StGB, d. h. die Kriminalisierung der Abtreibung. Im Juni 1973 veröffentlichte der *Stern* unter dem Titel »Wir haben abgetrieben« Namen und Bilder von 374 Frauen, die sich dieser damals verbotenen Handlung selbst bezichtigten. Diese Kampagne zeigt die transnationalen Bezüge der NSB im Allgemeinen und der Neuen Frauenbewegung im Besonderen. Sie lehnte sich an ein französisches Vorbild an, wo u. a. die Philosophin und Ikone der Frauenbewegung, Simone de Beauvoir, an einer analogen öffentlichen Selbstbezichtigung teilgenommen hatte. Die Frauenrechtlerin Alice Schwarzer, die als Korrespondentin u. a. für den *Spiegel* in Frankreich arbeitete, brachte die Idee nach Deutschland. Viele der Frauen, die an der Offensive gegen den Paragraphen 218 teilnahmen, waren alles andere als »linke« Frauenbewegte, sondern Prominente wie die Schauspielerinnen Senta Berger und Romy Schneider oder die damals weiten Kreisen bekannte Nachrichtensprecherin Dagmar Zimmermann (Schulz 2002, 145ff.).

Die Kampagne gegen den Paragraphen 218 war also keineswegs ein Thema, das ausschließlich von einer »linken« Avantgarde in einem autonomen Bereich verfolgt wurde. Sie zielte vielmehr mit dem Appell an eine breite Öffentlichkeit sowie Frauen und Männer aller Schichten direkt auf den politischen Prozess und eine Änderung der Gesetzeslage. Zwar war das Ehe- und Familienrecht bereits von der Großen bzw. Sozialliberalen Koalition reformiert worden. Die Entkriminalisierung der Abtreibung war jedoch nicht erfolgt (und ist bis heute nicht vollständig erreicht). Es war ein Kampf um Selbstbestimmung (»Mein Bauch gehört mir«), den Frauen gegenüber Kirchen, Ärzten, Juristen und Politik ausfochten, weil sie nicht selbst die Regeln der Reproduktion festlegten. Vielmehr hatten sie meist – siehe Helke Sander – die Kosten im

5 Eine protestierende Republik?

Abb. 11: »Weg mit dem § 218« und Neue Frauenbewegung: Demonstration in Göttingen am 1. Juni 1988. Zu den zentralen Zielen der Neuen Frauenbewegung gehört die Entkriminalisierung des Schwangerschaftsabbruchs. Die Proteste enden keineswegs in den 1970er Jahren, da der Bundestag aufgrund der höchstrichterlichen Rechtsprechung nur eine modifizierte Indikationslösung einführt und der Paragraph 218 StGB nicht ersatzlos gestrichen wird. Wie das Foto andeutet, motiviert die Frauenbewegung, darin vergleichbar dem Anti-AKW-Protest und der Friedensbewegung, soziale Schichten und Generationen übergreifend Menschen zu Protesthandlungen. (Quelle: Bundesarchiv; Foto: o. Ang.)

wörtlichen und übertragenen Sinne allein zu tragen. Die Neue Frauenbewegung ist daher auch ein Paradebeispiel dafür, wie der »lange Atem der Provokation« (Kristina Schulz) sich aus den Jahren um 1968 in die Gesellschaft hinein verbreitete. Andererseits zeigt der Konflikt um den Paragraphen 218, dass eine der wichtigsten politischen Kampagnen, die üblicherweise den NSB zugerechnet wird, sich keineswegs dramatisch von Methoden »älterer« Bewegungen unterschied.

Vieles, wogegen sich die Neue Frauenbewegung wehrte, scheint heute fast in einer »fernen Vergangenheit« zu liegen (Kreis 2013,

92). Ihre institutionellen Wirkungen sind beträchtlich, sind doch aus den autonomen Infrastrukturen inzwischen gesellschaftlich akzeptierte Einrichtungen wie etwa Frauen- oder Gleichstellungsbeauftragte hervorgegangen. Dennoch ist, ungeachtet der großen Fortschritte seit den 1970er Jahren, Geschlechtergleichheit in Deutschland nicht verwirklicht. Dies zeigen die vielen zahnlosen Versuche, von Staats wegen Lohngleichheit zu mandatieren. Zwar gelang es in den 1970er Jahren erfolgreich, Frauen und ihren Kampf gegen Diskriminierung sichtbar zu machen. Woran es jedoch haperte (und hapert), war auch ein neues Männerbild, um einen ikonischen Song der Liedermacherin Ina Deter zu zitieren, die 1982 forderte: »Ich sprüh's auf jede Wand / Neue Männer braucht das Land«.

Da Populärkultur Resonanzraum gesellschaftlicher Debatten ist, lässt sich Deters ironische Wendung des *gender trouble* als allmähliche Akzeptanz emanzipatorischer Ziele deuten. Chancengleichheit brauchte und braucht neue Formen der Wahrnehmung der Rollen der Geschlechter – und daran arbeitete die Frauenbewegung, wenn sie mit dem Bild vom »Mann im Kinderladen« Aufgaben geschlechtsspezifisch anders zu rahmen trachtete. Dies ist bis heute keine vollständige Realität, zumal jüngst Erziehungsberufe sogar immer weiblicher werden. Was jedoch am Fall der Geschlechterrollen und Männer- und Frauenbilder sichtbar wird, ist, dass Stichworte und Themen, die in den 1960er Jahren zunächst antagonistisch gesetzt worden waren, die politische und kulturelle Agenda noch lange weiter bestimmten. Sie konnten in den 1980er Jahren beispielsweise in eine musikalisch anspruchslose, aber doch selbstironische Reflexion münden. Dies war offen für eine Rezeption durch breitere Schichten. Die 1980er Jahre wurden auch hier zum Jahrzehnt der Normalisierung von Protestkulturen.

(Neue) Umwelt- und Ökologiebewegung

Die Umwelt- und Ökologiebewegung kam so wenig wie die Frauenbewegung einfach aus dem »Nichts«. Auch sie hatte ins 19. Jahrhundert zurückreichende Vorläufer im Heimatschutz, Landschaftsschutz sowie der Bodenreform und Gartenstadt-Bewegung, der Natur- und Lebensreform, Naturheilkunde usw., die schon im Kaiserreich eine Art Gegenkultur gebildet hatten (Radkau 2011). Auch hier ist eine Dialektik von Kontinuität und Wandel zu beobachten, wobei, vergleichbar der Neuen Frauenbewegung, eine teilweise Weiterführung der Inhalte und sogar der Formen und Organisationsmodelle (wie sie die Pressekampagne um den Paragraphen 218 darstellte) mit einer ostentativen Behauptung des Neuen durch Abgrenzung von Vorläufern aus früheren Epochen einherging.

Diese Betonung des Diskontinuierlichen war wiederum eine Prämisse der Forschung, die die »neue« Umweltbewegung mit dem Label der Ökologie auch sprachlich abgrenzte. Die sozialwissenschaftliche Protestforschung entpolitisierte diese Vorläufer nicht zuletzt mit dem Argument, dass die ältere »Natur- und Heimatschutzbewegung«, die begrifflich bewusst so gefasst und damit in ein politisch und habituell konservatives Spektrum gerückt werden sollte, ein »im Kern kulturelles Anliegen« gehabt habe (Brand 2008, 223). Diesen »Vorläufern« sei es um Fragen des Lebensstils gegangen, um die Bewahrung eines romantischen Naturbilds, um Gefühle, nicht aber um »harte«, wissenschaftlich unterfütterte Fakten, wonach das Leben durch technologischen Fortschritt und ökonomischen Wachstumsfetischismus bedroht sei.

Diese scharfe Unterscheidung von »alter« und »neuer« Umweltbewegung ist historisch nicht haltbar, sondern eine ideologische Setzung, zumal Gründungstexte des modernen Ökologiegedankens wie Rachel Carsons *Silent Spring* (1962) gezielt mit konventionellen Natur- und Gesellschaftsbildern operierten, um ihr Publikum anzusprechen und zu mobilisieren. Zwar war »1968« die letzte Revolution, die »noch nichts vom Ozonloch wusste«, wie ein Bonmot des deutsch-französischen »Alt-68ers« Daniel Cohn-Bendit lautete (1994). Doch Umweltschutz war ein Thema, das die Bundesländer bereits in den 1960er Jahren aufgegriffen hatten. Die Folgen der industriellen Nutzung der Natur für die Lebenswelt waren zu diesem Zeitpunkt längst bekannt, Verschmutzung von Luft und Wasser ein großes Thema der Jahrzehnte vor dem Aufstieg der neuen Umweltbewegung (Uekötter 2007, 74). Das alles musste von den NSB aber erst noch entdeckt werden.

Richtig ist indes, dass die »alte« Linke das Thema Umweltschutz ignoriert hatte. Sie setzte in West und Ost auf Industrialisierung und technische Lösungen als Mittel zur Verbesserung der Lebensverhältnisse in Deutschland. Die SPD setzte sich im Godesberger Programm 1959 prominent für die Atomenergie ein. Umweltschutz war im politischen Spektrum überwiegend »konservativ« besetzt, weshalb zum Beispiel der erwähnte Ministerpräsident Filbinger ungeachtet seines Eintretens für den Bau eines AKW in Wyhl zahlreiche umweltpolitische Initiativen ergriff (Lommatzsch 2012). In den 1970er Jahren verortete sich der Umweltschutz dann vermehrt »links«, wenn auch nicht exklusiv, wie das Beispiel Wyhl gezeigt hat. In den 1970er Jahren öffneten sich städtische Protestmilieus für Umweltfragen. Deren Vernachlässigung sahen sie als symptomatisch für eine verfehlte Entwicklung in Politik und Gesellschaft an. Das kam in Prägungen wie dem »Atomstaat« (Robert Jungk) zum Ausdruck.

Neu war im Vergleich zum älteren Landschafts- und Umweltschutz ein Wandel der Wahrnehmung in der Gesellschaft insgesamt, wozu maßgeblich der Bericht des Club of Rome *The Limits to Growth* (»Die Grenzen des Wachstums«, 1972) beitrug. Dieser argumentierte, dass Umweltschäden nicht mittels besserer technischer Lösungen einfach so behoben werden könnten. In einer breiteren Öffentlichkeit verfestigte sich die Vorstellung komplexer ökologischer Zusammenhänge, so dass »ökologisch« zum Schlüsselbegriff avancierte. Der Bielefelder Historiker Joachim Radkau spricht sogar von einer »Ära der Ökologie« (2011). Derartige Zusammenhänge konstruierte etwa das ebenfalls von den Badisch-Elsässischen Bürgerinitiativen veröffentlichte Plakat »Heute Tannen, morgen wir«. Dieses verkoppelte Umweltprobleme wie »sauren Regen« und das in den 1980er Jahren große Beachtung findende »Waldsterben« mit der Bedrohung des Individuums. Dieser Aufstieg der Ökologie und des Umweltbewusstseins in westlichen Ländern passte zu zeitgenössischen Vorstellungen der 1970er Jahre, in einer Umbruchszeit zu leben. Dessen tatsächliche Tragweite diskutiert die zeithistorische Forschung intensiv und hat sie ein Stück weit relativiert. »Nach dem Boom« (Doering-Manteuffel/Raphael 2008) der ersten Jahrzehnte der alten BRD schien der Westen in eine neue Epoche des »Endes der Zuversicht« (Jarausch 2008) einzutreten. Die wieder neue Vorstellung begrenzter Ressourcen traf auf eine Gesellschaft, deren nach 1945 offene Wachstumshorizonte und »Zukünfte« nun durch Ressourcenknappheit – nicht wie vordem primär durch zyklische Wirtschaftskrisen – bedroht waren (Seefried 2015).

Darin liegt auch die Bedeutung des Ölpreisschocks 1973 als symbolischem Referenzpunkt für den Beginn »unserer Gegenwart«. Obwohl wir inzwischen wissen, dass der Einsatz der »Ölwaffe« seitens der arabischen Länder während des israelisch-arabischen Yom Kippur-Kriegs die Versorgung des Westens zu keinem Zeitpunkt bedrohte, verfestigte sich die Wahrnehmung des Epochenbruchs (Hohensee 1996; Graf 2014). Dieser wahrgenommene Zäsurcharakter der Epoche spiegelt sich in der Idee, der Protest würde neue Formen annehmen und soziale Bewegungen unterschieden sich grundsätzlich von ihren Vorläufern. Es verfestigte sich auch aufgrund der von vielen persönlich erlebten und im kommunikativen Gedächtnis weiter präsenten »autofreien Sonntage« eine Problemwahrnehmung, wonach rein materielle Verbesserungen kaum noch möglich wären. Entsprechend wurden Ökologie sowie der Fokus auf Lebensqualität als neu zu erringende Ziele einer »quantitativen Wachstumsideologie« binär gegenübergestellt.

In apokalyptischen Mustern eines »Entweder-Oder« wurde vor allem über Atomenergie gestritten. Diese zog vor dem Hinter-

(Neue) Umwelt- und Ökologiebewegung

grund des ökologischen Bewusstseinswandels und der Wahrnehmung einer allgemeinen Krisen- und Umbruchsituation in den 1970er Jahren beträchtliche Aufmerksamkeit auf sich und machte Umweltthemen zum medialen Dauerbrenner. Indes hing der konkrete Erfolg einer Anti-AKW-Bewegung nicht allein an der prinzipiellen Plausibilität ihrer Gegnerschaft zu Atomkraftwerken, sondern auch an lokalen Kontextbedingungen. Dies zeigt ein Vergleich von Wyhl mit Brokdorf in Schleswig-Holstein bei Hamburg. Obwohl sie Anliegen und Begründung teilten, verhinderten die Proteste den Bau des AKW in Wyhl, nicht aber den in Brokdorf.

Der Kontrast zwischen Wyhl und Brokdorf verweist auf den lokalen Kontext und die Verbindung zu etablierten Akteuren als wichtigen Faktoren für den »Erfolg« von Protestbewegungen: Rahmenbedingungen (»Gelegenheitsstrukturen«) entscheiden mit darüber, ob und in welcher Weise Protest reüssiert, ob eine erfolgreiche Mobilisierung gelingt: Protestler erreichen ihre Ziele auch deshalb, weil sie nicht allein mediale Aufmerksamkeit finden und ihr Handeln in bestimmter Weise »gerahmt« werden kann, sondern auch dadurch, wie diese Rahmungen und Vernetzungen zu (lokalen) politischen Eliten und der Bevölkerung insgesamt ausgestaltet sind und ob sie Unterstützung auch bei etablierten Kräften generieren können (wie die Kampagne gegen den Paragraphen 218 zeigte).

Das »Mitspielen« des (lokalen) Establishments war *ein* Grund für Erfolg in Wyhl und ein Grund für dessen Ausbleiben in Brokdorf. In Wyhl kam es zu einem effizienten Bündnis zwischen lokalen Eliten, Bevölkerung, externen Umweltexperten und städtischen »Linksalternativen« aus dem benachbarten Freiburg. Dieses zerbrach auch nach der zweifachen Räumung des Geländes und dem Scheitern des Rechtswegs nicht. Förderlich wirkte auch das Engagement etlicher CDU-Lokalpolitiker, deren Partei den Ministerpräsidenten stellte und die damit lokal gespalten war. Hinzu kam die Gewaltfreiheit der Proteste. Der »zivile Charakter« der Proteste verlieh ihnen ebenso Legitimität wie die mediale Sichtbarkeit der Beteiligung »einfacher Leute vor Ort«, die die Presse als »Bauern und Winzer« bezeichnete und keinesfalls als »linke Chaoten«.

Die Ausgangslage in Brokdorf war anfangs ähnlich. Auch hier entstanden Bündnisse zwischen *locals* und auswärtigen Protestakteuren. Nachteilig wirkte sich der etwas spätere Beginn der Proteste und Besetzungen aus. Zu diesem Zeitpunkt waren einige Mitglieder kommunistischer Gruppen aus Hamburg auf das »Anti-AKW-Thema« aufgesprungen. In Brokdorf kam es zu einer folgenschweren Spaltung innerhalb der Protestler zwischen gemäßigten Anti-Nuklear-Aktivisten und einer militanten Gruppe. Letztere trat für gewalttätigen Widerstand ein. Sie verknüpfte und begründete dies mit Forderungen nach fundamentalem gesellschaftlichem Wandel, einer »Diktatur des Proletariats« usw. Für diese medial leicht als Außenseiter darstellbaren Gruppierungen ging es weniger um die Verhinderung des AKW, als um eine soziale Revolutionierung. Sie wollten den Staat, vertreten durch die Polizei, mittels militant-disruptiver Methoden zu einer Überreaktion zwingen und so eine revolutionäre Situation herbeiführen (Karapin 2007).

Auch missglückte in Brokdorf zunächst der Versuch, das Gelände selbst zu besetzen. Auch das hatte mit fehlendem lokalem Wissen zu tun. Während in Wyhl die Polizei bei der zweiten Platzbesetzung defensiv agierte und die Protestler gewähren ließ, wurde in Brokdorf härter durchgegriffen. Das wiederum wurde ebenfalls durch fehlende Koalitionsbildung erleichtert: »Linksradikale« ließen sich leichter »abräumen« als Bauern und Winzer; polizeilicher Zugriff galt als weniger problematisch, wenn etablierte Kreise fehlten (wie sich später auch bei der Friedensbewegung zeigen sollte). Es haperte in Brokdorf sowohl an der Koalitionsbildung als auch an einer medialen und kulturellen Zähmung des Widerstands. Aufgrund der Spaltung innerhalb der Anti-AKW-Bewegung wurde der Protest negativ gerahmt und wahrgenommen.

Eine Folge der Anti-AKW-Proteste, die sich beim projektierten atomaren Endlager in Gorleben und der Wiederaufbereitungsanlage in Wackersdorf über die gesamten 1980er Jahre hinziehen sollten, war eine breite Vernetzung von Umweltaktivisten über die ganze Republik, vor allem im BBU (Bund Bürgerbewegungen Umweltschutz). Davon ausgehend kam es zu wichtigen Schritten der Institutionalisierung und schließlich zu Parteigründungen, aus denen die Grünen als Bundespartei hervorgingen (Mende 2011; Milder 2017). Vermutlich wäre diese parteipolitische Institutionalisierung der Protestbewegungen nicht dauerhaft geglückt, wenn nicht mit dem Thema »Frieden« die Normalisierung von Protest in den 1980er Jahren einen neuen Höhepunkt erreicht hätte. Die Bezüge zwischen Umwelt- und Friedensthematik sind eng, wobei vor allem die »Furcht vor dem Atom« eine Schnittmenge bildete (Mende/Metzger 2012). Prinzipiell war »Frieden«, wie bereits mit Blick auf die unruhige Ära Adenauer deutlich wurde, ein Thema, das in den deutschen Nachkriegsgesellschaften über einen besonders hohen Resonanzfaktor verfügte. Doch sehen wir uns zunächst die Entstehung einer breiten Alternativszene an.

Alternatives Milieu und bewegte Provinz

Die Anti-AKW-Bewegung als Teil einer größeren Umwelt- und Ökologiebewegung war in den frühen 1970er Jahren ein wichtiger, auch symbolischer Referenzpunkt eines kritischen Verständnisses von Staat und Gesellschaft. Dafür setzte sich zeitgenössisch der Begriff des »Alternativen« als neuer Leitkategorie der Linken jenseits von SPD und Gewerkschaften durch. Die Alternativen standen kritisch zu dem »herrschenden Verständnis« von Wirtschaft und Gesellschaft; sie wandten sich skeptisch von einer »blind fortschrittsgläubigen«, teils zum »Atomstaat« pervertierten industriellen Moderne ab, mit einer krisenhaften »Abwärtsspirale« von Naturausbeutung, »gedankenlosem Massenkonsum« und immer weiterer Entfremdung des in anonyme Zusammenhänge eingespannten Menschen von seinen natürlichen Lebensgrundlagen und seinen Mitmenschen. Darauf reagierte das »alternative Milieu« vermehrt mit praktischen Gegenmodellen zu den herrschenden Lebensentwürfen, die auf Selbstverwirklichung, Gemeinschaftserfahrungen, »Authentizität« und »Wärme«, Nachhaltigkeit, Natürlichkeit usw. setzten (Reichardt 2014).

Diese Verbindung von öffentlichem Protest und alternativen Lebensformen war so augenfällig, dass gegen Ende der 1970er Jahre vermehrt von einem »alternativen Milieu« gesprochen wurde. Dieser Begriff wurde im Anschluss an den »Deutschen Herbst« 1977 populär, auch um die »Gegenkultur« vom Terrorismus abzugrenzen. Gemeint war ein auf den ersten Blick relativ strukturloser Zusammenhang, der »bewusst anti-institutionell, gegen Parteien und Staat gerichtet und basisdemokratisch aufgebaut« war, aber doch über konkrete Netzwerke, Medien und Interaktionsforen wie der legendäre Berliner TUNIX-Kongress 1978 zusammengehalten wurde (Reichardt/Siegfried 2010, 11). Bei aller anti-institutionellen Orientierung verfügte das alternative Milieu über eine beachtliche Infrastruktur in Wohngemeinschaften, selbstverwalteten (Handwerks-)Betrieben, Landkommunen, »Szene«-Kneipen, alternativen Zeitschriften, Buchhandlungen, Kinderläden, Jugendhäusern, autonomen Kulturzentrenten usw. Hinzu kamen Foren der Anti-Politik in Form von Bürgerinitiativen, Stadtteilvereinen und »grün-alternativen Listen«, die von der Kommunalpolitik zu Parteigründungen führten und zunächst in den Ländern, doch dann auch im Bund das Parteiensystem erfolgreich aufmischten.

Das linksalternative Milieu gehört zu den Zerfallsprodukten von »1968«. Es war, wie auch die dogmatischen K-Gruppen, die theorieaversen Spontis oder die terroristische RAF, aus der noch recht überschaubaren Studentenbewegung der späten 1960er Jahre hervorgegangen. Mit dieser stand es in einem engen kommunikativen, personellen sowie ideellen Zusammenhang. Aber es ging in seinen institutionellen und personellen Weiterungen und seinen Wirkungen doch weit über die Studentenbewegung hinaus, ähnlich wie die Neue Frauenbewegung zwar im Kontext von »1968« entstanden war, aber dann rasch weitere Kreise zog.

Schätzungen zufolge zählten zum linksalternativen Milieu im westlichen Berlin auf dessen Höhepunkt Anfang der 1980er Jahre etwa 3 Prozent der Bevölkerung, einer zeitgenössischen Untersuchung zufolge etwa 80 000 Personen (Huber 1980, 29). Über die gesamte BRD dürften etwa 300 000 bis 600 000, etwa 1 Prozent der Bevölkerung, dazu gehört haben. Der Konstanzer Zeithistoriker Sven Reichardt spricht von »Millionen Menschen«, darunter ein Drittel der Jugend, die mit den Alternativen sympathisierten (2014, 13).

Linksalternativ war vor allem der Alltag der Bewegten, dessen Markenkern nicht die außergewöhnlichen Protestereignisse waren: Mit ironischem Unterton schilderten die beiden Chronisten des SDS, die Berliner »Alt-68er« Tilman Fichter und Sigward Lönnendonken, 1977 das linksalternative Milieu:

»In allen größeren Städten der Bundesrepublik und in West-Berlin leben Tausende anpolitisierter Jugendlicher in einem freiwilligen Getto: der Durchschnitts-Stadtteilindianer wacht in der Wohngemeinschaft auf, kauft sich die Brötchen in der Stadtteilbäckerei um die Ecke, dazu sein Müsli aus dem makrobiotischen Tante-Emma-Laden, liest zum Frühstück *Pflasterstrand*, *Info-BUG*, *zitty*, geht – falls er nicht Zerowork-Anhänger ist – zur Arbeit in einen selbstorganisierten Kleinbetrieb oder in ein ›Alternativprojekt‹, alle fünf Tage hat er Aufsicht in einem Kinderladen, seine Ente läßt er in einer linken Autoreparaturwerkstatt zusammenflicken, abends sieht er sich ›Casablanca‹ im off-Kino an, danach ist er in der Teestube, einer linken Kneipe oder im Musikschuppen zu finden [...]. Ärzte- und Rechtsanwaltskollektive, Beratungsstellen für Frauen, Frauen- und Männergruppen gibt es im Getto. Der gesamte Lebensbereich ist weitgehend abgedeckt [...]. Dabei ist die Kommunikation intensiv, verglichen mit der, die durchschnittliche Bundesbürger untereinander pflegen. Mit diesem unterhalten sich die Stadtteilindianer, antiautoritäre Studenten und Spontis nur, wenn sie müssen, bei einer Razzia z. B. mit Polizisten« (Die Zeit, 20. Januar 1978).

Im linksalternativen Milieu begegnet uns »Protest« in einer neuen Form (wenn auch erneut mit Vorläufern seit dem Kaiserreich). Ungewöhnliche Lebensformen wurden emphatisch zu Protest umgedeutet, was wiederum für dessen »Normalisierung« seit den

5 Eine protestierende Republik?

1960er Jahren spricht. Im Fokus stand hier nicht primär ein öffentliches Demonstrieren und »auf die Straße gehen«, wie dies zu den Menschen verbindenden Erfahrungen sowohl der traditionellen Gewerkschaftsproteste, der Friedensmärsche als auch des Aufruhrs um 1968 gehörte. Sicher, fast jeder Linksalternative wurde einmal auf einer »Demo« gesichtet und organisierte diese fallweise auch mit. Ja, es gehörte zum guten linksalternativen Ton, sich in verschiedenen, mit dem Alternativmilieu überlappenden sozialen Bewegungen zu engagieren, die, wie im Falle der Proteste gegen die Startbahn West am Flughafen Frankfurt (1980/81) oder der Anti-AKW-Bewegung, dort eine wichtige, wenn auch nicht ausschließliche Rekrutierungsbasis fanden. Doch die Hauptstoßrichtung der Alternativen lag in der »Politisierung des Privaten«, darin eng verwandt mit der Neuen Frauenbewegung (Lenz 2010, 375). Angesichts des weit verbreiteten Gefühls, dass die alte BRD politisch komplett einbetoniert war, sich wenig bewegen ließ, der Terrorismus einen kostspieligen Irrweg dargestellt hatte und auch die K-Gruppen wenig vorzuweisen hatten, wirkte das alternative Leben seit 1977/78 als ein attraktiver Gegenpol.

Indem »Protest« hier im wahrsten Sinne des Wortes gelebt werden sollte, als Haltung und Lebensform, nicht als eine temporäre Aktivität des Marschierens und Demonstrierens, auch nicht als intellektuelles Ringen um Wahrheit wie in den Seminaren des SDS, wurden bisher weitgehend als unpolitisch wahrgenommene Tätigkeiten, etwa das Instandhalten von Gebäuden, zu Protestformen umgedeutet. Im engeren Sinne Protest waren nur die Aktionen der sogenannten Instandbesetzer, die Häuser rechtswidrig besetzten und dann öffentlich inszeniert renovierten: Die Instandbesetzer, so die Mannheimer Historikerin Reinhild Kreis, setzten einer »aus ihrer Sicht verfehlten Wohnungspolitik, [...] den Erhalt von Altbauten und damit auch der gewachsenen sozialen Strukturen der Stadtviertel entgegen« (Kreis 2017). Hier wurde gegen eine kapitalistische Vermarktungslogik demonstriert, aber nicht mittels abgehobener Zukunftsentwürfe: »Wir reden über Politik, aber wir wollen keine 68er-Ideologen. Wir wollen beweisen, dass wir etwas aufbauen können. Dazu müssen wir uns nicht erst eine Theorie aneignen« (ebd.). Diese Praxis machte Schule, auch wenn aufgrund der allmählichen Disziplinierung der Selbsthilfe durch städtische Wohnungsbauförderprogramme der Instandbesetzung das Protestpotenzial entzogen wurde. Hausbesetzungen sind ganz überwiegend ein Phänomen der Metropolen, vor allem Frankfurt als Hochburg in den frühen 1970er Jahren, West-Berlin in den späten 1970ern und frühen 1980er Jahren, während Hamburg mit der Hafenstraße erst Mitte der 1980er Jahre auf sich aufmerksam machte. Auch in mittelgroßen Städten wie Freiburg, Stuttgart, Nürnberg, Mannheim, Trier, Köln, Essen, Dortmund, Hannover und Kiel ereigneten sich immer wieder Hausbesetzungen. Dort fehlte jedoch schlicht die kritische Masse, um einer entsprechenden »Szene« ein dauerhaftes Überleben zu ermöglichen. Wo nur zwei Dutzend »Kommunarden« zwei oder drei Häuser besetzten, hatte die Polizei leichtes Spiel. In den größeren Städten hingegen konnte es zu einem spektakulären »Katz-und-Maus-Spiel« kommen, mit systematisch organisiertem Widerstand, etwa durch die bekannte Frankfurter »Putzgruppe«, zu deren führenden Köpfen der spätere Bundesaußenminister Joschka Fischer gehörte. Diese verschafften sich Respekt und Aufmerksamkeit auch außerhalb des Hausbesetzermilieus in der großen Szene linksalternativer Sympathisanten. Die damit einhergehenden, teils gezielt gesuchten Gewalterfahrungen, die mit einer klassischen Demonstration bestenfalls noch den Namen gemeinsam hatten, sind rein expressiv, nach innen gewendet. Die Straßenkämpfer wollten sich vor allem die Achtung ihrer *peers* erwerben. Sie lebten von der Anmutung revolutionärer Kämpfe.

Auch der ländliche Raum wurde von linksalternativen Impulsen angesteckt. Einige, die von der »Unwirtlichkeit unserer Städte« (Alexander Mitscherlich) und dem westdeutschen Abriss- und Modernisierungswahn abgestoßen wurden, setzen auf »Provinz« als emphatisch positives Gegenbild zu einer überholten Moderne. Einen Raum des Experimentierens mit neuen Lebensformen zu schaffen, motivierte Gründer der auch in Deutschland zahlreichen Landkommunen, obwohl diese hier anscheinend weniger verbreitet waren als in den USA, England, der Schweiz oder Südfrankreich. Dorthin zogen aufgrund der klimatisch günstigeren Verhältnisse nicht wenige deutsche »Aussteiger«, wobei umgekehrt die 1973 gegründete Pionierkommune Longo Maï dann auf ähnliche Projekte in Deutschland ausstrahlen konnte (Reichardt 2014, 479). Viele Landkommunen, deren überwiegend städtische Mitglieder über keinerlei Erfahrung in der Landwirtschaft verfügten, taten sich anfangs ausgesprochen schwer. Ihnen fehlten Kapital und Knowhow und, was Kritiker genüsslich ausschlachteten, oft auch die rechte Arbeitseinstellung, weil zu melkende Ziegen und zu fütternde Kühe nicht jede gruppendynamische Diskussion abwarten konnten – oder zu langes Schlafen und Frühstücken der Kommunarden.

Zwar mussten die neuen Landbewohner einige Techniken erst lernen, wie das Sensen und Pflügen. Doch sie brachten umgekehrt auch neue Ideen in die Provinz. Gerade Landkommunen sind ein sprechendes Beispiel dafür, wie sich Impulse einer anfangs oppositionellen Gegenkultur in die Gesellschaft fortsetzen und diese inkremental verändern. Obwohl viele Landkommunen scheiterten, haben einige der städtisch-jugendbewegten Neugründungen zur vorübergehenden oder dauerhaften Wiederbelebung des Landes beigetragen. Angesichts des Strukturwandels in der Landwirtschaft lagen viele kleine Höfe brach, die nun reaktiviert wurden. Die Neulinge probierten alternative Formen eines zunehmend sich als »ökologisch« verstehenden Landbaus aus. Anfangs führte dies zu heftigen Konfrontationen zwischen »Alteingesessenen« und »reingeschmeckten« alternativen »Spinnern« (Wonneberger 2014, 176). Doch die überlebenden Kommunarden praktizierten eine zukunftsfähige Mischung aus Tradition und Innovation. Lokal und »nachhaltig« produzierte und gehandelte Produkte wurden von einkommensstarken Mittelschichten zunehmend nachgefragt und über ein entsprechendes Netz von Läden vermarktet. So wie Wyhl den Aufstieg der »Umweltmetropole« Freiburg mit ermöglichte, standen einige Landkommunen am Anfang von »Bio«.

Mit dem Zerfall von »1968« geriet die deutsche Provinz heftig in Bewegung, auch weil studentisch Bewegte nach dem Examen in periphere Regionen zurückkehrten oder auswanderten, wenn sie dorthin z. B. als Lehrer versetzt wurden. Das *Kursbuch 39* (April 1975) thematisiert die politischen, praktischen und Identitäts-Probleme, vor denen Mitglieder der Studentenbewegung standen, denen ihre Heimat fremd geworden war. Ihnen fiel »die bruchlose Reintegration und Anpassung an die Provinzgesellschaft« schwer. Vor Ort gab es weder eine linke Gegenöffentlichkeit, noch die minimalen infrastrukturellen Voraussetzungen für eine »linke Existenz«. So war das Leben in Wohngemeinschaften in einem wenig entwickelten Mietmarkt kaum möglich. Viele empfanden diese »Ungleichzeitigkeit« sehr stark. Dabei hatte es in manchen Städten wie etwa Biberach in Oberschwaben schon 1968 kräftig rumort. Dort hatte es in den Semesterferien eine APO gegeben, manchmal provoziert durch den Besuch etablierter Politiker auf Wahlkampfreise, manchmal durch den Protest gegen die Notstandsgesetze, an dem die örtlichen Gewerkschaften teilhatten. Aber auch die schon 1968 einsetzende Schüler- und Lehrlingsbewegung ging an manchem Gymnasium oder mancher Berufsschule der Provinz keineswegs vorüber.

Der vermutlich wichtigste Beitrag der kleinen Städte zur Ausweitung der Protestkultur und der alternativen Milieus war jedoch die Jugendzentrumsbewegung. Diese erlebte ihre Hochphase von 1970 bis 1974. Einerseits trug der Einsatz für autonome Jugendhäuser die Impulse von 1968 auf das flache Land, wie ein Zitat aus der Zeitschrift *Pardon* 1970 verdeutlicht: »Bisher blieb es weitgehend unbemerkt: die Außerparlamentarische Opposition hat bei ihrem langen Marsch durch die Institutionen endlich auch die Provinz erreicht.« Doch andererseits waren die Jugendzentren ein eigenständiges »Produkt«, das sich von Formen der protestlerischen Vergemeinschaftung in den Uni- und Großstädten klar unterschied. So einseitig die Einflussströme oberflächlich betrachtet wirken, in den 1970er Jahren ging die konventionelle Gleichung von »provinziell« als »rückschrittlich« und »urban« als »fortschrittlich« nicht auf. Wie der Hamburger Historiker David Templin (2015) herausgearbeitet hat, begann die Jugendzentrumsbewegung in den Kleinstädten und erreichte mit Verzögerung Mitte/Ende der 1970er Jahre die mittleren und größeren Städte. Das konterkariert die gängige Vorstellung, dass sich Protestkulturen linear von Metropolen in Provinzen verbreitern. Derartige Austauschprozesse verlaufen zirkulär.

Die historische Forschung beschreibt die 1970er Jahre als ein Jahrzehnt des Umbruchs und des Wandels, mit dem analytisch komplexen, weil zeitgenössischen vorgeprägten Begriff des Wertewandels (Dietz/Neumaier/Rödder 2014). Wie sehr dieser »Wertewandel« nun durch die außerparlamentarische Opposition beschleunigt wurde oder ob die NSB nicht eher den Wertewandel voraussetzten, ist eine offene Frage. Mit der Ausbreitung alternativer Milieus, sowohl soziologisch in Schichten jenseits des Bildungsbürgertums (als überwiegendem Träger der Studentenproteste) als auch geografisch in die Provinz, die wiederum in der Jugendhausbewegung in die Metropolen zurückstrahlte, machten sich auch solche Kreise der Bevölkerung Bewegungsimpulse zu eigen, die sich bisher als wenig »bewegungsaffin« und für Straßenprotest mobilisierbar erwiesen hatten. Sie waren (siehe Wyhl) mit derartigen Formen politischer Kommunikation zuvor schlicht unvertraut. Aber sie hatten Anteil an der Normalisierung und Veralltäglichung von Protest.

Der Streit um den Frieden als Normalisierung von Protest

Das Argument der Normalisierung von Protest wird deutlicher, wenn wir nun »1968« bzw. die Neuen Sozialen Bewegungen der

1970er Jahre mit den großen Friedensprotesten der frühen 1980er Jahre vergleichen. Letztere ereigneten sich in einer Gesellschaft, in der es auch für bürgerliche Kreise vielleicht noch nicht ganz zum guten Ton gehörte (wie später dann bei »Stuttgart 21«), auf die Straße zu gehen und zu demonstrieren. Sozialdemokraten und Gewerkschaften waren das »auf die Straße gehen« gewöhnt, Kirchenleute und Bürgerliche weniger. Wenn Pfarrer demonstrierten, wie punktuell während der »Kampf dem Atomtod«-Kampagne, war dies ein umstrittener medialer Aufreger. In den 1980er Jahren kehrte die Straßendemonstration ins »gute Bürgertum« zurück, von wo sie, mit Ausnahme von Wahlkampfkundgebungen und dem Kampf um Frauenrechte, seit 1900 weitgehend verschwunden waren – obwohl doch die Anfänge modernen Straßenprotests eng mit der bürgerlichen Freiheitsbewegung des Vormärz verknüpft sind, wie das Beispiel des Hambacher Fests 1832 zeigt.

Die Friedensbewegung der 1980er Jahre erreichte die größte Protestmobilisierung in der alten BRD überhaupt. Im Widerstand gegen den NATO-Doppelschluss vom 12. Dezember 1979 und die westliche »Nachrüstung« mit atomaren Raketen, die Bundeskanzler Helmut Schmidt als Reaktion auf die sowjetische SS-20-Rüstung durchgesetzt hatte, gingen mehr Menschen auf die Straßen als jemals zuvor seit 1949. Quantitativ wird die Friedensbewegung allein von den Demonstrationen gegen wirtschaftliche Liberalisierung 1948 übertroffen, aber dies fiel noch in die Besatzungszeit, in der die Bedingungen für Mobilisierung andere waren. Obwohl gesicherte Zahlen fehlen und die von Rucht und Neidhardt (2001) verwendeten Prodat-Reihen (»Dokumentation und Analyse von Protestereignissen in der Bundesrepublik«) mit quellenkritischer Distanz zu lesen sind (und von der Forschung dringend überprüft werden müssten), wirkt es nachvollziehbar, dass die Mobilisierung nach Anzahl der Teilnehmer an Demonstrationen in den frühen 1980er Jahren am höchsten war und die von 1968 bei Weitem übertraf.

Ihren Höhepunkt erreichte die Friedensbewegung nach einer Inkubationsphase von etwa anderthalb Jahren nach dem NATO-

159

5 Eine protestierende Republik?

Doppelbeschluss von 1981 bis 1983. Der Gipfel lag im »Heißen Herbst« 1983, als im Vorfeld der anstehenden Bundestagsentscheidung vom 22. November 1983 etwa eine Million Menschen unter dem Motto »Nein zur Nachrüstung« gegen die Stationierung von Cruise-Missiles und Pershing-II-Raketen demonstrierten. Menschenketten, Sitzblockaden und Großdemonstrationen bestimmten die Pressebilder jener Tage. In einer Fülle von Protestveranstaltungen, die vom kleinräumigen Straßentheater, lokalen Umzügen, Blockaden vor Raketendepots bis zu zentralen Großveranstaltungen wie der Kundgebung auf der Bonner Hofgartenwiese oder der »Menschenkette« von Ulm nach Stuttgart am 22. Oktober 1983 reichten, war »Frieden« das bestimmende Thema des Jahres 1983.

Die besondere Breitenwirkung der Friedensbewegung erklärt sich einerseits aus der in der BRD leicht verfangenden »Friedensthematik«, überwiegend jedoch aus der Koalitionsbildung über ein breites politisches und gesellschaftliches Spektrum hinweg. So gehört es zu den Besonderheiten der Friedensbewegung der 1980er Jahre, dass sie durch ein Miteinander und eine partielle Konkurrenz von etablierten Akteuren mit starken Strukturen wie Gewerkschaften, Kirchen und Parteien auf der einen Seite sowie sozialen Bewegungen auf der anderen Seite geprägt war. Sie schöpfte einerseits aus den Quellen und Erfahrungen der Ökologie- und Umweltbewegung der 1970er Jahre; sie konnte hierbei an das Anliegen sowohl der Alternativmilieus als auch die Infrastruktur der Anti-AKW-Bewegung anknüpfen. Gleichzeitig waren die Linien zur älteren Protestbewegung der 1950er Jahre sichtbar, mit einem erneuerten Bündnis von Teilen der Sozialdemokratie und Teilen der Kirchen. Abermals sah sich die Friedensbewegung mit der Problematik der Kooperation mit Kommunisten (nun inkarniert durch die DKP) und Versuchen »östlicher Einflussnahme« konfrontiert.

Neu waren im Vergleich zur »alten« Friedensbewegung der 1950er Jahre die Protestformen. Die Aktivisten übernahmen von den NSB das Repertoire des »zivilen Ungehorsams«, mit seinen Happenings, ritual-kritischen Elementen (vor Gericht) und vor

Abb. 12: **Die Friedensbewegung als Volksaufstand gegen den »atomaren Wahnsinn«:** Das Plakat ruft zu den großen Protestdemonstrationen im Rahmen der Aktionswoche im »heißen Herbst« 1983 auf. Das visuelle Programm erinnert an die Bauernzüge der frühen Neuzeit sowie an die gallischen Haufen eines bekannten Comics. Es wird die soziale und generationelle Vielfalt der Bewegung betont, ihre Dynamik und erneut die führende Beteiligung von Frauen. Die ikonische Zeichnung der Frau, die der Bombe einen Tritt verpasst (rechts im Bild) und die auf vielen Plakaten der Friedensbewegung der 1980er Jahre reproduziert wird, geht auf eine Idee der Gründungsgrünen und führenden »Frauenfriedensbewegten« Eva Quistorp zurück.
(Quelle: Württembergische Landesbibliothek Stuttgart; Urheber: Koordinationsausschuss der Friedensbewegung)

allem den ikonisch gewordenen Sitzblockaden, etwa vor dem Raketendepot im schwäbischen Mutlangen, wo, beginnend mit der »Prominentenblockade« im Herbst 1983, die Proteste bis 1987, bis zum Abzug der Mittelstreckenraketen kontinuierlich stattfanden. Aufgrund der Bedeutung der linksalternativen Milieus für die neue Friedensbewegung unterschied sich diese habituell deutlich von ihrer Vorgängerin drei Jahrzehnte zuvor. War die ältere Friedensbewegung von »männlicher«, bürgerlicher Respektabilität und den Traditionen der klassischen Arbeiterbewegung (der »alten« Linken) geprägt gewesen, so pflegten viele Mitglieder der neuen Friedensbewegung ein ostentativ »anti-bürgerliches« Erscheinungsbild, trotz oder gerade wegen der bürgerlichen Herkunft vieler ihrer Anhänger. Auch erzielten Frauen wie Petra Kelly und Eva Quistorp mehr Sichtbarkeit in der Friedensbewegung der 1980er als in den Kampagnen der 1950/60er Jahre, sowohl als Organisatorinnen als auch als »einfache« Mitmarschierende (Bieschke 2017).

Das visuelle Programm der Friedensbewegung war darauf abgestellt, die Breite der Bewegung zu zeigen und sie als einen Querschnitt der Gesellschaft darzustellen: Erwachsene, Kinder, Jugendliche und Großeltern beiderlei Geschlechts demonstrierten zusammen. Eines der bekanntesten Fotos der »Menschenkette« von Ulm nach Stuttgart zeigt junge Mütter mit Kindern, die sich wie beim Ringelreihen an den Händen fassen. Auch der Übergang zur »postindustriellen Gesellschaft« (Alain Touraine) und die Verschmelzung von Pop und Politik in einer radikalisierten Gegenkultur hatten neue ästhetische Muster des politischen Protests hervorgebracht, die in die Mitte der Gesellschaft verwiesen. Kulturell stand die Friedensbewegung zwar durchaus auf den Schultern von »1968«, ohne jedoch eine bloße Fortsetzung zu sein. Deren »emphatischer Protesthabitus« (Fahlenbrach/Stapane 2012) wurde übernommen, damit die expressive Komponente von Protest hervorgekehrt, aber doch zugleich irgendwie im Vergleich zu 1968 in bürgerliche Lebensformen und Praktiken integriert. Das schwächte den Friedensprotest in seinem provokatorischen Potenzial ab. Mit der Normalisierung des Protests ging dessen visuelle Zähmung einher. Das zeigt sich etwa in dem bekannten, mit christlichen Szenen spielenden Bild von dem »inmitten seiner Jünger« (darunter Oskar Lafontaine) sitzenden Literaturnobelpreisträger Heinrich Böll in Mutlangen (Crivellari 2008). Die breite Resonanz der Friedensbewegung erklärt sich auch daraus, dass sie gesellschaftliche Trends insgesamt aufgriff und den »Zeitgeist« zum Ausdruck brachte sowie eine generelle Krisenperzeption und Mentalität der »Unsicherheit«. Die Friedensbewegung der 1980er Jahre behandelte, wie ihre Vorgängerin in den 1950er Jahren, große politische und gesellschaftliche Fragen mit (»Nuklearkrise«). Sie war politisch mit dem »Machtwechsel« von 1982 hin zu Helmut Kohl verknüpft, aber in kultureller und gesellschaftlicher Hinsicht war sie Teil sinnstiftender Debatten über Fragen wie die Westorientierung der BRD, das Verhältnis zu den USA sowie zur NS-Vergangenheit sowie die grundsätzliche Legitimität demokratischer Protestformen (Gassert 2012). Sie war Teil der Bewältigung des rapiden gesellschaftlichen Wandels und der Krisen der 1970er Jahre. Die Friedenbewegung sei »eine von mehreren Ausdrucksformen eines Bewusstseinswandels, einer elementaren Veränderung von Wertvorstellungen, die gegen Ende der sechziger Jahre bei jungen Menschen begannen, sich im Lauf der 1970er Jahre beschleunigte und immer breitere Schichten erreichte, eines Wandels, der sich in den 1980er Jahren erkennbar fortsetzt«. So resümierte es schon 1982 einer der prominentesten Nachrüstungskritiker, der SPD-Politiker und ehemalige Bundesentwicklungsminister Erhard Eppler (1982, 152).

Dass Straßenprotest eine neue Legitimität und Selbstverständlichkeit gewonnen hatte, zeigten auch die abgeklärten Reaktionen von Bundeskanzler Kohl. Das Gesetz des Handelns, so der Kanzler scharf, dürfe nicht an die »Straße« übergehen. Zugleich legte er eine erstaunliche Gelassenheit an den Tag:

»Wenn die Leute partout auf der Straße sitzen wollen – dann lassen wir sie sitzen. Es wird aus vielen Anlässen Verkehr umgeleitet, dann kann man den Verkehr auch um Leute herumleiten, die da sitzen wollen. Die

5 Eine protestierende Republik?

Jahreszeit ist ja vielleicht so, dass das Sitzen nicht mehr ganz so komfortabel ist« (Rödder 2011, 133).

Kohl ahnte, dass es bei diesem gemeinsamen Sitzen auf der Straße und vor dem Tor um den inneren Zusammenhalt und die Identität der Bewegung ging. Der Protest war ein Stück weit Selbstzweck (was wir als die expressive Komponente des Protests bezeichnen). Nichts schweißt mehr zusammen, als um der guten Sache Willen Regen, Sturm und als bedrohlich wahrgenommenen Polizisten oder Soldaten zu trotzen.

Zwar hat die Friedensbewegung der 1980er Jahre ihr explizites politisches Ziel genauso wenig erreicht wie die »1968er-Bewegung«. Doch bestärkte sie, anders als letztere, den liberal-demokratischen, westdeutschen Konsens. In der Enttäuschung über den Misserfolg lernten die Friedensaktivisten, so der Münchener Historiker Bernhard Gotto, »dass sich die Demokratie nicht so schnell verändern ließ« (2014, 33). Auch waren die sozialen Wirkungen beträchtlich. Die Friedensbewegung griff die klassisch bundesrepublikanischen Themen auf: Frieden, NS-Vergangenheit, Westbindung, Verhältnis zu Amerika und zur »Dritten Welt«. Der Streit um den Frieden war »Arbeit am Konsens«, hatte gesellschaftlich überwiegend integrierende Funktion, »indizierte« und verarbeitete den »Wertewandel«. Er machte Demonstrieren für bürgerliche Mittelschichten noch mehr akzeptabel. Was um 1968 noch revolutionär wirkte, war nun fast schon normal. Protest war in der Mitte der bürgerlichen Gesellschaft angekommen, weder eine Jugendbewegung (wie überwiegend »1968«), noch etwas allein für Gewerkschafter und Sozialdemokraten. Auch die »aufgeklärte Reaktion« des Establishments (siehe Kohl), das inzwischen relativ gelassen mit den Protesten umgehen konnte, zeigt an, dass Protest in der politischen Kultur Westdeutschlands »normal« geworden war und einfach dazugehörte. Diese Gelassenheit fehlte um »1968«, aber auch noch bei den Anti-AKW-Protesten.

Mit dieser enormen Verbreiterung der Protestpartizipation in den 1980er Jahren war die Bundesrepublik tatsächlich »eine protestierende Republik« geworden. Nicht in der militanten Auseinandersetzung am Bauzaun in Brokdorf oder an der Startbahn West, aber in der friedlichen Variante der massenhaften »Friedensbewegung«, an der eben auch Eltern, Kinder und Großeltern mitwirkten, hatte der Straßenprotest sich weit über sein historisches Kernmilieu in der »alten Linken« hinausbewegt. Er war auch für die etablierten Gegner des Friedensprotests akzeptabel geworden. Als dann Ende 1989 in der DDR die Dämme brachen, nicht zuletzt aufgrund des beharrlichen Demonstrierens vieler ostdeutscher Bürger, hatte Straßenprotest bereits viel von seinem Außeralltäglichen und Ungewöhnlichen verloren, was er noch in den 1970er Jahren gehabt hatte. Bevor wir uns jedoch der friedlichen Revolution von 1989/90 zuwenden, sehe ich mir die Reaktionen etablierter Protestakteure, vor allem der westdeutschen Gewerkschaften, auf die Herausforderung der Neuen Sozialen Bewegungen an und frage, was dies über die Normalisierung von Straßenprotest in den 1970er/80er Jahren sagt.

6

Die Arbeiterbewegung zwischen Klassenkampf, rheinischem Konsensmodell und der Herausforderung der Neuen Sozialen Bewegungen

2011 fragte die *Süddeutsche Zeitung* Berthold Huber, den damaligen Vorsitzenden der IG Metall, ob er als junger Mann ein Radikaler gewesen sei und, wie sein Altersgenosse Joschka Fischer bei Opel in Rüsselsheim, die Arbeiter habe »klassenkämpferisch aufwiegeln« wollen. Huber bekannte sich zu seinen kommunistischen Wurzeln. Aber er stellte auch klar, dass er im Betrieb bei Kässbohrer in Ulm rasch von radikalen Zukunftsvisionen Abschied genommen habe: »Ich wollte die Weltrevolution, das ist doch klar.

Aber das können Sie ja in einer Fabrik nicht bewerkstelligen. Das hat sich dann schnell gegeben, ich hab begonnen, die Lehrlinge für die IG Metall zu organisieren – und hab den Betriebsräten unterschriebene Mitgliedsanträge von den anderen Lehrlingen überreicht. Das hat die Funktionäre aber eher misstrauisch gemacht« (SZ, 11. Februar 2011).

Hubers Deradikalisierung sei »typisch für viele Lebensläufe« junger Gewerkschaftler der 1970er Jahre, so der Hamburger Sozialhistoriker Knut Andresen in einer Studie zur IG-Metall-Jugend (Andresen 2016, 588). Hubers Biografie zeigt, wie sich die Impulse der Neuen Linken in die Gesellschaft verbreiterten. Aus Protest gegen den Vater hatte der 1950 geborene Huber die Möglichkeit zum Jurastudium ausgeschlagen. Er begann eine Lehre zum Werkzeugmacher, trat sofort in die IG Metall ein, wurde rasch Betriebsrat und schon 1977 Betriebsratsvorsitzender bei Kässbohrer (heute EVO Bus). Nach abgebrochenem Studium der Geschichte und der Philosophie in Frankfurt kehrte er 1990 zur IG Metall zurück, um beim Aufbau der Gewerkschaft in der ehemaligen DDR mitzuarbeiten.

Was Huber von »konsequenten Alternativen« wie Fischer unterschied, war seine Einbindung in institutionelle Kontexte. Im Betrieb war eine Anpassungsleistung unumgänglich, während diese an der Uni oder im gegenkulturellen Kiez herausgezögert oder ganz vermieden werden konnte. Jugendkulturelle Radikalisierung, so Andresen, konnte »in den betrieblichen Alltagspraktiken häufig nur um den Preis des Ausstiegs verlängert werden«. Fischer war aus der Frankfurter alternativen Szene 1971 zum »Betriebskampf« bei Opel gegangen. Doch die »rote Glut« ließ sich unter Arbeitern nicht recht entfachen. Der nicht integrierbare Fischer wurde bald fristlos entlassen. Wie dem jetzigen Ministerpräsidenten von Baden-Württemberg, Winfried Kretschmann, glückte Fischer der politische Weg vom Radikalen zum Realo, zurück zu einer pragmatischen Reformorientierung, erst bei den Grünen.

Wie die Lebensläufe von Huber und Fischer zeigen, lagen die Motive des Engagements junger Gewerkschaftler und Sozialdemokraten einerseits sowie »Alternativer« und Protestler andererseits nicht sehr weit auseinander. Doch unterschiedliche Organisationkulturen, soziale Kontexte und damit Interessen vertieften den Graben zwischen »alter« und »neuer« Linker: Damalige Gewerkschaftler verfügten über ein historisch tradiertes Bild von »Normalarbeitsverhältnissen«. Ihre Vorstellungen von sozialer Gerechtigkeit waren lange am klassisch männlichen Modell des Arbeiters als Ernährer einer Familie orientiert. Sie fokussierten auf den Abbau von vertikalen Disparitäten (Klasse). Das zielte in der Praxis auf männliche Arbeiter, die Mehrheit der Gewerkschaftsmitglieder, während Frauen und Migranten weniger sichtbar waren. Die »wilden Streiks« der 1970er und 1980er Jahre, die den Vertretungsanspruch der Gewerkschaften in Frage stellten, waren ein *wake-up call*. Sie gingen von eben den Gruppen aus, die aus dem hohen sozialpolitischen Konsens der alten BRD herausfielen, auch weil sie gewerkschaftlich kaum organisiert waren.

Die Neue Frauenbewegung wie auch »Grüne« und Aktivisten aus den Alternativmilieus zielten demgegenüber verstärkt auf horizontale Gleichheit – den Abbau von Diskriminierungen innerhalb von Gruppen aufgrund von Geschlecht, Herkunft und übrigens auch Alter, sahen sich doch »1968« Junge oft von Älteren in ihren Möglichkeiten zur Selbstverwirklichung behindert. Auf der Basis postmaterieller Werthorizonte stellt sich die Frage der Gleichheit anders. Die wachsende Berufstätigkeit vor allem von Frauen war, wie wir gesehen haben, Folge und Voraussetzung der Tertiarisierung. Sie ging zugleich mit einer schleichenden »Erosion von Normalarbeitsverhältnissen« einher (Nachtwey 2016, 140). Horizontale Gleichstellung historisch diskriminierter Gruppen hat seit den 1970er Jahren verstärkte vertikale Ungleichheit mit sich gebracht. In Kombination mit dem Schock der Globalisierung und dem Übergang zu einer postindustriellen Gesellschaft führte der Abschied vom Patriarchat zu gesellschaftlicher Demokratisierung. Gleichzeitig wuchs die relative Ungleichheit (hierzu Kapitel 9 und 10).

Im Folgenden sehe ich mir *erstens* die Wirkungen der »Unruhe um 1968« und der damit einhergehenden fundamentalen Politisierung junger Menschen auf etablierte gesellschaftliche Kräfte an und frage systematisch nach dem Verhältnis von »Etablierten« und »Bewegten«. Aus Sicht der Neuen Sozialen Bewegungen war die in deren Sinne kaum mehr als »Bewegung« zu charakterisierende, »verbürokratisierte« Arbeiterbewegung gefordert, womit sich das *zweite* Unterkapitel befasst. Die Haltungen waren nicht nur in Organisationsfragen konträr. Grundsätzlich unterschieden sich auch die Einstellungen zur Modernisierung. Darum geht es im *dritten* Teil. Taten sich Gewerkschaftsführer schon organisationskulturell schwer mit der Neuen Linken und fremdelten mit ihr auch habituell, so lagen beide in Fragen der technischen und industriellen Modernisierung regelrecht über Kreuz. Wichtigste Scheidelinie war die Haltung zur Kernenergie. Ich schließe *viertens* mit Überlegungen zur Frage der Gleichheit in der Demokratie. Die Konflikte zwischen Gewerkschaften und Neuer Linker in den 1970er Jahren verweisen auf die wachsende Heterogenität der Arbeit in die Gegenwart und auf die Entkopplung von (wirtschaftlicher) Gleichheit und Demokratisierung.

Etablierte und Bewegte

Die alte Bundesrepublik, die auf den heutigen Betrachter so unspektakulär stabil wirkt und die ihren Bürgern vor allem eines – nämlich Wohlstand – versprach, tat sich mit den NSB lange schwer. Zwar hatte sich in den 1950er Jahren abgezeichnet, dass Bonn mit Glück nicht den Weg der Weimarer Republik gehen würde. Letztere war ab 1929/30 unter der doppelten Herausforderung der Weltwirtschaftskrise und eines rechts- und linksradikalen Fundamentalprotests zusammengebrochen. Der Schweizer Journalist und Bonner Auslandskorrespondent der Züricher Tageszeitung *Die Tat*, Fritz René Allemann, prägte 1956 das geflügelte Wort, dass Bonn nicht Weimar sei. Indes verfing diese Außenperspektive lange Zeit nicht; Bonn war geradezu von einem »Weimar-Komplex« (Sebastian Ullrich) beherrscht. Obwohl die Bonner Republik sich rasch stabilisierte, fürchteten sich viele Westdeutsche lange vor einer neuerlichen politischen Kernschmelze wie 1933. Daher sowohl die moralische Panik der (neuen) Linken über die recht harmlosen Notstandgesetze als auch die nervösen und dünnhäutigen Reaktionen Etablierter auf »1968« sowie linke Parlamentarismuskritik. Der Bonner Zeithistoriker und Adenauer-Biograf Hans-Peter Schwarz hat in einem wunderbaren Aufsatz mit dem süffisant-provokanten Titel »Die ausgebliebene Katastrophe« (1990) darüber nachgedacht, warum viele bis zur Wiedervereinigung dem Frieden so wenig trauten, wie sehr Hitler den Westdeutschen noch in den Knochen steckte, wie begrenzt lange Zeit das Zutrauen zur Belastbarkeit der zweiten deutschen Demokratie war.

Bei allem Verständnis, das konservative Politiker wie der Kanzler der Großen Koalition, Kurt Georg Kiesinger, für die Studenten zeigten, dachten diese Älteren, aus eigener leidvoller Erfahrung, Weimar, die NS-Machtergreifung, den Zweiten Weltkrieg und den Holocaust immer mit: »Das trennt uns von eben jenen utopischen Geistern, die immer wieder das Erreichte niederreißen wollen, um irgendetwas Imaginäres zu verwirklichen. Das sage ich vor allem jenem Teil unserer Jugend, die einen solchen utopischen Traum träumt. Sie muss wissen – und wir Alten, die wir es wissen, müssen es ihr sagen –, dass ein solcher Traum in die Katastrophe führt!« (Gassert 2006, 622). Der Kanzler, als »Märzgefallener« 1933 der NSDAP beigetreten, wusste wovon er sprach. Er war sich mit vielen Liberalen, die an den Universitäten lehrten – darunter auch 1933 aus Deutschland vertriebene Professoren wie der Berliner Jurist und Politologe Ernst Fraenkel – darin einig, dass »Dutschke & Genossen« wiederkehrende Nazis im neulinken Gewand darstellten (Aly 2008).

So sehr sich Konservative und Christdemokraten, wie Kiesinger, der CSU-Vorsitzende Franz Josef Strauß oder der damalige

Unionsfraktionsvorsitzende Rainer Barzel, an der Neuen Linken auch rieben, so gereichten ihnen die Unruhe um 1968 doch politisch zum Vorteil. Helmut Kohl schimpfte mächtig auf die Friedensbewegung, der er, mit Blick auf seine Wähler, Verrat an den sicherheitspolitischen Grundlagen der BRD und der Westbindung vorwarf. Aber zugleich witzelte er darüber, dass das Wetter im heißen Anti-NATO-Protest-Herbst 1983 wohl irgendwann ungemütlicher werde und sich die Blockaden schon wieder auflösen würden. Für die Union war die Neue Linke ein dankbares Feindbild; im Übrigen lernte sie von ihren Methoden, wenn CDU-Generalsekretär Heiner Geißler ab 1981/82 die eigene Basis für den Doppelbeschluss dadurch mobilisierte, dass er selbst Friedensdemonstrationen (pro Nachrüstung) organisierte, einschließlich einer Veranstaltung mit dem Titel »10 000 Friedenstage« (Gassert 2012).

Langfristig eine größere Herausforderung waren die NSB für etablierte, »alte«, gemäßigte Linke, das heißt SPD und Gewerkschaften. Hier war die SPD zunächst im Vorteil: Die Wahl von Willy Brandt zum Bundeskanzler und der »Machtwechsel« 1969 werteten Zeitgenossen als Resultat einer Linksverschiebung. Tatsächlich machte Brandt mit der Formulierung »Wir wollen mehr Demokratie wagen« der Studentenbewegung und der Neuen Linken ein Angebot und hatte damit auch Erfolg. SPD und Gewerkschaften integrierten große Teile der Jugendbewegten (siehe Berthold Huber) und der Neuen Linken in ihre organisatorischen Strukturen. Sie erreichten Höchststände bei ihren Mitgliederzahlen. Die Gewerkschaften banden über ihre Lehrlings- und Jugendarbeit neue Gruppen an sich. Diese Strategie funktionierte bis Mitte der 1970er Jahre, zumal die Gewerkschaften zunächst auch im Kampf gegen die seit 1973 spürbar werdende Jugendarbeitslosigkeit punkten konnten (Andresen 2016, 327).

Hinter der Frage nach dem Verhältnis von »Etablierten« und »Bewegten« steht die Frage nach den Wirkungen (Erfolgen, Misserfolgen im weiten Sinne) sozialer Bewegungen. Dass diese Wirkungen nicht zum Unwesentlichen nach innen, auf die Bewegungen selbst gerichtet sind, ist uns bereits bekannt (»expressive Dimension«). Im Folgenden geht es um die »instrumentelle Dimension«, also die nach außen gerichtete, »eigentlich politische« Komponente. Eine These dieses Bandes lautet ja, dass diese »instrumentelle« Seite von Protest im Laufe der Nachkriegsjahrzehnte an Bedeutung verlor. Aussicht auf Erfolg hat eine Bewegung vor allem dann, wenn, wie im Falle der Wyhler Platzbesetzung, das lokale Establishment mitspielte und sich für Taktiken der sozialen Bewegungen öffnete, »Etablierte« und »Bewegte« also zusammenarbeiten.

Dieter Rucht und Roland Roth unterscheiden in ihrem Handbuch *Die sozialen Bewegungen in Deutschland seit 1945* neben »bewegungsinternen Wirkungen« (in unserer Terminologie die »expressive Komponente«) noch »substantielle« sowie »institutionelle Wirkungen«. Zu den »substantiellen Wirkungen« gehört u. a. die Thematisierung von gesellschaftlichen Problemen (sozialwissenschaftlich gesprochen *agenda setting*). Das kann Protest besonders gut, weil er prinzipiell auf eine mediale Ebene zielt. Mit spektakulären Aktionen schafft er Ereignisse mit hohem Medienwert, d. h. »nachrichtenwürdige« Neuigkeiten. Die Fähigkeit der NSB, Agenden zu setzen, ist jedoch differenziert zu betrachten. Denn während die Anti-AKW-Bewegung die Gefahren der zivilen Nutzung der Kernenergie auf die Tagesordnung setzte, liegt der Fall bei der Thematisierung der NS-Vergangenheit anders. Hier stieg die APO in einen bestehenden Diskurs ein, spitzte ihn konfrontativ zu und personalisierte ihn.

Neben der Kommunikation von Missständen und einzelnen politischen Veränderungen wie im Falle der Neuen Frauenbewegung stehen »institutionelle Wirkungen« von Protest, also das Hineinwirken der Bewegungen in Institutionen: Die Ökologiebewegung hat dazu beigetragen, dass Umweltministerien geschaffen wurden; die Frauenbewegung, dass Frauenhäuser zum Schutz von Frauen vor häuslicher Gewalt eingerichtet, oder dass Frauenbeauftragte (heute Gleichstellungsbeauftragte) in Institutionen etabliert wurden. Zu den institutionellen Innovationen kommen Wirkungen auf die Veränderung der politischen Kultur etwa durch gendersensible Sprache hinzu, die sich wie alle Transformationsprozesse kausal kaum einzelnen Akteuren zurechnen lassen. Rudi Dutschke brachte das mit dem bereits zitierten Interview mit Günter Gaus 1968 vom »langen Marsch durch die Institutionen« auf den Punkt. Die APO ziele darauf ab, die institutionelle Landschaft von innen heraus zu verändern.

Tatsächlich hat der »lange Marsch durch die Institutionen« vor allem die Linke verändert. Das alternative Milieu brachte viele neue Organisationen und Institutionen hervor: von Wohngemeinschaften über selbstverwaltete Betriebe, NGOs und Stadtteilvereine bis hin zu Parteien, die zunächst als »alternative Listen«, dann als »Grüne« das deutsche Parteiensystem umgekrempelt haben. Das erschwerte der Linken die Rückkehr zur Macht im Bund. Dabei folgten die »Alternativen« einem Drehbuch, das ursprünglich die Arbeiterbewegung geschrieben hatte. Diese war im 19. Jahrhundert ebenfalls den Weg von Vereinen zur Selbsthilfe, Gewerkschaften und schließlich bis zu Parteien gegangen. Die Gewerkschaften als »Protestler von anno damals« waren nun Etablierte, saßen über ihre führenden Funktionäre im Bundestag oder dank Mitbestimmung in Aufsichtsräten. Trotz ihrer protestlerischen Ursprungserzählungen taten sich die Gewerkschaften der 1970er und 1980er Jahre schwer mit den neuen Bewegten.

Wilde Streiks, Alternative und »Gastarbeiter«

Sieht man sich die Geschichte des Arbeiterprotests in der Nachkriegszeit genauer an, dann wäre es verfehlt, diesen allein als »gewerkschaftlich organisiert« zu sehen. Der Hamburger Historiker Peter Birke hat in einer bemerkenswerten Untersuchung über *Wilde Streiks im Wirtschaftswunder* (2007) herausgefunden, dass in der zweiten Hälfte der 1960er und der ersten Hälfte der 1970er

Jahre mehr als 85 Prozent aller Streiks »nicht gewerkschaftlich organisierte Streiks« waren. Insgesamt nahm im Laufe der Geschichte der BRD die Zahl dieser sogenannten wilden Streiks kontinuierlich zu, wobei diese gleichzeitig kürzer wurden: Die Ausfalltage pro Streikfall sanken, Arbeiter und Arbeiterinnen streikten zwar vermehrt »unautorisiert«, aber dann meistens für weniger lange Zeit.

Der empirische Befund der recht lebendigen wilden Streiktätigkeit der 1970er Jahre steht im Kontrast zur üblichen (Selbst-) Wahrnehmung, dass sich die alte Bundesrepublik durch hohen sozialen Frieden ausgezeichnet habe und es im internationalen Vergleich zu keinen bedeutenden Arbeitsniederlegungen kam. Das mag mit Bezug auf das Gesamtbild korrekt sein, aber trotzdem stieg die Anzahl der wilden Streiks. Warum?

Zwei Tendenzen sind zu beobachten: Zunächst wurden in den 1950er Jahren wilde Streiks dadurch delegitimiert, dass diese unter den Generalverdacht der »kommunistischen Infiltration« gestellt werden konnten. Doch dann setzte in den 1960er Jahren die Zentralisierung der Tarifpolitik ein. Lokale Bedürfnisse blieben auf der Strecke, wenn Gewerkschaften und Arbeitgeber Tarifverträge in der Fläche aushandelten und nicht mehr nach Betrieben. Streiks wurden verstärkt nach übergreifenden Gesichtspunkten organisiert. Einzelne, besonders druckempfindliche Betriebe wurden gezielt bestreikt, um die ebenfalls solidarisch handelnden Arbeitgeber zum Einlenken zu zwingen. Weil seit dem Bau der Mauer 1961 der Antikommunismus seinen Schrecken verlor, eröffneten sich Gelegenheiten zum wilden Streik. Diese konnten nicht mehr so leicht mit der antikommunistischen Keule erschlagen werden.

Höhepunkt dieser Arbeit an einem »rheinischen Konsensmodell« war die »Konzertierte Aktion« während der ersten Großen Koalition von 1966 bis 1969. Finanzminister Franz Josef Strauß (CSU) und Wirtschaftsminister Karl Schiller (SPD) brachten Gewerkschafter, Unternehmer und Regierung an einen Tisch, um Lohnzurückhaltung angesichts einer vorübergehenden konjunkturellen Abschwächung 1966/67 zu vereinbaren. Dahinter stand die Idee des Ausgleichs der Interessen in einem »Konsensmodell« – im Kontrast zum von deutscher Seite oft überzeichneten britischen oder amerikanischen »konfrontativen System« eines Gegeneinanders von Kapital und Arbeit. Der deutsche Staat half über sozial- und wohlfahrtsstaatliche Mechanismen die Gegensätze abzufedern. Das wurde in den 1970er Jahren als »Modell Deutschland« gefeiert (Rehling 2011).

Diese »rheinische«, konsensorientierte Politik des »runden Tisches«, wie man heute sagen würde, war einerseits erfolgreich, rief aber andererseits in einzelnen Belegschaften und Betrieben Unmut und Gefühle der Entmachtung hervor. In den 1970er Jahren entglitt den Gewerkschaftsführungen teilweise die Kontrolle über das Streikgeschehen; neben der Verflüchtigung des kommunistischen Schreckgespensts war der befohlene »konzertierte Konsens« mit eine Ursache für den Anstieg der wilden Streiks. In der Montanindustrie, wo die paritätische Mitbestimmung galt, kam es nun zu direkten Konfrontationen zwischen Belegschaften und den von den Gewerkschaften gestellten Arbeitsdirektoren. Hier zeigt sich die Problematik einer Demokratisierung von Arbeitsbeziehungen durch gewählte (gewerkschaftliche) Repräsentanten, nämlich Betriebsräte, die von der Basis nicht mehr ausreichend unterstützt werden. Nach 1970 geriet die »repräsentative Wirtschaftsdemokratie« in eine ähnliche Krise wie die parlamentarische Demokratie, zumal nun die Unternehmerseite behauptete, die Streiks richteten sich gar nicht gegen Unternehmer, sondern gegen gewählte Gewerkschaftsvertreter.

Ein erstes »proletarisches Vorspiel« zu 1968 waren die nicht autorisierten Warnstreiks in der baden-württembergischen Metallindustrie 1963, die die IG-Metall-Spitze in Frankfurt ins Lavieren brachte. Denn während Spitzenfunktionäre noch mit der Arbeitergeberseite verhandelten, setzen vor Ort spontane Streiks ein. Einer der wichtigsten Brennpunkte war Mannheim, wo linkssozialistische Traditionen aus der Weimarer Zeit fortexistierten. Ehemalige KPD-Leute machten im Betriebsrat von Benz in Mannheim etwa ein Drittel aus (Bewernitz 2014). Die Streikenden trugen politische Forderungen vor, u. a. gegen die Notstandsgesetze. Im Endergebnis führte der Streik zu hohen Tarifabschlüssen, verstärkte jedoch die Tendenz verbindlicher Schlichtungsverfahren. Die Basis sah sich in ihren legalen Möglichkeiten weiter eingeschränkt. 1966/67 nutzen die Arbeitgeber die Wirtschaftskrise, um lokale oder betriebliche Sonderregelungen wie eine garantierte Weihnachtsfeier oder »Kartoffelgeld«, eine Sonderzahlung im Oktober, abzubauen (Birke 2007, 62).

Die tarifpolitische Vereinheitlichung war ein zweischneidiges Schwert. Angesichts der parallelen Entwicklung in Frankreich und dann auch Italien, wo es ab 1968 immer wieder zur Verbrüderung von »Studenten und Proletariern« kam, erregten die Septemberstreiks des Herbst 1969 größte Aufmerksamkeit. Die Neue Linke, politisch 1968 gescheitert, war elektrisiert und erwärmte sich für »proletarischen Aktivismus«. Die Gewerkschaften reagierten auf diese erste große »wilde« Streikwelle uneinheitlich. Während die IG Bergbau sie bekämpfte, gingen IG Metall und IG Chemie stärker auf die Forderungen der Arbeiterinnen ein. Sie stießen eine neuerliche Dezentralisierung der Lohnpolitik an, um der Basis entgegenzukommen. Immerhin stieg der gewerkschaftliche Organisationsgrad in den folgenden Jahren weiter an, wobei der Schub aus der Schüler-, Lehrlings- und auch Frauenbewegung heraus kam sowie von den ausländischen Arbeitnehmern (im Volksmund »Gastarbeiter«) getragen wurde. Dies stellte die Gewerkschaften vor die Herausforderung der Heterogenität.

Die frühen 1970er Jahre waren gute Jahre für Gewerkschaften: Erstens rekordverdächtige Tarifverträge, zweitens Mitgliederwachstum, drittens institutionelle Verbesserungen, da die seit 1969 amtierende sozialliberale Koalition mit dem Betriebsverfassungsgesetz 1972 die Zahl der gewerkschaftlich organisierten Betriebe ausweitete, mehr soziale und personelle Mitbestimmung seitens der Betriebsräte ermöglichte, aber auch Arbeitnehmerrechte stärkte. Die erhoffte Ausweitung der Mitbestimmung erfolgte 1976. Über den Montanbereich hinaus war nun formale

Parität im Vorstand für alle Kapitalgesellschaften über 2 000 Mitarbeiter vorgesehen, wenn auch mit dem, den DGB enttäuschenden Schönheitsfehler, dass der von der Kapitalseite zu stellende Aufsichtsratsvorsitzende eine doppelte Stimme besaß und auf Arbeitnehmerseite ein leitender Angestellter vertreten war, der zur Kapitalseite neigte (Gotto 2016).

Damit zeitigte das von Brandt versprochene »Mehr Demokratie wagen«, das sich dezidiert an eine jugendbewegte Neue Linke gerichtet hatte, reale institutionelle Wirkungen. Auch die »wilden Streiks« bewirkten zunächst Zulauf, wenn auch ihre institutionellen Wirkungen überschaubar blieben. Die Ausweitung der betrieblichen Mitbestimmung kam innerhalb des etablierten Politikbetriebs zustande und vor allem den organisierten Gewerkschaften zugute, ja verstärkte deren weitere Einbindung ins Establishment. Eine Zurechnung von Protest auf bestimmte politische Entwicklungen ist schwierig. Doch die »Revolutionsfurcht« 1968/ 69, der Blick nach Frankreich, Italien oder Großbritannien, das in den frühen 1970er Jahren durch eine enorme Streikwelle lahmgelegt wurde, dürften mit dazu beigetragen haben, dass auch die CDU/CSU-Opposition und die Arbeiternehmerseite die Ausweitung der Mitbestimmung befürworteten. Auch sie sahen in der verlässlichen Mitarbeit der organisierten und etablierten Gewerkschaften einen Pluspunkt. Deren Macht indes schwand.

Vorstellungen eines idealtypischen Arbeiters entsprachen immer weniger der Realität in den Betrieben: Für »normale«, d.h. männliche, in Deutschland geborene, auf Lebenszeit Beschäftigte verbesserte sich in den 1970er Jahren die Lage, während die wachsende Heterogenität der Arbeiterschaft das schöne Bild der demokratisierenden Tendenzen innerhalb der Arbeiterbewegung der 1960er und 1970er Jahre trübte. Frauen und die »Gastarbeiter« mussten in diesen bundesdeutschen tarif- und sozialpolitischen Konsens erst noch integriert werden. Die durchgängige Schlechterstellung von Migrantinnen, die auch gestandene Gewerkschaftler »ganz in Ordnung« fanden, führte zu einer Spaltung der Belegschaften entlang ethnischer und geschlechtsspezifischer

Linien. Angriffe auf streikende Migranten während der Gastarbeiterstreiks gingen nicht nur von Betriebsführungen aus, sondern fanden Unterstützung auch bei Teilen der Belegschaft mit deutschem Pass.

Auf diese »Gastarbeiterstreiks« wurde 1972/73 eine breite Öffentlichkeit aufmerksam, so in Köln, wo Boulevardschlagzeilen wie »Türken-Terror bei Ford« die Stimmung anheizten. Auch in Mannheim kam es bei John Deere zu großen Ausländerstreiks, in Stuttgart bei Daimler. Brüche in der Gewerkschaft taten sich auf, wenn die IG Metall im Fall der Kölner Fordwerke diese Streiks zu unterbinden suchte. Auch weigerten sich deutschstämmige Arbeiterinnen, bei den Streiks mitzumachen, weil radikal linke, teils kommunistische oder sozialistische Gruppen aus Griechenland und der Türkei eine führende Rolle spielten. Die »Militanz« der Arbeiter wurde nach westdeutscher Lesart importiert (Clarkson 2013). Hierzu trug entscheidend bei, dass sich Berufsgruppe und Herkunft überschnitten, weil die im Ausland angeworbenen »Gast«-Arbeiter und Arbeiterinnen oft zugleich ungelernte Hilfsarbeiter waren. Sie litten besonders stark unter der Akkord- und Fließbandarbeit und menschenunwürdigen Arbeitsbedingungen. Die »besseren Tätigkeiten« übten überwiegend »Deutschstämmige« aus (wobei es diese »migrantische Unterschichtung« auf dem deutschen Arbeitsmarkt schon im 19. und frühen 20. Jahrhundert gab).

Es ist historisch wenig untersucht, wie die Gewerkschaften mit der Herausforderung der Einwanderungsgesellschaft umgegangen sind. Nach einem falschen Start in den frühen 1970er Jahren, als die »Militanz der Eingewanderten« von etablierten Gewerkschaftlern als Bedrohung gesehen wurde, änderte sich das allmählich. Die von den wilden Streiks am meisten betroffene IG Metall hat in den folgenden Jahren große Anstrengungen unternommen, neue Mitglieder zu gewinnen, gerade auch aus dem Kreis der Frauen und Arbeitsmigranten (insgesamt 150 000, vgl. Birke 2007, 304). Nicht allein die »bewegte Jugend« der frühen 1970er Jahre wurde erfolgreich integriert, auch »ausländische Arbeitnehmer«

Wilde Streiks, Alternative und »Gastarbeiter«

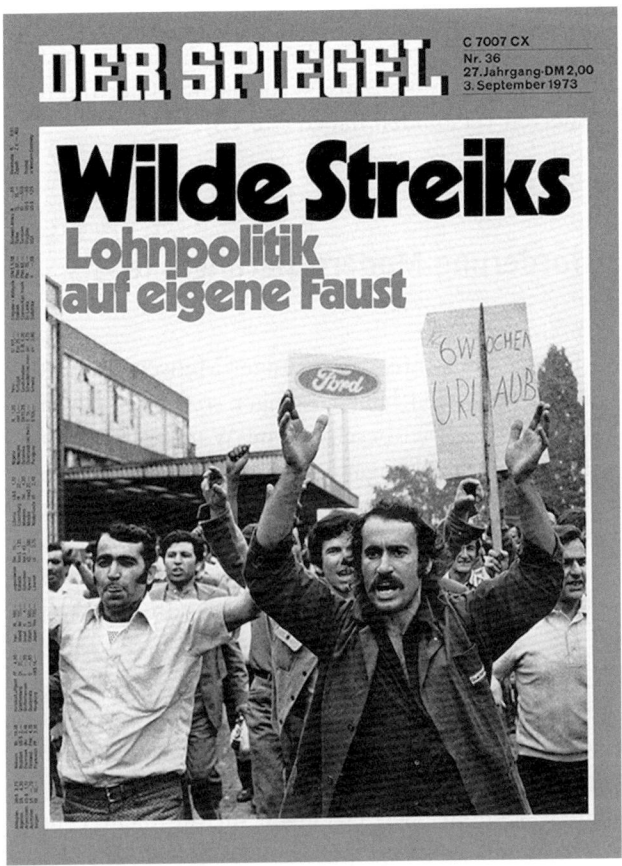

Abb. 13: Wilde Streiks, »Gastarbeiter« und Wirtschaftskrise: Der *Spiegel*-Titel vom 3. September 1973 spielt mit der Revolutionsfurcht der Deutschen. Drohendes Chaos und proletarischer Aktivismus werden in der Wirtschaftskrise der 1970er Jahre stereotyp Migranten zugeschrieben, wobei Griechen und Türken als besonders militant und anfällig für radikale Haltungen gelten. Der langjährige tarifpolitische Trend zur Vereinheitlichung der Löhne bröckelt zwar schon Ende der 1960er Jahre, doch »wilde Streiks« werden primär als von »Gastarbeitern« verursacht perzipiert. Der Konflikt bei Ford in Köln entzündet sich an der Dauer der Betriebsferien, was sommerliche Heimreisen türkischer Mitarbeiter erschwert.
(Quelle: DER SPIEGEL 36/1973)

wurden nach und nach zu Betriebsräten gewählt. Die Gewerkschaften dürften sich früher und stärker als andere Institutionen (die Kirchen ausgenommen) als Vertreterinnen der Interessen von Eingewanderten verstanden haben (Kap. 8).

Herausforderung Modernisierungsskepsis

Bei allen Erfolgen der Integration junger Menschen und trotz steigender Mitgliederzahlen haben weniger soziale als kulturelle Unterschiede sowie der viel beschworene Wandel der Werte hin zu »postmateriellen Einstellungen« die Gewerkschaften an die Grenzen ihrer Kompromissfähigkeit gegenüber den NSB gebracht. Die Neue Linke an sich war keine Herausforderung, solange diese sich in K-Gruppen auf eine dogmatische Erneuerung des Marxismus versteifte. Erst die umweltpolitische Wende der 1970er Jahre und der Aufstieg der Ökologiebewegung vertieften die folgenschwere Spaltung zwischen »alter« und »neuer« Linker. Während letztere Veränderungen in der »reproduktiven Sphäre« forderte, fokussierten Gewerkschaften weiter auf »Produktion«. Wichtigste Scheidelinie war die friedliche Nutzung der Kernenergie. SPD und Gewerkschaften suchten nach Lösungen für die nicht zuletzt durch die Verteuerung der Energiepreise hervorgerufenen Wirtschaftsprobleme. Für das alternative Spektrum hingegen war Kernenergie definitiv Teil des Problems und nicht der Lösung.

Die »alte Linke« von SPD und Gewerkschaften sah technischen Fortschritt und die dadurch ermöglichten Produktivitätszuwächse als Motor für mehr Gleichheit und soziale Gerechtigkeit, was er im Großen und Ganzen auch war. Lohn- und Produktivitätszuwächse gingen in aller Regel Hand in Hand. Unser Wohlstand basiert wesentlich auf Mechanisierung, Rationalisierung und künftig vielleicht auch Digitalisierung. Zu Beginn der Industrialisierung war Maschinenstürmerei und Fortschrittsskepsis unter Arbeitern weit verbreitet. Doch die Arbeiterbewegung machte seit dem ausgehenden 19. Jahrhundert ihren Frieden mit der Industrialisierung, war grundsätzlich promodern und fortschrittsfreundlich. Das ist an den programmatischen Grundtexten der Nachkriegszeit wie dem Godesberger Programm von 1959 ablesbar. Dort macht sich die SPD Hoffnung, dass »der Mensch im atomaren Zeitalter sein Leben erleichtern, von Sorgen befreien und Wohlstand für alle schaffen kann, wenn er seine täglich wachsende Macht über die Naturkräfte nur für friedliche Zwecke einsetzt« (Godesberg 1959).

Dieser sozialdemokratische Enthusiasmus für die Nutzung der »Urkraft des Atoms« stand seit den 1970er Jahren im Widerspruch zum modernisierungsskeptischen Strang der Neuen Linken, der in den Alternativmilieus dominant wurde. Dies stellte die Gewerkschaften mit Basis in der Industrie (also weniger die ÖTV, aber vor allem IG Metall; Chemie; Bau-Steine-Erden sowie Bergbau) vor ein Problem: Arbeitsplätze und Einkommen ihrer Mitglieder waren mit der technisch-industriellen Moderne untrennbar verzahnt. Der legendäre IG-Metall-Chef Eugen Loderer, Vorsitzender in der kritischen Phase von 1972 bis 1983, schrieb der Alternativbewegung ins Stammbuch, dass sie selbstbezogen und egoistisch agiere: »Allzu viele selbsternannte Umweltschützer kümmern sich nicht darum, dass die Befolgung ihrer Vorschläge zwangsläufig andere Bevölkerungsgruppen ganz erheblich belasten würde« (Kempter 2003, 414).

Nicht allein Modernisierungsskepsis trennte Jüngere von älteren, in den 1950er Jahren, zum Teil noch in der NS-Zeit, teils in widerständigen Milieus sozialisierten Gewerkschaftsfunktionären. Hinzu kamen habituelle und organisationskulturelle Unterschiede, wie der Augsburger Historiker Dietmar Süß argumentiert. Während sich die Gewerkschaftsjugend in enger Anlehnung an die Friedensbewegung der 1980er Jahre für Nicaragua und Gerechtigkeit in der »Dritten Welt« interessierte, lehnten führende Funktionäre diesen Einsatz für den Weltfrieden zwar nicht grundsätzlich ab, wie auf dem Höhepunkt des »Heißen Herbstes« 1983 aus

Hermann Rappe, Vorsitzender der IG Chemie-Keramik, hervorbrach: »Das hätte gerade noch gefehlt, dass uns nach mehr als hundertjähriger Tradition die Kompetenz in der Friedenspolitik abhandenkäme. Wir sind Manns genug, diese Kompetenz zu behaupten« (Süss 2012, 262). Für Rappe waren Gewerkschaften seit eh und je Teil der »Friedensbewegung«. Doch für diese Gewerkschaftsfunktionäre alter Schule reichte »Bewegung« im Sinne sozialer Bewegungen nicht aus, um etwas zu bewegen. Es bedurfte der »Organisation«, so noch einmal Rappe, weil sich »nur so langfristig und erfolgversprechend auf Politik in einer parlamentarischen Demokratie« einwirken lasse (ebd. 263). Der Friedensbewegung fehlten klare Strukturen, ebenso der personelle Überbau in Form von verantwortlichen Vorsitzenden, Sekretären und Mitgliedern in Ausschüssen und Kommissionen; ihr bewegungsförmiges Agieren war meilenweit vom organisatorischen Stil der Gewerkschaften entfernt. Wenn also Jo Leinen, der Vorsitzende des Bundesverbandes Bürgerinitiativen Umweltschutz (BBU) und später SPD-Umweltminister im Saarland, 1983 das mangelnde Engagement der Gewerkschaften für die Friedensbewegung kritisierte, dann hatte er aus Rappes Sicht einfach nicht verstanden, worum es bei gewerkschaftlicher Arbeit ging.

Unbehagen auf Seiten der Gewerkschaftsfunktionäre löste auch die Tendenz der Umwelt- und Bürgerbewegungen aus, staatliche und parlamentarische Entscheidungsprozesse in Frage zu stellen, zum Teil unter Inanspruchnahme eines in Reaktion auf den Nationalsozialismus ins Grundgesetz eingefügten Widerstandsrechts. Denn die freien Gewerkschaften hatten eindeutig zu den Opfern des NS-Staates gehört. Errungenschaften wie die Ausweitung der Mitbestimmung hatte eine von 1969 bis 1982 sozialdemokratisch dominierte Bundesregierung durchgesetzt. Für Loderer vertraten die »Bewegten« schlicht Sonderinteressen, die sie parlamentarischer Kontrolle entziehen wollten:

»Dass Gewerkschaften auf diesem Gebiet eine energische kritische Haltung einnehmen, gebietet schon unsere historische und aktuelle Rolle als kompromisslose Verteidiger der parlamentarischen Demokratie und des demokratischen Rechtsstaates« (Kempter 2003, 413).

Die Ökologie-, Umwelt- und Friedensbewegungen forderten Gewerkschaften und Gewerkschafter auf mehreren Ebenen heraus: Sie standen konträr zu ihrer Organisationskultur; sie unterschieden sich habituell (Kleidung, Mode, Haarschnitt; aber auch in ihrem Kommunikationsstil); sie hatten ein ambivalentes Verhältnis zum Parlament und der etablierten Politik; sie orientierten sich an unterschiedlichen Werthorizonten; sie stellten sich als »Postmaterialisten« gegen die moderne, »materialistische« Haltung der Gewerkschafter alter Schule. Die Gegenposition zu Loderer wurde in den 1980er Jahren etwa von Arno Klönne (1982) vertreten. Der den Gewerkschaften nahestehende Geschichtsprofessor war durch Arbeiten zum Jugendprotest bekannt geworden. Er hielt eine binäre Trennung von »Industriefeinden« und »Industriefreunden« auch von »Berufstätigen« und »Aussteigern« für schlicht kontraproduktiv und falsch. Für Klönne, der hier stellvertretend für zahlreiche vermittelnde Stimmen steht, stand das Problem »einer Sicherung der materiellen Existenz für alle« und »zu gleichen Bedingungen« im Mittelpunkt. Umweltfragen seien, wie es heute selbstverständlich geworden ist, auch eine Frage der sozialen Gleichheit. Denn ökonomisch Bessergestellte leben (sei es national oder global) in aller Regel in einer gesünderen Umwelt.

Andererseits war Kritik von »traditionellen« Gewerkschaftsführen wie Loderer, Rappe oder später auch Huber an »Alternativen« und »Bewegten« nicht einfach aus der Luft gegriffen. Für sie sprachen Jahrzehnte Erfahrung im Kampf um die Durchsetzung von Arbeitnehmerrechten. Es bestand und besteht die Gefahr, dass der starke Fokus einer Neuen Linken auf Bewegung und kulturelle Distinktionsmerkmale oder Habituelles fortbestehende materielle Ungleichheiten verfestigt. Dazu leistet auch die von der Neuen Linken oft drastisch artikulierte Verachtung parlamentarischer Verfahren einen Beitrag. Damit stehen wir vor der großen Frage von Gleichheit und Ungleichheit in einer Konsumgesellschaft, in der soziale Distinktionsmerkmale weniger offenkundig und ökonomische Abstufungen weniger »sichtbar« sind.

Gleichheit in der Konsumgesellschaft

Wenn Jüngere in den 1970er Jahren sich gegenüber »traditionellen Werten« skeptisch zeigten und »neue Werte« als Leitstern postulierten, dann zielten sie weniger auf »Pflichten« als auf Teilhabe. Was Loderer an den »Bewegten« störte, war deren Betonung des individuellen Nutzens, ihr angebliches Denken weniger von der Gesamtheit her. Das war angesichts der Konjunktur neuer kollektiver Lebensformen im Alternativmilieu so auch nicht ganz richtig. Ältere, in bescheidenen Verhältnissen aufgewachsene Männer wie Loderer irritierte der »Hedonismus« der »68er«. Für sie war die Synthese von »Marx und Coca-Cola« mehr als gewöhnungsbedürftig. In den 1970er Jahren sahen viele »Arbeit und Pflichterfüllung« und »Konsumieren« als diametrale Kontraste. In der heutigen Konsumgesellschaft macht dieser Gegensatz makroökonomisch viel weniger Sinn als in der Zeit vor 1960, in der es für die große Mehrheit noch darum ging, die Grundbedürfnisse (Nahrung, Kleidung, Wohnung) zu sichern.

Der Durchbruch zur Konsumgesellschaft in den Nachkriegsjahrzehnten stellte eine Form der Demokratisierung dar, auch weil der Zugang zu bestimmten Produkten dramatisch erleichtert wurde, gleich ob Kühlschränke, Automobile oder schicke Kleidung. Fast jeder von uns trägt heute einen Computer in der Tasche, dessen Leistungsfähigkeit höher ist als das, was sich vor 30 Jahren ein Milliardär hätte leisten können. Zwar verschwindet trotz dieser objektiven Angleichung der Lebensverhältnisse und des Abschleifens sozialer Unterschiede und Distinktionsmerkmale die relative Ungleichheit nicht, ja wächst in den entwickelten Industriegesellschaften sogar wieder an. Daher spricht der französische Historiker Pierre Rosanvallon in seinem 2011 erschienen Buch *La société des égaux* (»Die Gesellschaft der Gleichen«) von »einer Krise der Gleichheit« in unserer Zeit. Diese berge größte Gefahren für die Demokratie.

Rosanvallon konstatiert eine Paradoxie: Während die Bürger weltweit ihre Fähigkeit erhöht hätten, »sich einzumischen und ihren Einfluss geltend zu machen«, eben auch jenseits von Wahlen und Parlamenten, leide die Demokratie »als soziale Körperschaft« unter Schwindsucht. Damit greift er eine seit den 1980er und 1990er Jahren zwischen »Bewegten« und »Etablierten«, zwischen Neuen Sozialen Bewegungen auf der einen Seite sowie Gewerkschaften und konservativen Kritikern der APO auf der anderen Seite hin und hergewendete Frage auf. Wie kann es sein, dass die Demokratie in dem Sinne blüht, dass immer mehr Menschen sich beteiligen können. Gleichzeitig verkümmert die »soziale Demokratie«. Dieser Riss, so Rosanvallon, sei das »herausragende Faktum unserer Zeit«. Er berge die größten Gefahren. »Sollte [der Riss] sich vergrößern«, so prophezeit er düster, »könnte das demokratische System selbst am Ende ins Wanken geraten« (9).

Was genau geriet und gerät hier »ins Wanken«? War und ist es die »Demokratie an sich«? Oder ist eine »bestimmte Ausprägung der Demokratie«? Meines Erachtens steht eine bestimmte Ausprägung der Demokratie seit den 1970er Jahren in der Krise. Diese lässt sich mit dem Heidelberger Politologen Manfred G. Schmidt (2006) als national verfasste »soziale Demokratie« typisieren. Lange Zeit sei es vor allem darum gegangen, Demokratie »sozialstaatsfreundlich auszugestalten«, mit dem Ziel, soziale Ungleichheit abzubauen oder zu verhindern. Diese »soziale Demokratie« hatte sich, wie wir gesehen haben, auch in Reaktion auf die Herausforderungen der Totalitarismen des 20. Jahrhunderts durchgesetzt. Sie hat selbst in den USA, beginnend mit dem New Deal, eine breite Spur hinterlassen. Diese soziale Demokratie hatte Brandt im Kopf, als er 1969, voller Stolz auf die Leistungen der Bonner Republik, die eben nicht Weimar geworden war, von »mehr Demokratie wagen« sprach.

Ein Problem hierbei war und ist, dass diese »soziale Demokratie« auf den nationalstaatlichen Rahmen bezogen ist. Bei aller Bereitschaft zur internationalen Solidarität, die SPD und Gewerkschaften gerade in den 1970er Jahren nicht nur forderten, sondern auch praktizierten, war der Referenzrahmen von Rappe, Loderer und Brandt robust national. Die NSB dagegen begannen schon in den 1970er Jahren, auch wenn sie in ihrer Praxis oft lokal verortet waren, stärker übernational, respektive global zu denken. Ihre kognitive Orientierung war entschieden global oder internationalistisch. Zugleich stieß die moderate Umverteilung von Einkommen, wie sie sich in den Wohlfahrtsstaaten der entwickelten Demokratien als Motor wachsender Gleichheit in der Nachkriegszeit eingespielt und die wesentlich zur Akzeptanz der parlamentarischen Demokratie beigetragen hatte, seit den 1970er Jahren an ihre Grenzen. Die Gründe liegen im Wachstum des globalen Handels, globaler Arbeitsmigration und global agierender Unternehmen. Damit bin ich bei den Gegenwarts- und Zukunftsfragen und der »Herausforderung der Globalisierung«. Diese werden uns in den Kapiteln 8 und 9 beschäftigen.

7

Bewegung im Sozialismus: Widerstand, Opposition und das Ende der DDR, 1970–1990

In der DDR war »1968« fast ein Nicht-Ereignis. In seinem Buch über das Jahr 1968 in Ostdeutschland, *Der Traum von der Revolte*, beschreibt der Historiker Stefan Wolle, wie er als 18-jähriger Student die eigenartige Stille auf den Ostberliner Straßen im Sommer 1968 empfand. Während sowjetische Panzer in die ČSSR hineinrollten und den Prager Frühling metaphorisch niederwalzten, sei in ihm »wild aufflammende Empörung« hochgekommen. Obwohl die DDR-Bürger die Ereignisse in den Westmedien verfolgen konnten, tat sich im Reich von Walter Ulbricht so gut wie nichts:

»Die bleibende Erinnerung an jenen 21. August 1968 ist der bedrückende Gegensatz zwischen der inneren Aufgewühltheit und der äußeren Ruhe« (Wolle 2008, 10).

1968 in der DDR evoziert daher keine dramatischen Bilder von protestierenden Studenten, empörten Menschenmassen wie in Prag und zum Teil in Warschau, oder antiimperialistischen Kampagnen, wie sie nur wenige Kilometer weiter im westlichen Teil von Berlin inszeniert wurden; auch fehlten gegenkulturelle Diskussionen über sexuelle Befreiung und die Rolle der Frau in der Gesellschaft. An verschiedenen Orten in der DDR, auch in Ostberlin, kam es zu kleineren Demonstrationen von wenigen Menschen, die die Staatssicherheit schnell und rabiat unterdrückte. Flugblätter wurden verteilt, Graffiti erschienen nachts an Häuserwänden: »Russen raus«; »Hände weg«, »Vorbild für alle: ČSSR«, »Solidarität mit dem Roten Prag«. Doch der Staatsapparat der DDR ging kein Risiko ein und verfolgte die kleinsten Äußerungen von Dissens. Die überwiegend jugendlichen »Täter« wurden rasch inhaftiert, Funktionäre schwärmten aus, um Arbeiter und Studenten dazu zu zwingen, sogenannte »Zustimmungserklärungen« zu unterzeichnen, in denen sie sich von den Entwicklungen in der ČSSR distanzierten und sich somit gleichzeitig persönlich erniedrigten.

Obwohl die SED aufkeimenden Protest rasch unterdrückte, stellt das Jahr 1968 dennoch einen Wendepunkt in der DDR-Geschichte dar. Die Erinnerungen daran wirkten fort. Die zaghaften reformerischen Aufbrüche und Öffnungen, zu denen es staatlicherseits Mitte der 1960er Jahre gekommen war, wurden aus Furcht vor einer Revolte abgewürgt. Doch damit zerstörten Staat und Partei endgültig fast alle noch verbliebenen Hoffnungen auf einen alternativen, sozialistischen Weg. Die DDR nach 1968 war ein illusionsloses Land. Die Teilnahme der NVA an den Operationen gegen das Nachbarland (auch wenn DDR-Truppen die tschechische Grenze nicht überschritten) war eine moralische Bankrotterklärung. 1968, so der Leipziger Historiker Hartmut Zwahr, der damals ebenfalls in der DDR studierte, sei etwas in den Köpfen zerbrochen. Die Intervention in Prag sei ein Stück »Selbstzerstörung des Realsozialismus« gewesen. Sie habe dessen späteren Untergang unumkehrbar gemacht (Zwahr 1997, 117). Die Erinnerungen an das verhinderte »1968« wirkten als Negativbeispiel fort. Sie wurden 1988/89 reflexhaft wieder aufgerufen. Der reale Sozialismus versteinerte. Als sich in den 1980er Jahren, zunächst beginnend in Polen, erneut offener Widerstand auf den Straßen regte, war dieser ganz überwiegend »westlich« orientiert und nicht mehr reformsozialistisch wie 1968 unter Alexander Dubček in der ČSSR. Zwar versuchte es Gorbatschow Mitte der 1980er Jahre ein weiteres Mal mit einer Erneuerung des Sozialismus. Doch der Untergang des Prager »Sozialismus mit menschlichem Antlitz« war nicht vergessen. Die Frustration über den zerstörten Frühling wirkte auch noch nach zwanzig Jahren weiter. 1989 glückte die Revolution. Doch ihre Protagonisten zielten mehrheitlich auf eine Verwestlichung der DDR und des gesamten Ostblocks ab, nicht auf »dritte Wege« wie 1968.

Nicht nur ideologisch, sondern auch wirtschaftlich geriet der Sozialismus in den 1970er Jahren ins Taumeln. Anders als die vom Ölpreisschock 1973 stark mitgenommene BRD, die in den 1970er Jahren unter »Stagflation« und hoher Arbeitslosigkeit litt, waren UdSSR und DDR davon zunächst weniger betroffen, weil sie ihre eigenen, von den Weltmärkten abgeschotteten Energiequellen besaßen. Doch fand die DDR kein Rezept mehr gegen die wirtschaftliche Auszehrung. Während der Westen auf den Ölpreisschock 1973 mit präzedenzlosen Schritten zur weltwirtschaftlichen Öffnung antwortete, igelte die DDR sich ein. Die Kombination von Globalisierung und der in den 1970er Jahren einsetzenden technologischen Revolution der Automatisierung und beginnenden Computerisierung, brachte den Ostblock an seine Grenzen. Nicht nur stagnierte die ineffiziente DDR-Industrie, sondern sie verursachte enorme Umweltprobleme. Das rief eine Umweltbewegung auf den Plan, die zu einer wichtigen Quelle des Widerstands wurde.

Der Kollaps der DDR hatte aber nicht nur ökonomische, sondern auch geopolitische Ursachen. Der Schlüssel für die Demokratisierung lag in Moskau. Der Wandel kam im Frühjahr und

Sommer 1989 nicht zuletzt von außen. Anders als das Bild des »Mauerfalls als einer Volksbewegung« suggeriert, ist dieser ursächlich nicht von interner Opposition und Protest bewirkt worden. Die DDR war ein Kind des Kalten Krieges und damit der internationalen Lage. In dem Moment, in dem die Sowjetunion zu wanken begann und aufhörte, ihre hegemoniale Kontrolle über Osteuropa mit Waffengewalt durchzusetzen (wie sie das mit der nach der Niederschlagung des Prager Aufstandes 1968 als »Breschnew-Doktrin« bekannt gewordenen Festlegung kontinuierlich angedroht hatte), ging die DDR in einer raschen Abfolge von Ereignissen unter.

Bevor ich nun die Geschichte der DDR-Opposition in den 1970er und 1980er Jahre darstelle, werde ich in einem *ersten* Abschnitt Begriffe und theoretisch-methodische Fragen klären sowie die Herausforderungen einer Geschichte von Opposition in der Diktatur diskutieren. Diese wählt andere Zugänge als die Untersuchung von Protestbewegungen in offenen Gesellschaften, trotz vieler Überschneidungen. Schon der Begriff »Bewegung« mahnt zur Vorsicht. Bewegung in der DDR war nicht das Gleiche wie »Neue Soziale Bewegungen« in der BRD. Dennoch fand er im Terminus Oppositions*bewegungen* schon zeitgenössisch Anwendung. Das suggeriert eine Parallele zu den sozialen Bewegungen im Westen. Es folgen weitere Abschnitte *zweitens* zur Opposition in den 1970er Jahren, *drittens* zur DDR-Friedensbewegung der 1980er sowie *viertens* zur »friedlichen Revolution« 1989.

Widerstand, Protest, Bewegung im Sozialismus

Mit der Protestgeschichte der DDR begeben wir uns auf ein Terrain, das, so der Dresdener Historiker Thomas Lindenberger (2004) in einem lesenswerten Aufsatz über den 1953er-Aufstand in der DDR, besondere Aufgaben für die Protestforschung bereithält:

Gerade die staatssozialistischen Diktaturen haben Eigentümlichkeiten, die uns methodisch und inhaltlich herausfordern. Die Brücken zur allgemeinen historischen Protestforschung werden zu selten geschlagen. Die DDR-Opposition gilt als ein Thema sui generis und wird nicht in die deutsche Protestgeschichte integriert.

Diese Ausgrenzung der DDR aus den westlichen Narrativen von Opposition hat mit den auf den ersten Blick dominanten Unterschieden zu tun: *Erstens* fehlte eine freie Öffentlichkeit und damit der Adressat, der schon definitorisch in die westliche Protestgeschichte eingeschrieben ist. Ohne eine mediale Vermittlungsebene wirkte Protest bestenfalls indirekt. Daraus ergab sich in der DDR die Bedeutung des Westfernsehens. Zugleich verleitete die Unterdrückung der öffentlichen Artikulation von Dissens wie 1968 zu kontraproduktiven Schritten, deren Wirkungen erst zwanzig Jahre später sichtbar wurden. Protest war somit weniger expressiv und deutlich mehr instrumentell, auf direkte Wirkungen gerichtet.

Damit hat Protest *zweitens* in Staaten ohne freie Öffentlichkeit eine andere Funktion als in offenen Gesellschaften. In offenen Gesellschaften ist Protest Medium der Verständigung über soziale Normen und politische Präferenzen. Er ist Teil der Kommunikation zwischen Obrigkeit und Gesellschaft, zwischen »Etablierten« und »Bewegten«, zwischen beharrenden Kräften und Reformern. Das ist in Diktaturen schwerlich der Fall: Hier stellt sich sofort die System- und Machtfrage. Protest muss zwar nicht auf die Überwindung des Systems zielen, aber er wird durch staatliche (Über-)Reaktionen meist rasch dazu gemacht.

Drittens: Wir haben gesehen (Kapitel 2, Abschnitt 1), dass die KPD in Deutschland (wie auch die Faschisten in den 1930er Jahren) sowie dann die SED in Ostzone und DDR sich als Protestparteien inszenierten – gegen die bürgerliche kapitalistische Gesellschaft und den »kriegstreiberischen Faschismus« des Westens. Die SED nutzte ein modifiziertes Protestrepertoire wie Aufmärsche, Protestversammlungen und Pressekampagnen sowie intellektuelle und künstlerische Formen des Protests zur Selbstdarstellung und um Zustimmung zu erreichen. Dieser realsozialistische

Inszenierungsstil hat Protestformen verstaatlicht und auf Dauer gestellt. Somit war Straßenprotest auch mit Blick auf den Staat anders situiert als in der BRD.

Es ist klar, dass ich nicht diese offizielle, institutionalisierte, affirmativen Zwecken dienende Protestkultur meine, wenn ich von Protest und zivilem Ungehorsam in staatssozialistischen Ländern spreche. Es geht nur um solchen Protest, der sich, wie der der Flugblätter und Graffiti 1968, gegen die hegemoniale Ordnung richtet. Wenn der öffentliche Raum von den inszenierten »Protesten« besetzt ist, sucht sich Widerstand gegen die »herrschenden Verhältnisse« andere Formen und Foren. Auch nutzt er staatliche Protestinszenierungen in »antihegemonialer Lesart« aus, wie dies am Beispiel der Verwendung des Slogans »Schwerter zu Pflugscharen« durch die DDR-Friedensbewegung der 1980er Jahre prägnant verdeutlicht werden kann.

Klären wir zunächst begrifflich, was unter Opposition, politischer Gegnerschaft und Widerstand in der DDR zu verstehen ist. Ich folge dem Kompendium von Ehrhart Neubert, einem ehemaligen DDR-Oppositionellen, von dem die umfangreichste Darstellung der DDR-Opposition stammt, die *Geschichte der Opposition in der DDR* (1997). Neubert betont die fließenden Übergänge zwischen drei idealtypisch zu sehenden Formen: Opposition, Politischer Widerspruch (Resistenz) und Widerstand im engeren Sinne.

Erstens: Nach Neubert baut Opposition im weitesten Sinne auf gegebenen rechtlichen Bedingungen auf, mahnt etwa die Einhaltung gesetzter Normen an, bewegt sich jedoch überwiegend innerhalb eines legalen Rahmens (der Grad der Legalität ist Neuberts Kriterium, was kritisch zu diskutieren wäre). Dazu zählt etwa die legale »parlamentarische Opposition« der Blockparteien, die enge Spielräume für Dissens eröffneten, auch punktuell Opposition innerhalb der SED. Wichtiger waren die Kirchen als einzige nicht gleichgeschaltete Institutionen. Diese konnten aufgrund von rechtlichen Garantien durch die Verfassung Räume für Dissens öffnen und besaßen so eine Ventilfunktion. Hinzu kamen »sozialethisch orientierte Gruppierungen« einschließlich kritischer Marxisten wie Robert Havemann, die teilweise in Anlehnung an kirchliche Milieus operierten; aber auch Intellektuelle und Künstler, die an die staatlich garantierte Gewissensfreiheit anknüpften. Auch die »Volks«-Oppositionsbewegungen der Jahre 1953 und 1989 agierten in ihren ersten Anfängen im legalen Rahmen.

Zweitens: Politischer Widerspruch und Resistenz sind kritische Haltungen, die offen gezeigt werden und von Alltagshandlungen (regimekritische Witze; »Dienst nach Vorschrift«) kontextbedingt in politischen Widerstand der dritten Kategorie übergehen können. Diese Formen der Resistenz zielen in der Regel nicht auf den Systemwechsel, also nicht auf eine vollständige Veränderung der politischen Ordnung in der DDR. In Einzelfällen gab es das auch innerhalb der SED, vor allem nach dem Amtsantritt von Gorbatschow in den 1980er Jahren. Der wichtigste Fall sind Linksintellektuelle und Künstler der 1970er Jahre. Hinzu kommen Subkulturen und Sondergruppen sowie nonkonforme Lebensstile wie Punks oder Alternative (die im zweiten Unterkapitel behandelt werden). Der andere wichtigste Fall oppositioneller Haltung der zweiten Kategorie ist die Friedensbewegung der 1980er Jahre (die im dritten Unterkapitel behandelt wird).

Drittens: Widerstand im engeren Sinne zielt dagegen »auf die Schwächung oder Beseitigung der SED-Macht«, er stellt die Systemfrage. Dazu gehören der Aufstand vom 17. Juni 1953 und die Bürgerbewegung vom Sommer und Herbst 1989. Auch der Widerstand von Sozialdemokraten und Bauern in den 1940er und 1950er Jahren zielte auf den Systemwechsel sowie Handlungen einzelner (Wehrdienstverweigerung; Graffiti; Flugblätter 1968). Diese zeigten jedoch wenig öffentliche Wirksamkeit. Diskutiert wird in der Forschung, ob Flucht und Ausreise als Teil des Widerstands verstanden werden können. Die Antwort lautet Ja, wenn Oppositionelle wie Wolf Biermann zur Ausreise gezwungen wurden. In anderen Fällen wären Flucht und Ausreise eher dem Widerspruch zuzurechnen (zweite Kategorie), obwohl Fluchtbewegungen die DDR wirtschaftlich auszehrten und aufgrund ihrer Wirkungen auf das jeweilige Umfeld in Betrieben und Familien die gesellschaftliche Stabilität untergruben. Aggregiert haben sie zum Systemwechsel beigetragen.

Eine weitere Debatte dreht sich um die Frage, ob die westliche Begrifflichkeit »sozialer Bewegungen« auf die DDR angewendet werden sollte. Der Soziologe und Historiker Hubertus Knabe, der heute die Gedenkstätte in Berlin-Hohenschönhausen leitet und der in den 1980er Jahren zur westdeutschen Friedensbewegung und ins Gründungsumfeld der Grünen gehörte, argumentierte schon zeitgenössisch, dass eine Übertragung aufgrund von soziokulturellen Ähnlichkeiten sinnvoll wäre. Ost- und Westoppositionelle der 1970er Jahre hätten sich an kulturellen Fragen orientiert, weniger den Fokus auf Ungleichheit und Klassen gelegt sowie ein dezentralisiertes, basisdemokratisches Verständnis von Macht besessen. Auch sei ihre Verwurzelung in intellektuellen Milieus und Kreisen vergleichbar. In den 1980er Jahren sah Knabe die DDR fast schon auf dem Weg zu einer postindustriellen Gesellschaft und erwartete wirtschaftliche und soziale Konvergenzen in Ost und West (Knabe 1988).

Dagegen spricht, dass der DDR-Protest aufgrund der fehlenden freien Öffentlichkeit üblichen Definitionen sozialer Bewegungen nicht entspricht. Ja, er ist ein kollektiver Ausdruck von Unzufriedenheit mit einem politischen oder gesellschaftlichen Zustand. Ja, er zielt darauf ab, durch Druck auf andere Akteure, überwiegend außerhalb institutionalisierter Einflusskanäle, die Sache der Protestierenden sichtbar zu machen. Ja, die DDR-Oppositionellen übernahmen die »Bewegungs«-Begrifflichkeit, sprachen von Friedens- und Umweltbewegungen. Doch ihr Protest konnte nicht in der gleichen Weise mobilisieren. Vor allem war die Reaktion des Staates eine andere. Dieser kriminalisierte jede Regung von politischem Widerspruch. Daher sind bei allen Gemeinsamkeiten die Ausgangsbedingungen andere. Der britische Protestforscher Gareth Dale plädiert dafür, Protest in der DDR – mit Ausnahme der großen Bewegungen 1953 und 1989 – klar von Entwicklungen im Westen zu unterscheiden und bevorzugt den Begriff der Resistenz (Dale 2005, 4).

Legt man die in diesem Buch verwendete Protestdefinition streng aus, so dominieren die Unterschiede. Dennoch lassen sich Ansätze der westlich bezogenen Bewegungsforschung auf die DDR fruchtbar anwenden, wie z. B. die Theorie der Gelegenheitsstrukturen oder der Ressourcenmobilisierung (Wieloghs 2008, 112ff.). Auch die Frage nach der Indikatorfunktion von Protest kann sinnvoll gestellt werden, die nach der Handlungslogik, nach promodern transformierenden oder konservativen Zielvorstellungen. Die Reaktionen der »etablierten Seite« sind im Falle der DDR sogar entscheidend wichtiger, weil die Herrschenden aus Unmutsbekundungen politischen Widerstand machten. Sehr viel stärker als der westdeutsche Staat hat sich der SED-Staat seine Opposition selbst geschaffen.

DDR-Opposition in den 1970er Jahren

Am 18. August 1976 verbrannte sich der evangelische Pfarrer Oskar Brüsewitz, gegen 10.20 Uhr vor der Michaeliskirche in Zeitz, einer Kleinstadt im Süden von Sachsen-Anhalt: Er hatte sein Auto vor der Kirche abgestellt, an diesem Plakate befestigt, sich mit Benzin übergossen und entzündet. Er lief noch einige Meter Richtung Pfarrhaus, bis Passanten das Feuer erstickten. Vier Tage später starb er im Krankenhaus. Wie im Fall des international bekannter gewordenen tschechischen Studenten Jan Pallach, der sich 1969 aus Protest gegen die sowjetische Invasion verbrannt hatte, zielte diese ultimative, extremste Form des Protests auf eine öffentliche Wirkung (Stach 2016).

Brüsewitz war ein Mann, der sich individuell behaupten und mit der drastischen Maßnahme der Selbstopferung die Gesellschaft und vor allem die kompromisslerische DDR-Kirche aufwühlen wollte: ein evangelikal geprägter, frommer Mensch, ein Spätberufener, der erst nach Zwischenstationen zum geistlichen

Amt gekommen war. Er hatte sich in den Jahren zuvor immer wieder mit dem Staat angelegt: Auf dem Kirchturm seiner Gemeinde hatte er ein weit sichtbares Neonkreuz angebracht; mehrfach hatte er Plakate im Kirchgarten aufgestellt, so 1974 in ironischer Wendung gegen das Jubiläumsplakat »25 Jahre DDR« das Plakat »2000 Jahre Kirche Jesu Christi«.

Brüsewitz war nicht nur für die Behörden unbequem, sondern vor allem für die Kirche. Einerseits hatte er, weil er sich in seiner Jugend- und Sozialarbeit für Kinder, Kranke und Schwache einsetzte, durchaus Anhänger und Menschen auf seiner Seite. Andere schüttelten den Kopf, auch kirchliche Mitarbeiter reagierten verständnislos. Kurz vor seiner Verbrennung hatte er mit dem Stellvertreter des Bischofs gesprochen, der ihn zu einem Stellenwechsel überreden wollte. In seinem Abschiedsbrief kritisierte er die Kirchenführung, die ihre legalen Freiräume nicht riskieren wollte (Neubert 1997, 277).

Die staatlichen Reaktionen verstärkten die Wirkung der Selbstverbrennung. Während Kirchenobere wie der spätere brandenburgische Ministerpräsident Manfred Stolpe noch lavierten, führte eine Kampagne in den DDR-Medien zu einer heftigen innerkirchlichen Debatte. Die staatliche Presse zeichnete Brüsewitz als Psychopathen und westlichen Agenten. Ein Brief der Kirchenleitungen an die Gemeinden wurde unterdrückt. Der Fall Brüsewitz mobilisierte so erst recht kritische Stimmen. Auch einzelne SED-Mitglieder verstanden seinen Schritt als »ernste Mahnung«. Sie wandten sich in Briefen an Honecker, die Rufmordkampagne einzustellen. An Brüsewitz' persönlicher moralischer Integrität sei schwer zu zweifeln.

Brüsewitz' Tat fand Resonanz in einer Gesellschaft, in der die Unzufriedenheit wuchs und in der Selbstmord, meist unterhalb der öffentlichen Wahrnehmungsschwelle, ein großes Thema geworden war. In Ulrich Plenzdorfs *Die neuen Leiden des jungen W.*, in Reiner Kunzes *Die wunderbaren Jahre* und in mehreren Texten von Christa Wolf ist Selbstmord ein wichtiges Motiv. Die DDR war in den 1970er Jahren nach Ungarn das Land mit den höchsten Selbstmordraten in Europa (Neubert 1997, 283). Die soziale Lage gerade für junge Menschen schien deprimierend und aussichtslos. Eine Suizidepidemie war die Folge.

In den 1970er Jahren wuchsen Verbindungen zwischen Kirchen, Intellektuellen und alternativen marxistischen Kreisen, die aus ideologischen Gründen lange auf Distanz zueinandergestanden hatten. Für diese Verschmelzung oppositioneller Stränge stehen die Auftritte etwa von Wolf Biermann in »Blues-Gottesdiensten«. Im September 1976 trat der überzeugte sozialistische Liedermacher zum ersten Mal nach elf Jahren Berufsverbot in der Nikolaikirche in Prenzlau auf und beschwor dort die »rote Kirche«. Er plädierte dafür, Sozialismus und Religion in der DDR nicht länger als Gegensatz zu verstehen. Zugleich nannte er seinen Auftritt »eine Predigt gegen die Republikflucht«.

Als überzeugter Kommunist, der die DDR aufgrund ihrer antifaschistischen ideologischen Orientierung prinzipiell für das bessere Deutschland hielt, mahnte Biermann erst recht Reformen an. Als er 1976 zu einem Konzert der IG-Metall-Jugend nach Köln ausreisen durfte und dort vor laufenden Kameras von den »verdorbenen Kreisen« im Politbüro sprach, wurde ihm die Rückkehr in die DDR verboten. Millionen DDR-Bürger hatten im Westfernsehen zugesehen. Erneut hatte er gegen die Republikflucht angesprochen, auch mit seinem bekanntesten Song »Du, lass Dich nicht verhärten«. Das SED-Regime führte sich mit diesem Schritt selbst ad absurdum.

Biermanns Ausbürgerung war ein Schock für die nonkonformistische Linke der DDR. Eine Protestwelle folgte, u. a. mit einer Erklärung führender Künstler wie Stefan Heym, Heiner Müller, Sarah Kirsch, Christa Wolf, Jurek Becker und anderer, die auch in den Westmedien zirkulierte. Viele wurden aus der Partei ausgeschlossen. In diese wachsende Empörung überzeugter Sozialisten, die sich an den antifaschistischen Gründungsmythos geklammert hatten, platzte ein Buch von Rudolf Bahro, auch er ein gläubiger Kommunist, der 1959 der SED beigetreten war, marxistische Philosophie studiert und als Redakteur sowie als Arbeiter in einer

Berliner Gummifabrik gearbeitet hatte. Das prägte sein Bild der alltäglichen Arbeitswelt in der DDR (Weber 2015, 229). 1977 publizierte der Hamburger *Spiegel* Auszüge aus Bahros Buch *Die Alternative*. Bahro warf der SED Verrat an den ursprünglichen Zielen des Kommunismus vor. Der reale Sozialismus habe nur theoretisch einen Ausweg aus den Zwängen der modernen Industriegesellschaft aufzeigen können und die erstrebte Humanisierung verfehlt:

> »Was war das für ein besseres Leben, das wir schaffen wollten? War das nur jener mittelmäßige, in sich selbst perspektivlose Wohlstand, mit dem wir dem Spätkapitalismus so erfolglos den Rang abzulaufen suchen [...]. Wir bauen die alte Zivilisation nach, wir setzen in einem tiefsten, nicht politischen, sondern kulturellen Sinne einigermaßen zwanghaft [...] ›den kapitalistischen Weg‹ fort. [...] Die Entfremdung, die Subalternität der arbeitenden Massen dauert auf neuer Stufe an« (Bahro 1977, 7).

Das war starker Tobak: Dass Bahro den DDR-Sozialismus in westlichen Medien so schonungslos vorführte und als schlechte, bürokratisierte, weniger humane Kopie des westlichen Industriesystems charakterisierte, konnte das SED-Regime nicht auf sich sitzen lassen. Als Bahro im August 1977 im Westfernsehen ein Interview gab, wurde er verhaftet, zu acht Jahren Gefängnis verurteilt, aber zwei Jahre später von Bonn freigekauft. Er wurde Gründungsmitglied der »Grünen«, eine wichtige Figur des »fundamentalistischen Flügels« und Gegner des Wortführers der »Realos« Joschka Fischer. Die DDR rehabilitierte ihn noch kurz vor ihrem Untergang 1990. Er konnte noch als Professor an der Humboldt Universität lehren, starb aber bald nach der Wiedervereinigung.

Die linkssozialistische, »alternative« Opposition in der DDR wurde nach einem kurzen Frühling in den 1970er Jahren vom Regime systematisch unterwandert und zerschlagen. Viele der führenden DDR-Dissidenten wurden eingekerkert oder in den Westen abgeschoben. Biermanns Ausbürgerung war das Fanal, dass die kulturpolitische Lockerung zu Beginn von Honeckers Amtszeit vorüber war. Eine Abkühlung des innenpolitischen Klimas und die weitere Militarisierung der Gesellschaft folgten. Letztere wiederum, vor allem die Einführung des Wehrkundeunterrichts an den Schulen, war ein wichtiger Anstoß für die Friedensbewegung der 1980er Jahre.

Friedensbewegung im »Friedensstaat«

Der Widerspruch zwischen der hochtrabenden Rhetorik und der Praxis des SED-Regimes gab der Friedensbewegung ihre starke Hebelwirkung. Diese nahm, vergleichbar den linkssozialistischen Oppositionellen, die offizielle Ideologie der SED ernst – wendete diese aber gegen sie. Sie konnte deutlich mehr in die Breite wirken als die marxistischen Intellektuellen, weil das Thema Frieden gesellschaftlich breiter verfing. Die Friedensbewegung formierte sich unter dem Dach der Kirche ab den frühen 1980er Jahren zu einer wirksamen Opposition, die der SED-Staat bis zum Ende der DDR nie mehr vollständig in den Griff bekam. Netzwerke und Strukturen bildeten sich aus, an denen dann die Bürgerbewegungen im Sommer 1989 anknüpfen sollten.

Das Thema »Frieden« hatte wie im Westen ein hohes Potenzial zur Protestmobilisierung, weil über die Friedenproblematik heterogene Akteure wie Kirchen, Sozialisten und Gewerkschaftler immer wieder neu eine Schnittmenge fanden. Auch haben wir es in den 1980er Jahren zum ersten Mal mit einem gesamtdeutschen Phänomen der Kritik am politischen Status quo des Kalten Kriegs zu tun. Seit den späten 1970er Jahren verschlechterte sich das weltpolitische Klima. Es kam zum Überfall der UdSSR auf Afghanistan. Gleichzeitig kehrten die Amerikaner unter Jimmy Carter und Ronald Reagan zum scharfen Antikommunismus zurück. Dies führte zu einer Art deutsch-deutschen Verantwortungsgemeinschaft für den Frieden, sowohl auf der Ebene der etablierten Politik zwischen Kohl und Honecker als auch unter Oppositionellen.

Das Thema Frieden eröffnete gute »Gelegenheiten« zu Protest. Hier lassen sich Ansätze der NSB-Forschung fruchtbar machen. Dazu gehört *extern*, dass viele DDR-Bürger die westliche Opposition gegen den NATO-Doppelbeschluss wahrnahmen. Das brachte Feindbilder ins Wanken; *intern*, dass die Kirche nach den Debatten der 1970er Jahre, auch im Anschluss an die harsche Reaktion auf Brüsewitz' Selbstverbrennung, mit offener Jugendarbeit und anderen Formaten Räume (oft im wahrsten Sinne des Wortes) bot, um emanzipatorische Gedanken zu diskutieren. Auch bot das Thema Frieden der Opposition die *Chance*, »den SED-Staat an seinen eigenen Ansprüchen« zu messen.

Besonders sinnfällig wird das im Motto der DDR-Friedensbewegung, das dem Propheten Micha aus der Bibel entlehnte Zitat »Schwerter zu Pflugscharen«. Dies war eine Form der eigensinnigen Aneignung offizieller Ideologie. Als Vorlage diente ein Standbild der UdSSR auf dem UNO-Gelände in New York. Die Kirchen hatten es als Logo der ersten Friedensdekade 1981 gewählt. Als Aufnäher (auf Parkas, die Ost- wie Westjugendliche damals trugen) fand das Symbol weite Verbreitung, als »eigensinnige Aneignung der staatlichen Friedenspolitik« (Ohse/Pollack 2008, 379). Auf dem Wittenberger Kirchentag 1983 schmiedete ein Schmied vor über 2 000 vorwiegend jungen Leuten ein Schwert zu Pflugscharen um (Eckert 2012, 203).

Die Friedensarbeit verschaffte den Kirchen der DDR einen großen Zulauf. Sie entwickelte sich zu einer »offenen Arbeit«. Der Staat reagierte hart: Den Trägern der »Schwerter zu Pflugscharen«-Symbolik wurde an Schulen und Universitäten unmissverständlich klargemacht, dass sie diese von ihren Jacken abzutrennen hätten. Wer sich weigerte wurde relegiert. Die Kirchen erklärten, dass sie die jungen Menschen nicht schützen könnten. Doch der Geist war aus der Flasche. Die Friedensthematik führte marxistische Dissidenten und Kirchenleute zusammen. Sie machte viele Jugendliche, die das zunächst gar nicht beabsichtigt hatten, zu Widerständlern und Oppositionellen.

Friedensbewegung im »Friedensstaat«

Abb. 14: »**Schwerter zu Pflugscharen**«. **Die DDR-Friedensbewegung:** Der Kunstschmied Stefan Nau schmiedet am 24. September 1983 im Lutherhof in Wittenberg ein Schwert zu einer Pflugschar um. Das dicht gedrängte Publikum besteht aus den Teilnehmerinnen eines Kirchentags, die nach Einbruch der Dunkelheit die Aktion gebannt verfolgen. Mit ihrem Motto nimmt die Friedensbewegung die Ideologie des »Friedensstaats« DDR beim Wort und wendet diese gegen die SED-Führung.
(Quelle: laif; Foto: Dirk Eisermann)

Das bekannteste Beispiel für die wachsende Verbindung von nonkonformistischen Marxisten und Christen ist der Appell »Frieden schaffen ohne Waffen« (1982) des Pfarrers Rainer Eppelmann und des linksoppositionellen Naturwissenschaftlers Robert Havemann, ein überzeugter Kommunist und ehemaliger Widerstandskämpfer gegen den Nationalsozialismus. Sie verwendeten dieselben Formeln wie die westliche Friedensbewegung. Doch abweichend von der Mehrheit der westdeutschen Protestler, die gegen den NATO-Doppelbeschluss demonstrierten, verknüpften Havemann und Eppelmann die Sicherung des Friedens mit der deutschen Frage. Sie setzten die deutsche Teilung auf die Tagesordnung, sie forderten das Selbstbestimmungsrecht der Deutschen. Zugleich betonten sie, dass die Friedensfrage eng mit der Gewährung von demokratischen Rechten und Freiheiten im Inneren verbunden sei.

Die Friedensbewegung war stärker grenzüberschreitend als frühere Oppositionsbewegungen in der DDR. Zwar sind die Versuche seitens der westlichen Friedensbewegungen und Grünen, Kontakte zur Ostfriedensbewegung herzustellen, überschaubar. Auch wurde zeitgenössische Kritik an westlichen Protestlern laut, weil sie ihre DDR-Pendants ignorierten. Das stimmt aber nur eingeschränkt. Mit den Kirchentagen existierten Foren, wo sich Gruppen aus Ost und West treffen konnten. Naturgemäß waren ihre Interaktionsmöglichkeiten beschränkt, vor allem weil die Rahmenbedingungen für die DDR-Opposition grundsätzlich andere waren als in Westdeutschland. Organisationen als solche existierten nur in rudimentärster Form und waren, wenn überhaupt, nur unter dem Dach der Kirche geduldet. Öffentlichkeit war kaum gegeben, allenfalls in privaten Räumen und in kirchlichen Gemeindezentren.

Indes eröffneten sich aufgrund des deutsch-deutschen und internationalen »Tauwetters« ab Mitte der 1980er Jahre über die Westmedien neue Möglichkeiten zu wahrnehmbarem Protest. Schon vor dem Beginn der Bürgerbewegung gegen Ende der Dekade brachte es der Protest in der DDR immer wieder in westliche Nachrichtensendungen. Westliche Kamerateams stellten aufgrund der Entspannungspolitik und des relativ intensiv, durch westliche Kredite geförderten Warenaustauschs zwischen beiden deutschen Staaten so etwas wie eine indirekte DDR-Öffentlichkeit her. Sie konnten erstaunlich offen einzelne Demonstrationen filmen. Dies wirkte direkt auf die DDR-Gesellschaft zurück. Ende der 1980er Jahre verlor der SED-Staat die Kontrolle über seine eigene Öffentlichkeit. Unter den gewandelten Rahmenbedingungen des mit dem INF-Abrüstungsvertrag 1987 endgültig auslaufenden Kalten Krieges eröffneten sich der DDR-Opposition ungeahnte Möglichkeiten.

Das Ende der Diktatur 1989/90

Im Herbst 1989 erlitt die SED ihre eigene Oktoberrevolution. Die Situation in der DDR war seit dem Frühjahr 1989 stark angespannt. Oppositionelle hatten die Kommunalwahlen vom 7. Mai 1989 boykottiert. Sie hatten dazu aufgefordert, mit »Nein« zu stimmen. Schon während des Wahltags war es zu Behinderungen gekommen. Als dann die offiziellen Ergebnisse verkündet wurden, war vielen klar, dass etwas nicht stimmen konnte. Eingaben, Beschwerden und Einsprüche häuften sich. Oppositionelle organisierten erste kleinere Demonstrationen, so in Leipzig, wo auch wieder das Westfernsehen anwesend war. Dass die Opposition so schnell in die Gänge kam, war den bestehenden Netzwerken zu verdanken, die aufgrund der Friedensbewegung der 1980er Jahre existierten. Am 5. Juni 1989 wurde der Aufstand auf dem »Platz des Himmlischen Friedens« in Peking niedergeschlagen. Die Regimepresse feierte das Ereignis. Die SED gratulierte den chinesischen Genossen für ihren heroischen Kampf gegen »bürgerliche Liberalisierung«, Honeckers Kronprinz Egon Krenz reiste eigens nach China. Damit signalisierte die SED, so Neubert, »dass sie zum eigenen Machterhalt entschlossen« war (1997, 815). Es sollte nichts nützen. Schon im Sommer sah sich Honecker in einer ähnlichen prekären Lage wie Ulbricht 1961, weil die DDR aufgrund der Fluchtbewegungen über die seit dem Frühjahr 1989 offene Grenze zwischen Ungarn und Österreich mit rasch steigenden Auswanderungsverlusten zurechtkommen musste.

Anfang Oktober beging die SED-Führung einen entscheidenden Fehler. Um den Anschein der staatlichen Souveränität zu wahren, sollten in die Prager Botschaft der Bundesrepublik geflohene DDR-Bürger nach Verhandlungen mit der Bonner Regierung über DDR-Territorium in den Westen ausreisen. Rund um den Dresdner Hauptbahnhof, den die Züge aus Prag durchqueren mussten, kam es zu massiven Straßenkämpfen. Die SED drohte mit Gewalt. Sie stellte wenige Tage später in der *Leipziger Volks-*

zeitung klar, dass der Sozialismus »notfalls mit der Waffe« geschützt werden müsse. So geschah es auch, als es während der 40-Jahresfeier der DDR am 7. Oktober zu Protestdemonstrationen kam, die die offizielle Parade auf dem Alexanderplatz übertönten. Als dann am 9. Oktober 70 000 in Leipzig demonstrierten und der Staatsmacht mit Rufen »Keine Gewalt« entgegen traten, schreckte des Regime, »als es zum Schwur« kam, zurück (Rödder 2009, 88). Die NVA-Einheiten wurden zurückgezogen. Am 11. Oktober lenkte das Politbüro ein und untersagte weitere Gewalt. Am 18. Oktober trat Honecker zurück; der Weg zum Ende der DDR war offen.

Dass die Entwicklung in der DDR friedlich endete, war nicht vorgezeichnet. Wirtschaftlich war die verlängerte Krise der industriellen Gesellschaft vorangegangen. Die UdSSR hatte trotz ihres Ölreichtums notwendige Anpassungen verschlafen, die DDR hinkte bei der Automatisierung der Produktion hinterher. Aufgrund des intensivierten Ost-Westhandels wurde der Osten immer abhängiger vom Westen. Die DDR und Polen konnten ohne Kredite nicht zuletzt der BRD nicht mehr existieren. Das hochverschuldete Ungarn war im März 1989 der Genfer Flüchtlingskonvention beigetreten. Es erfüllte damit eine Forderung der westlichen Kreditgeber. Künftig lieferte Ungarn keine politisch Verfolgten mehr aus. Im Mai 1989 begann es mit dem Abbau der ohnehin »maroden Grenzanlagen« (Amos/Geiger 2015, 12). Dennoch hatte das DDR-Regime noch alle Machtmittel in der Hand. Jeder kannte das Schicksal der gescheiterten Aufstands- und Reformversuche von 1953, 1956 und 1968.

Die große Endkrise des Kommunismus hatte in Polen bereits 1980/81 begonnen. Das Land war zentral für den Hegemonieanspruch der Sowjets über Europa. Schon aus historischen Gründen konnte Moskau auf Polen nicht verzichten. Doch mit der polnischen Kirche existierte dort eine gesellschaftliche Institution, die dem Staat Paroli bieten konnte, und zwar deutlich stärker als die evangelische Kirche der DDR. Denn die polnische nationale Identität war (und ist für viele Polen bis heute) eng mit dem Katholizismus verknüpft. Als 1978 mit dem Erzbischof von Krakau, Kardinal Karol Józef Wojtyła, ein scheinbar moderner Mann auf den Heiligen Stuhl gewählt wurde, verbesserte das die Ausgangsbasis der Opposition in Polen erheblich. Trotz der Verhängung des Kriegsrechts 1981 blieb die Situation in Polen durch die 1980er Jahre hinweg ungeklärt. Als Anfang 1989 die unabhängige Gewerkschaftsbewegung Solidarność wieder zugelassen wurde, war die Entwicklung zu halbfreien Wahlen vorgezeichnet. Diese endete im Juni 1989 mit einem Sieg der Opposition. Im August wurde mit dem Christdemokraten Tadeusz Mazowiecki ein nichtkommunistischer Bürgerrechtler an die Spitze der Regierung berufen.

Dass diese Entwicklung ihren Lauf nahm, war Michail Gorbatschow zu verdanken. Mit Gorbatschow war 1985 ein konservativer Modernisierer auf den Plan getreten, dem es um den Erhalt der Macht des Kommunismus ging. Er hielt die UdSSR ohne Anstrengungen zur Erneuerung für verloren. Er wollte ihrer inneren Auszehrung entgegenwirken. Mit seinem Reformkurs brachte er die Entwicklung aber erst recht ins Rutschen, die zum Ende des Kommunismus in Europa führte. Doch er stellte sich dem Triumph der Freiheit und damit dem Untergang des Kommunismus nicht entgegen. Darin liegt seine welthistorische Bedeutung. 1989/90 rollten die Panzer nicht. Dass die Soldaten in den Kasernen blieben, war auch eine Folge der Liquidierung des Kalten Krieges durch Gorbatschow und Reagan. Diese verabredeten 1987 präzedenzlose Abrüstungsschritte, als sie den INF-Vertrag unterzeichneten. Dieser eliminierte sämtliche atomaren Mittelstreckenraketen in Europa. Die Aufrüstungen der 1970er und 1980er Jahre waren damit hinfällig.

Der Ost-West-Konflikt endete mit dem INF-Vertrag vom Dezember 1987. Daher waren zwei Jahre vor dem Fall der Mauer und bevor sich die Bürgerbewegung in der DDR zu formieren begann, die internationalen Beziehungen bereits revolutioniert. Bei aller Anerkennung für den Mut derjenigen, die 1989 in der DDR auf die Barrikaden stiegen: Ihr Protest war in seinem Erfolg voraussetzungsvoll. Er war an die Verbesserung der internationalen

7 Bewegung im Sozialismus

Abb. 15: Der Tanz auf der Mauer als optische Täuschung? Bilder wie dieses vom 10. November 1989 lassen leicht vergessen, dass dem Mauerfall das Ende des Kalten Kriegs durch den INF-Vertrag 1987 und die Freigabe der osteuropäischen Satellitenstaaten durch die UdSSR vorausgegangen sind. Auch wenn der massenhafte und anfangs potentiell lebensgefährliche Straßenprotest den Untergang der DDR rasant beschleunigt, ist sein Erfolg an geopolitische und strukturelle Voraussetzungen gebunden. Dies zeigt ein Vergleich mit dem 17. Juni 1953. Visuell werden die Ereignisse vom Herbst 1989 hier an die klassische Revolutionserzählung vom »Barrikadensturm« angelehnt, obwohl der Grenzübergang am Brandenburger Tor erst am 22. Dezember 1989 geöffnet wird.
(Quelle: Wikimedia Commons; Foto: o. Ang.)

Beziehungen geknüpft sowie an den Kurswechsel in Moskau. Dazu der Münchener Zeithistoriker Andreas Wirsching:

»Erst das exogene Element, nämlich das von Gorbatschow tolerierte Auftauen des kommunistischen Eispanzers und das damit einhergehende Erwachen der ostmittel- und osteuropäischen Völker, steigerte das alte Dilemma der DDR zur tödlichen Bedrohung« (Wirsching 2008, 369).

Der Mauerfall, in der populären Wahrnehmung der Auslöser des Endes der DDR, kam nicht aus heiterem Himmel. Er war weder Ursache noch Anlass für den Sturz der kommunistischen Regimes. Er hat die Auflösung der DDR beschleunigt und damit, in Kombination mit den samtenen Revolutionen in ganz Osteuropa, den Untergang des sowjetischen Imperiums. Aber es war eher Ende als Anfang einer Entwicklung. Hier gibt es eine starke Dissonanz zwischen Forschung und Erinnerungskultur: Während die Historiographie die Ursachen des Untergangs der DDR in der weltpolitischen Lage sieht und in wirtschaftlichen Entwicklungen, dominiert in der erinnerungskulturellen Wahrnehmung und unserer Geschichtspolitik ein anderes Bild, nämlich das des Volksaufstandes.

Wir alle kennen die Geschichte des 9. November 1989, als Günter Schabowski nach einer Politbürositzung ankündigte, dass der Pass- und Visumszwang aufgehoben worden sei. Die Menschen dürften die DDR frei verlassen und wieder einreisen. Auf journalistische Rückfrage bestätigte er, dass diese Regelung »ab sofort« gelte. Dies wiederum führte zu Versammlungen an der Grenze und schließlich zu deren Öffnung. Diskutiert wird in der Forschung, ob die Medien das Ereignis antizipierten und damit vorbereiteten. Das Brandenburger Tor zog Kamerateams geradezu magisch an, obwohl genau dort keine Grenzübergangsstelle war (Janzing 2008).

Mit den millionenfach reproduzierten Bildern vom Brandenburger Tor und dem »Tanz auf der Mauer« ist in der Erinnerung eine visuelle Umdeutung des Mauerfalls und des Endes der DDR in Anlehnung an klassische Revolutionserzählungen erfolgt. Diese wird auch in fiktiven Nacherzählungen der Endkrise der DDR wie in der Fernsehserie *Weißensee* übernommen. Hier drohen kausale Verkürzungen. Der Platz vor dem Brandenburger Tor, im Kalten Krieg das Symbol der Teilung Deutschlands, wird zum symbolischen Ort umgedeutet, an dem die Trennung überwunden wurde.

Dabei sollte das Tor selbst erst am 22. Dezember 1989 geöffnet werden. Der »9. November als Volksbewegung« wird in die Tradition des revolutionären Barrikadensturms gestellt, wird visuell an 1848/49 oder 1917/18 angeglichen. Damit werden seine Ursachen in der Erinnerungskultur verschleiert.

Die Betrachtung vom Ende her, die starke retrospektive Fokussierung auf die finale Krise der DDR und den Mauerfall, bewirkt eine optische Täuschung. Es ist richtig, dass der massenhafte Protest und die Mobilisierung von Hunderttausenden von Menschen den Untergang der DDR beschleunigten. Doch dies ist keine hinreichende Erklärung. Dies zeigt der Vergleich zu 1953, wo die DDR-Herrschaft ebenfalls kollabierte. Sie wurde 1953 mit Hilfe der UdSSR wiederaufgerichtet. Demgegenüber sind die wirtschaftlichen und geopolitischen Ursachen des Zerfalls des Kommunismus historisch höher zu gewichten. In der offiziösen Geschichtspolitik des wiedervereinigten Deutschland hingegen dominiert das Bild des Volksaufstandes, der das Ende des SED-Regimes herbeigeführt habe.

Mit der DDR und der UdSSR sowie dem Kommunismus ist die Ordnung des 20. Jahrhunderts mit ihren großen ideologisch begründeten Systemkonflikten (zwischen liberaler Demokratie, Kommunismus und Faschismus) und den entsprechenden wirtschaftlichen Ordnungsvorstellungen untergegangen. Diese Ordnung wurde seit den 1970er Jahren in Ost und West in Frage gestellt, vor allem von den jeweiligen Alternativbewegungen. Diese rückten Fragen und Probleme wie Umweltschutz, Frieden und individuelle Selbstverwirklichung in den Vordergrund. Diese Ordnung des 20. Jahrhunderts brach zuerst im Osten zusammen. Es sollte bis ins frühe 21. Jahrhundert dauern, bis die Ordnungsvorstellungen des 20. Jahrhunderts auch im Westen immer mehr unter Druck kamen (siehe Kapitel 8 und 9).

8

Der Aufstieg der globalisierungskritischen Linken: Protestgeschichte der Gegenwart I

Im Sommer 1989 – in Polen hatten gerade die ersten fast freien Wahlen stattgefunden – elektrisierte eine politisch interessierte Öffentlichkeit ein Aufsatz des amerikanischen Politikwissenschaftlers und rechtshegelianischen Philosophen Francis Fukuyama mit dem Titel *The End of History*. Obwohl die Berliner Mauer noch stand und die Sowjetunion auch unter Gorbatschow noch einigermaßen stabil wirkte, sprach Fukuyama in prophetisch klingenden Sentenzen davon, dass man sich des Eindrucks nicht mehr erwehren könne, dass etwas Fundamentales im Gange sei. Seit einigen

Jahren werde viel vom Ende des Kalten Kriegs gesprochen. Doch darin erschöpfe sich dieser Umbruch nicht. Man müsse diesen konzeptionell breiter fassen: Der »Triumph des Westens« stehe unmittelbar bevor. Alle welthistorischen Alternativen zur liberalen Demokratie seien erschöpft, nachdem zunächst der Faschismus und jetzt auch der Kommunismus besiegt worden seien. Der westliche Liberalismus, verstanden als eine offene, »freie« Gesellschaft, stelle das einzig verbliebene, kohärente System dar, das Menschen über nationale und kulturelle Grenzen hinweg miteinander verbinde (Fukuyama 1989).

Die Vorstellung vom »Ende der Geschichte« illustriert den ideologischen und kulturellen Horizont, vor dessen Hintergrund in den USA, aber auch in großen Teilen Westeuropas um 1990 um eine neue, liberale Weltordnung gerungen wurde. Das Erfolgsmodell »westliche Demokratie« breitete sich rasch aus. Zugleich fielen Grenzen und Handelsschranken, so dass sich auch die Weltwirtschaft rasend schnell öffnete und liberalisierte. Fukuyamas Artikel wurde vielfach missverstanden, weil natürlich die Geschichte als Abfolge von Ereignissen nie still stehen bleibt. Anknüpfend an die geschichtsphilosophischen Entwürfe von Hegel und Marx sah er die Geschichte in dem Sinne an ihr Ende kommen, dass nun die meisten Menschen in Gesellschaften lebten, in der ihre tiefsten und fundamentalsten Wünsche erfüllt werden könnten. Fukuyama postulierte das Ende der Weltgeschichte des 19. und 20. Jahrhunderts als der Dialektik der ideologisch fundierten Systemkonflikte. Zwar seien die liberalen Prinzipien noch längst nicht universal verwirklicht. Zwar gäbe es weiter soziale und wirtschaftliche Probleme auch in westlichen Ländern. Was jedoch fehle, sei eine legitime ideologische Alternative zum hegemonialen Liberalismus.

Fukuyamas Spekulationen trafen einen Nerv, obwohl sie schon zeitgenössisch keinesfalls unwidersprochen blieben und er sich inzwischen korrigiert hat. Heute klingt sein geschichtsteleologischer Enthusiasmus weit übertrieben. Wir beobachten die Rückkehr autoritärer, nationalistischer, ethnozentrischer und auch rechtspopulistischer Regimes in Russland, der Türkei, Ungarn, Polen, auf den Philippinen und weiteren Ländern. Dennoch ist und bleibt die Frage, ob es »legitime« Konkurrenten zur liberalen Demokratie gibt, die große Frage unserer Zeit. Alternative Systeme anti-liberaler, meistens »völkischer«, rassistischer oder religiös-nationalistischer Orientierung (wie in Indien oder in den arabischen Ländern) organisieren Zustimmung bevorzugt durch Ausgrenzung und Abgrenzung. Sie stützen diese durch autoritäre Kontrolle und manipulative Medientechniken ab. Das aussichtsreichste Gegenmodell repräsentiert die Volksrepublik China, einerseits aufgrund ihrer gewachsenen wirtschaftlichen und politischen Macht, andererseits weil sich Trumps Amerika in politische Verantwortungslosigkeit verabschiedet. Doch weder agiert China in seinen Außenbeziehungen sehr vertrauenserweckend, noch öffnet es seine Wirtschaft für einen fairen Handel. Hier steht das Urteil noch aus, ob Wohlstand dauerhaft ohne demokratische Partizipation gesichert werden kann. Auch unterdrücken autoritär geführte Länder (gerade auch China) Proteste regelmäßig mit Gewalt. Reichtum ist dort noch ungleicher verteilt als in den liberalen Demokratien des Westens.

Die große geschichtsphilosophische These von der Überwindung der historischen Gegensätze in einem nun (vorübergehend) hegemonial gewordenen Liberalismus wurde von Fukuyama in einem Moment vorgetragen, als in westlichen Ländern von einer generellen ideologischen Ermüdung die Rede war. Kohärente philosophische und theoretische Ansätze, die alles erklären, alles einordnen lassen, wurden von der Linken skeptisch beäugt. So sprach der französische Philosoph Jean-François Lyotard 1979 vom Abschied von den »großen Erzählungen« (*grands récits*) wie der »sozialen Frage« sowie dem Kampf um die liberalen Rechte, der Teilhabe an der Politik und des Schutzes des Individuums. In der »Postmoderne« werde menschliche Existenz endgültig nicht mehr durch überindividuelle Sinnzusammenhänge stiftende Milieus und Großinstitutionen organisiert (wie Kirchen, Gewerkschaften und politische Parteien). Nicht mehr soziale oder Klassenfragen, d. h. Unterschiede zwischen Arm und Reich, stellten die entscheidende gesellschaftliche Trennlinie dar, sondern kulturelle Scheidelinien.

Diese Wendung weg von den »großen Erzählungen« findet sich auch in der Geschichte des Protests seit 1945. Im späten 18. Jahrhundert hatte sich die aufklärerische Idee durchgesetzt, dass der Mensch die Geschichte »machen«, sein Schicksal selbst in die Hand nehmen könne. Moderne Protestbewegungen (wie die Arbeiterbewegung) zielten daher auf gesellschaftlichen Wandel oder hielten wenigstens an der Vorstellung fest, dass fundamentaler Wandel prinzipiell möglich sei. In der Postmoderne sind diese modernen Fortschrittsideen zwar nicht obsolet geworden, doch dem Gestaltungswillen sind Grenzen gezogen. In westlichen Ländern sind die Erwartungen darüber stark zurückgegangen, was sich ändern lässt. Soziale Bewegungen waren seit den 1970er Jahren überwiegend auf konkrete Problematiken wie die Verhinderung eines Kernkraftwerks gerichtete »Ein-Punkt-Bewegungen«. Eine zur Vorstellung vom Ende der großen Erzählungen passende Unterscheidung liegt daher auch der (analytischen) Trennung von »alten« und »neuen« sozialen Bewegungen zugrunde.

Kaum hatte der Westen seinen »Sieg im Kalten Krieg« gefeiert und grandiose Pläne für eine neue, liberale Weltordnung formuliert, formierten sich Gegenbewegungen gegen diesen für kurze Zeit hegemonialen Liberalismus. Derartige Gegenbewegungen wären künftig überwiegend religiös oder ethnisch-nationalistisch basiert, beruhten also auf kulturellen Scheidelinien, wie einer der prominenten Kritiker der These vom »Ende der Geschichte«, der US-Politikwissenschaftler Samuel P. Huntington, in seinem Buch *The Clash of Civilizations* (1993) in direkter Auseinandersetzung mit Fukuyama argumentierte. Zugleich war der hegemoniale Liberalismus in seiner marktradikalen, auf weltweite Öffnung von Märkten zielenden Variante schon innerhalb des Westens seitens der linken Globalisierungskritiker in die Schusslinie geraten, bevor überhaupt die Mauer gefallen war. Diese sich schon in den 1980er Jahren formierende Oppositionsbewegung gegen einen hegemonialen Liberalismus wird mit dem Begriff der Globalisierungskritik nur unscharf erfasst. Ihre Protagonisten wollen nicht das Öffnen von Grenzen und die Tatsache einer wachsenden globalen Interaktion prinzipiell zurückdrehen. Sie wenden sich gegen eine bestimmte,»neoliberale« Variante der Globalisierung.

Im Folgenden nehme ich *zunächst* eine breitere, auch begriffliche Einordnung der Epoche seit 1990 vor. Diese nenne ich zur Vereinfachung eine »Ära der Globalisierung«. Das stellt die konzeptionelle Klammer für dieses und das folgenden Kapitel zu Protestphänomenen rund um das Thema Migration dar. In einem *zweiten* Schritt untersuche ich globalisierungskritische Bewegungen auf dem progressiven (»linken«) Spektrum. Deren verbindendes Element ist der Widerstand gegen eine liberale »neue Weltordnung«. Diese war von US-Präsident George H. W. Bush am 11. September 1990, am Ende des Kalten Krieges, kurz vor der deutschen Wiedervereinigung, proklamiert worden – nicht ganz zufällig auf einer Sondersitzung des Kongresses zur Krise am Golf aufgrund des irakischen Einmarsches in Kuwait. Bushs neue Weltordnung zielte auf eine Öffnung der Weltmärkte sowie eine Welthegemonie der USA. Diese diene der Durchsetzung des Rechts in den internationalen Beziehungen.

Diese Vorstellung, eine liberale Weltordnung notfalls auch mit Waffengewalt abzustützen, wie dies im ersten Irakkrieg 1991 geschah, stieß auf den dezidierten Widerstand einer Friedensbewegung. Deren prinzipiell pazifistische Anhänger hatten zwar nichts gegen eine Verrechtlichung der internationalen Beziehungen. Doch sie lehnten Krieg als Mittel der Politik grundsätzlich ab. Wie sehr dieser Protest 1990/91 auch durch antiamerikanische Vorurteile motiviert worden war, diskutiere ich im *dritten* Abschnitt zu Friedensbewegungen nach dem Ende des Ost-West-Konflikts. Hier geht es auch um die westlichen Interventionen in Jugoslawien 1999 und erneut im Irak 2003. Ich schließe *viertens* mit dem Aufstand junger Menschen 2011 in der Folge der Finanzkrise von 2008/09, als Fragen sozialer Gerechtigkeit vor dem Hintergrund globaler Ungleichheit erneut in den Mittelpunkt rückten.

Auch war dies die erste größere Protestbewegung, die mit Hilfe der damals noch neuen brandneuen »sozialen Medien« agierte. Die »rechte« (ethnozentrische, rassistische, nationalistische) Gegnerschaft zum hegemonialen Liberalismus und zur Globalisierung wird in Kapitel 9 untersucht.

Unser Zeitalter neuer Globalisierung

In diesem und dem folgenden Kapitel geht es um Zeitgeschichte unserer Zeit seit den 1980er und 1990er Jahren. Damit geht es um aktuelle, gesellschaftlich und politisch hoch brisante und umstrittene Fragen und Geschichten, die noch »qualmen«, so das viel zitierte Diktum der amerikanischen Historikerin Barbara Tuchman (Schwarz 2003, 5). Wir kennen das Ende noch nicht. Für die Geschichtswissenschaft stellt das eine besondere Herausforderung dar. Zur Vereinfachung stelle ich unsere Epoche unter den kontroversen, weil untrennbar in unsere zeitgenössischen Debatten und Wertungen verstrickten, normative Implikationen in sich tragendenden Begriff der »Globalisierung«. Dieses Label verdeckt vielleicht so viel, wie es erklärt. Indes stellt sich dieses Problem auch bei anderen Epochenbegriffen wie Antike, Mittelalter, Renaissance, Aufklärung oder Industrialisierung. Es handelt sich um terminologische Krücken, um Ordnung in das Meer der Fakten zu bringen. Das geschieht dann um den Preis der Hervorhebung eines bestimmten Aspekts, der für eine Zeit dominant wirkt. Ich ziehe einen derartigen qualitativen Epochenbegriff einem generischen Ausdruck wie etwa »Geschichte unserer Zeit« (Wirsching 2012) oder »Zeitgeschichte der Gegenwart« vor.

Dieses Zeitalter der neuen Globalisierung begann irgendwann in den 1970er Jahren, als vor dem Hintergrund des Endes des Wechselkurssystems von Bretton Woods (1971) und des Ölpreisschocks (1973) zunächst innerhalb der sogenannten »Triade« der kapitalistischen Länder Westeuropas, Nordamerikas und Ostasiens (Japan, später ergänzt um Südkorea und Taiwan) und den von ihnen direkt beeinflussten Gebieten (wie Lateinamerika und den »Tigerstaaten« Ostasiens) Anstrengungen unternommen wurden, die Wirtschaftspolitiken der großen westlichen Wirtschaftsnationen untereinander abzustimmen und zugleich den weltweiten Austausch von Dienstleistungen und Waren durch den Abbau von Handelsschranken zu intensivieren. Das erfolgte überwiegend im Rahmen des Zoll- und Freihandelsabkommens GATT (heute WTO). Symbolisch steht für diesen Aufbruch zur Weltwirtschaft das erste Treffen der G6 – weil noch ohne Kanada, später G7 – in Rambouillet 1975. Zwar konnten diese Treffen die Weltwirtschaft nicht managen. Dafür waren die Interessen der Partner zu heterogen. Doch sie symbolisierten in ihrer Regelmäßigkeit den Durchbruch zu neuen Formen internationaler Interaktion und, so der Wirtschaftshistoriker Harold James, die »Entfesselung der Dynamik eines globalen Marktes« (1997, 14).

Historiker streiten darüber, wie »neu« die Entgrenzungsprozesse des späten 20. Jahrhunderts sind und ob das semantische Konstrukt der Globalisierung nicht mehr über die sozialen, politischen und wirtschaftlichen Erwartungen derjenigen aussagt, die über Globalisierung sprechen, als über eine tatsächlich wachsende Integration über räumliche Grenzen hinweg (Engel/Middell 2010, 9). Das mag tatsächlich so sein. Nur sind Probleme und Prozesse sowie deren Lösung und Gestaltung stets ein Produkt menschlicher Vorstellungskraft. Entscheidend ist daher, dass sich in den 1970er und 1980er Jahren in allen westlichen Ländern eine *Wahrnehmung* festsetzte, wonach sich nationale Raumordnungen auflösten, es zu einer wachsenden weltwirtschaftlichen Verflechtung und zum Teil auch Konvergenz kam sowie sich menschliche Wanderungsprozesse über nationale Grenzen hinweg verstärkten.

Es war genau diese Wahrnehmung einer Verflüssigung und Auflösung von Grenzen, auf die die globalisierungskritischen Bewegungen unterschiedlichster Couleur reagierten und reagieren. Diese überschätzen hierbei den Beitrag der Weltwirtschaftskonferenzen für den realen Prozess der Globalisierung grotesk. Die Globalisierungskritiker gehen der Selbstdarstellung der Ausrichter der Tagungen von IWF und Weltbank sowie der Weltwirtschaftsgipfel regelmäßig auf den Leim. Sie nahmen das Spektakel der G7-Gipfel für bare Münze und protestierten gegen mehr und mehr ritualisierte Treffen. Bei denen ging es den Gastgebern mindestens ebenso sehr um schöne Bilder für ihre jeweilige Wählerschaft wie um tatsächliche konkrete Fortschritte bei der Öffnung von Märkten. Immerhin gaben die Weltwirtschaftsgipfel der »entfesselten Dynamik« der Weltmärkte konkrete Gesichter und Orte, an denen sich die Anhänger globalisierungskritischer Bewegungen versammeln konnten. Dies tun sie mit schöner Regelmäßigkeit bis heute – wie zuletzt 2017 in Hamburg aus Anlass der Proteste gegen die G20.

Zugleich entspricht der Wahrnehmung globaler Verflüssigung und einer erleichterten Überwindung von Grenzen ein reales Wachstum globaler Interaktionen, im Sinne einer statistisch messbaren Zunahme des weltweiten Austauschs von Waren, aber auch anderer den nationalen Rahmen übergreifender Formen der Interaktion von Menschen, Dienstleistungen oder Informationen. Wie schon in früheren Phasen von Globalisierung zu Beginn der Frühen Neuzeit um 1500 oder während der Industrialisierung des 19. Jahrhunderts ist auch diese jüngste Welle intensivierten grenzüberschreitenden Austauschs in eine Verkehrs- und Kommunikationsrevolution eingebettet. Eine hierbei wichtige logistische Innovation ist der Container. Weil er eine geschlossene Transportkette vom Land zum Wasser und zurück auf Land ermöglicht, hat er den Warenaustausch seit den 1970er Jahren drastisch vereinfacht. Gleichzeitig weitete sich der interkontinentale Flugverkehr aus. Innerhalb weniger Jahre wurden stolze Transatlantikliner wie die »Bremen« außer Dienst gestellt und abgewrackt. Raum und Zeit schrumpften in den 1970er Jahren auch dank medialer Innovationen wie der Übermittlung von Fernsehbildern via Satellit und verfestigten so die Wahrnehmung von Globalisierung.

Was also ist vor diesem Hintergrund nun unter Globalisierung zu verstehen? Ich nehme den Begriff als eine Kurzformel *erstens* für eine verstärkte Wahrnehmung der Verflüssigung und Auflösung von nationalen Raumordnungen und Grenzen und damit einhergehend einer wachsenden Verflechtung, auch wenn diese Prozesse nicht den gesamten Globus einbeziehen; *zweitens* eine intensivierte realhistorische Interaktion von Akteuren, die an solchen, in der Tendenz globalen Prozessen teilhaben, durch Reisen, Handel, Kommunikation, oder auch die Diffusion kultureller Praktiken (populäre Kultur; Essgewohnheiten); sowie *drittens* eine Weiterverbreitung von Arenen, auf denen nationale und transnationale Akteure interagieren (wie G7, Weltwirtschaftsforen, Weltsozialforen). Die meisten Globalisierungskritiker stellen den realhistorischen Prozess der Globalisierung auch gar nicht in Frage. Sie kämpfen gegen dessen tatsächliche oder vermeintliche Auswirkungen an, sowohl im Falle ethnozentrischer, nationalistischer, migrations- und fremdenfeindlicher Bewegungen als auch im Falle der »progressiven«, in der Tradition der europäischen Linken stehenden globalisierungskritischen Bewegungen, denen es um die Bekämpfung einer bestimmten,»neoliberalen« Variante der Globalisierung geht.

Viele der neueren Protestbewegungen von weit links bis weit rechts setzen sich in der einen oder anderen Weise also mit den sozialen, kulturellen und ökonomischen Folgen von Globalisierungsprozessen auseinander. Dabei ist gleichgültig, ob diese nun tatsächlich zu einer globalen Angleichung der Lebensverhältnisse führen oder nicht, wie es Fukuyama erwartete, oder ob diese wachsende Interaktion das Leben in Deutschland tatsächlich verändert oder nicht, ob sie Wandel verursacht oder nicht. Protest gibt, wie wir gesehen haben, Hinweise auf die gesellschaftliche Wahrnehmung sozialer Veränderungen, ist also »Problemindikator«, Teil der kommunikativen Bewältigung von Gegenwartsfragen. Wenn also bestimmte Gruppen gegen »neoliberale« Formen der Globalisierung durch offene Weltmärkte demonstrieren, dann verweist das auf eine Horizontverschiebung, selbst wenn sich der Protest womöglich gegen »die Falschen« richtet.

Ein Beispiel für die vereinfachende Zuschreibung von Problematiken auf die Globalisierung ist die vielfach thematisierte Frage des Zerfalls der Krisenlösungskompetenz der liberalen, westlichen Demokratie. Wir haben bereits gesehen, dass das Modell einer national verfassten, »sozialen Demokratie« in den 1970er Jahren ins Trudeln geriet (Kap. 6/4). Der Untergang der Sowjetunion und des Kommunismus und der »Sieg des Westens« täuschte über das Problem etwa des stagnierenden Wohlstands von Teilen der Mittelschichten vorübergehend hinweg. Da in den 1990er Jahren gedankliche »philosophische« Alternativen zum hegemonialen Liberalismus vorerst fehlten, wurden die tieferen Ursachen selten übergreifend, auf einer systemischen Ebene diskutiert. Wir haben es mit einem Bündel von Problemen und Transformationsprozessen zu tun, wie der »Krise der Arbeitsgesellschaft«, dem »Abschied von Normalarbeitsverhältnissen«, der Tertiarisierung und der wachsenden Berufstätigkeit von Frauen, der Überwindung des patriarchalischen Modells des Vaters als Ernährer der Familie, Automatisierung und zuletzt der digitalen Revolution. Dies sind technologische und soziale Innovationen, die teils weltwirtschaftliche Verflechtungen erleichtern, vielleicht auch erfordern, aber nicht notwendig von diesen verursacht werden.

In der Epoche der neuen Globalisierung haben wir es vereinfachend mit zwei Formen von Globalisierungskritik tun, die nach dem etablierten Schema nach »linken« oder »rechten« Gegnern der Globalisierung unterschieden werden können. Die klassischen (»linken«) Kritiker der Globalisierung protestieren typischerweise gegen marktliberal agierende Organisationen wie Weltbank und Internationalen Währungsfond (IWF). Sie gehen gegen vermeintlich negative soziale Folgen von Globalisierung an, ohne das weltweite Zusammenwachsen und das Öffnen von Grenzen oder die Tatsache der wachsenden globalen Interaktion normativ in Frage zu stellen. Hier geht es überwiegend um die Einhegung einer bestimmten Variante von Globalisierung und die Bekämpfung von wirtschaftlichen und sozialen Verwüstungen aufgrund von handelspolitischer Liberalisierung. Meist jedoch haben die im linksprogressiven Spektrum zu verordnenden Globalisierungskritiker nichts gegen menschliche Migration einzuwenden. Sie fordern etwa auf Weltsozialforen eine verstärkte transnationale Kooperation der globalen »99%« gegen die Globalisierungsgewinnler. Demgegenüber setzen »rechte« (rechtspopulistische, rechtsradikale, rechtsextreme, ethnozentrische sowie nationalistische) Kritiker der Globalisierung, worunter Bewegungen wie »Pegida« in Deutschland oder Parteien wie der Front National in Frankreich zu zählen wären, an einem anderen Punkt an: Sie lehnen Einwanderung ab und bekämpfen globale Migrationsströme, womit sie größte Aufmerksamkeit generieren. Doch viele wollen ganz prinzipiell Räume begrenzen und Grenzen wiederaufrichten; sie stellen damit auch die wirtschaftliche Seite der Globalisierung in Frage. Sie sehen Freihandel als Negativum. Hier treffen sie sich mit den Linken. Die AfD, die über einen großen wirtschaftsliberalen Flügel verfügt, war lange Zeit weniger eindeutig auf nationale Abschottung von Märkten aus als ihre Partner in Frankreich, Österreich, Osteuropa und den USA. Insgesamt sind Rechtspopulisten und Nationalisten in ihrer globalisierungskritischen Haltung »konsequenter«, sowohl im Vergleich zu linken Globalisierungskritikern als auch im Vergleich zu liberalkonservativen und zentristischen Parteien, vor allem zur CDU/CSU, die wie die Sozialdemokraten eine starke Exportorientierung als Beschäftigungsmotor schätzt. Christlich-konservative Parteien treten für weltwirtschaftliche Integration ein, wollen aber zugleich Migration beschränken (eine Haltung, die in den 1970er Jahren auch die SPD vertrat).

In die Lücke des nach dem Untergang des Kommunismus in Europa fehlenden Antagonisten zur triumphierenden liberalen Demokratie sowie zu dem die Öffnung von Grenzen und Märkten forcierenden hegemonialen Liberalismus stößt in jüngster Zeit der rechte Populismus. Auch er versteht sich als ein Sprachrohr vermeintlicher oder tatsächlicher Globalisierungsverlierer. Er findet jedoch radikal andere Antworten als die linken Protestbewegungen, indem er gegen internationale und kulturelle Integration kämpft (»Brüssel« ist hier nur eine, wenn auch in Europa die beliebteste Metapher der Kritik, in den USA sind es die *Washington Insiders*). Im Unterschied zur linken Globalisierungskritik orientiert sich der rechte Populismus stark an Vorstellungen nationaler Homogenität, ist überwiegend traditionalistisch, ethnozentrisch und rassistisch, keinesfalls kosmopolitisch orientiert (obwohl einzelne seiner Vertreter wie etwa Silvio Berlusconi in Italien durchaus kosmopolitisch leben). Auf diesen rechten Populismus als Protest geht dann Kapitel 9 ein.

Die (»linke«) Globalisierungskritik der 1990er

Das populäre Bild, dass eine Volksbewegung den Kalten Krieg hinweggefegt hätte, die mit dem Fall der Mauer am 9. November 1989 kulminierte, stellt ebenso eine Verengung der historischen Perspektive dar wie die Vorstellung, die Kritik am hegemonialen Liberalismus und der damit verknüpften »neoliberalen Variante« der Globalisierung hätte erst nach dem »Sieg des Westens« eingesetzt. Diese Konfliktsituation entstand schon in den 1970er Jahren. Konfrontiert mit der lateinamerikanischen Schuldenkrise der 1980er Jahre, entwickelten Weltbank und IWF Instrumente und Leitlinien, wie fiskalische Disziplin sowie der Abbau von Subventionen zugunsten von Investitionen in Bildung und Infrastruktur. Diese werden üblicherweise unter dem Begriff des *Washington Consensus* zusammengefasst. Letzterer fand anfangs große Unterstützung auch bei den Schuldnern. Als jedoch die Schattenseiten der liberalen Reformen merklicher wurden, galten sie vor allem in Lateinamerika als Ausdruck eines erneuerten »Yankee-Imperialismus«. Dieser mit Kritik am Neoliberalismus häufig Hand in Hand gehende Antiamerikanismus war auch in den bundesdeutschen alternativen Milieus höchst anschlussfähig.

Dieser *Washington Consensus* kam bereits Mitte der 1980er Jahre unter Druck, bevor er sich überhaupt vollständig durchgesetzt hatte. Die Kritik am hegemonialen Liberalismus war längst vorgedacht, bevor dieser überhaupt vollständig triumphieren konnte. Das neoliberale Projekt traf von Anfang an auf Widerspruch, zumal seine jüngsten Inkarnationen ihren Geburtsort in den USA hatten, in der *Chicago School* rund um Milton Friedman. Die Kritik am Neoliberalismus war mit antiamerikanischen Versatzstücken gewürzt, auch wenn die Gründerväter der *Chicago School* wie Friedrich von Hayek ihrerseits aus Europa stammten. Ideengeschichtlich knüpfte die neuere Globalisierungskritik einerseits am Marxismus an (vergleiche die entsprechenden Wendungen im *Kommunistischen Manifest*). Andererseits griff er auf die anti- und postkolonialen Befreiungsideologien zurück, die die Neue Linke schon in den 1960er und 1970er Jahre inspiriert hatten. Diese setzten sich dann in den Alternativmilieus in den 1980er Jahren in enthusiastischen »Solidaritätskampagnen« etwa für die nicaraguanischen Sandinisten oder die Rebellen in El Salvador fort (Haunss 2008, 457).

In den 1980er Jahren glückte dem Antiimperialismus auch dank der Hinwendung zur Globalisierungskritik der Ausbruch aus der sektiererischen Ecke der maoistischen, trotzkistischen oder auch leninistischen sogenannten K-Gruppen. Er fand, wie die fast gleichzeitige Friedensbewegung, über die ersten Massenproteste gegen den »US-Imperialismus«, die G7, die Weltbank und den IWF sowie international agierende Konzerne Anschluss an ein breiteres, sich politisch »links« verortendes globalisierungskritisches Spektrum, das bis weit hinein in die Sozialdemokratie und die Gewerkschaften reichte. Für eine breitere Öffentlichkeit erstmals greifbar wurden die globalisierungskritischen Bewegungen während der Proteste gegen den G7-Gipfel in Bonn 1985 (unter dem Sponti-Motto »Über allen Gipfeln ist Unruh«). Hierzu hatten auch die inzwischen im Bundestag vertretenen Grünen aufgerufen. Am Rande einer Demonstration von 10 000 friedlichen Protestlern kam es zu den größten Krawallen, die Bonn als Bundeshauptstadt je erlebt hat. Wie bei späteren Antiglobalisierungsprotesten zogen gewaltbereite und vermummte »Autonome« höchste mediale Aufmerksamkeit

8 Der Aufstieg der globalisierungskritischen Linken

Abb. 16: Antiglobalisierungsproteste und Gewaltfrage: Die Anfänge der heutigen globalisierungskritischen Bewegungen liegen in den 1980er Jahren, zunächst mit den Protesten gegen den G7-Gipfel in Bonn 1985 und hier gegen das Jahrestreffen von IWF und Weltbank in Westberlin 1988. In der Globalisierungskritik findet die radikale Linke Anschluss an die »Dritte-Welt-Bewegung« und ein liberalisierungskritisches Spektrum bei Grünen und SPD. Das Plakat zeigt einen lateinamerikanisch wirkenden Jungen mit Steinschleuder im Anschlag. Es unterstreicht die latente Gewaltbereitschaft eines Teils der Globalisierungskritiker. Physische Konfrontationen zwischen »autonomem Block« und Polizei ziehen auch mehrheitlich friedliche Protestteilnehmer in Mitleidenschaft. Diese Entwicklung verschärft sich im 21. Jahrhundert, zuletzt aus Anlass des G20-Treffens 2017 in Hamburg.
(Quelle: Büro für ungewöhnliche Maßnahmen/Bundeskongreß Entwicklungspolitischer Aktionsgruppen; Urheber: autonome Gruppe)

auf sich, als in Bonn Schaufenster zu Bruch gingen und die Auslagen einer Kaufhoffiliale geplündert wurden (Bothien 2009, 106). Dieses Muster setzte sich 1988 während der Berliner Proteste gegen das Jahrestreffen von Weltbank und IWF fort. Auch dort standen (neben G7/G8/G20 und GATT/bzw. WTO) genau die Akteure im Kreuzfeuer der Globalisierungskritik, deren Tagungen und Treffen bis heute den Anlass der meisten globalisierungskritischen Aktionen bilden (Rucht/Roth 2008, 496). Erneut war, wie in Bonn 1985, ein gewaltbereiter Block von »Autonomen« aufmarschiert. In Berlin 1988 potenzierte sich das »Gewaltproblem« aufgrund der dortigen Subkultur (und wurde von der Politik ebenso wenig antizipiert wie in Hamburg 2017). Die Globalisierungskritik stellte, wie die Protestforscher Jürgen Gerhards und Dieter Rucht am Beispiel der Berliner Proteste minutiös herausgearbeitet haben, einen identifikationsstiftenden Rahmen für ein heterogenes Spektrum bereit (Gerhards/Rucht 1992), obwohl dieses in seinen radikalen, gewaltbereiten Ausläufern bis in den Terrorismus hinein zerfaserte. In Berlin 1988 liefen sich autonome Gruppen schon im Vorfeld des Weltbanktreffens mit Hunderten von euphemistisch »direkte Aktionen« genannten Brandanschlägen warm. Auch die fast schon totgeglaubte RAF sprang aufs Trittbrett des Antiglobalisierungsprotests auf. Sie plante ein Attentat auf den Finanzstaatssekretär und späteren Bundesbankpräsidenten Hans Tietmeyer, das jedoch scheiterte.

Die große Integrationskraft der Globalisierungskritik, die auf den Straßen von Berlin 1988 mit 80 000 überwiegend friedlichen Teilnehmerinnen eindrucksvoll erkennbar war, wirkte auch nach dem Ende des Kalten Kriegs ungebrochen fort. Sie nahm sogar zu, nachdem sich mit dem Fall der Sowjetunion und der Abwahl der Sandinisten 1990 die weltpolitischen Rahmenbedingungen dramatisch verändert hatten. Zum symbolischen Startschuss des endgültig vollzogenen Übergangs vom klassisch »neu-linken« Antiimperialismus der 1980er Jahre zu einer nun voll entwickelten Globalisierungskritik wurde der zapatistische Aufstand in Mexiko (Haunss 2008, 459). Dieser begann am 1. Januar 1994, dem Tag des Inkrafttretens des nordamerikanischen Freihandelsabkommens NAFTA. Weit über Lateinamerika hinaus erhielt der Zapatistenaufstand eine Art Vorbildcharakter. Dieser markierte sichtbar die Schnittmenge zwischen Kritik am Neoliberalismus und seitens der Linken immer wichtiger werdender antikolonialer Perspektiven. Denn die Zapatisten kämpften nicht nur gegen marktradikale Globalisierung, sondern auch für indigene Rechte in Mexiko. In der Folge nahm das globalisierungskritische Denken Impulse aus dem postkolonialen Theorieangebot auf, das in westlichen Kulturwissenschaften eine rasche und oft modische Verbreitung fand.

Alles in allem war die linke Globalisierungskritik in ihren argumentativen Grundstrukturen und Protestmustern daher längst ausgeprägt, als in den 1990er Jahren in Nachfolge Fukuyamas die Idee offener Weltmärkte geradezu missionarisch aufgeladen wurde. Der *New York Times*-Kolumnist Thomas Friedman postulierte in seinem Buch *The Lexus and the Olive Tree: Understanding Globalization* (1999) als zentrales Ziel der US-Außenpolitik, weltweit auf die Akzeptanz offener Märkte zu drängen. Amerika müsse seine traditionelle Rolle als Leuchtturm der Freiheit neu definieren: »America can not only be, it must be a beacon for the whole world« (28). Für Friedman war es völlig abwegig, dass sich gegen diesen neoliberalen Konsens überhaupt noch Widerstand regen könnte. Wie Fukuyama hielt er eine Bewegung gegen die neoliberale Globalisierung für illegitim und undemokratisch. Dies sei schlicht unvorstellbar, denn die Globalisierung, sei »eine Bewegung von unten, von der Straße, sie komme aus der Seele der Menschen und stehe für deren tiefste Hoffnung« (285). Öffnung von Märkten und Demokratisierung schienen eins.

Kaum hatte Friedman diese Zeilen verfasst, da steuerten globalisierungskritische Bewegungen mit eskalierenden Massenprotesten gegen die Sitzung der Vertreter der WTO in Seattle 1999 auf ihren ersten großen Höhepunkt zu. Obwohl nur wenige Deutsche an dem *Battle of Seattle* teilnahmen, gilt dieses Ereignis auch hierzulande als wichtiger Referenzpunkt und »Gründungsmythos« der

Antiglobalisierungsbewegung (Rucht/Roth 2008, 497). Der Prager WTO-Gipfel im folgenden Jahr lockte dann zahlreiche linksradikale Globalisierungsgegner aus Deutschland an. Den »entscheidenden Impuls« für den globalisierungskritischen Aufbruch in Deutschland, so Rucht, hätten jedoch die Proteste gegen den G8-Gipfel in Genua 2001 gegeben. Mit Genua erzielte auch die 1998 in Frankreich gegründete globalisierungskritische Organisation Attac weltweite Prominenz. Attac versteht sich als transnationales Netzwerk, das seit 1999 auch in Deutschland über eine wachsende Anzahl von Gruppen verfügt. Mit seiner selbstbewusst globalen kognitiven Orientierung und Praxis steht Attac für organisatorische Innovationen und eine gemäßigte Globalisierungskritik. Es hat sich die Bekämpfung der Auswirkungen ungehinderter globaler Finanztransaktionsprozesse einschließlich der dadurch ermöglichten Steuerflucht zur Aufgabe gemacht. Politisch steht Attac links, ist aber undogmatisch und in seinem Mitgliederstamm divers. So gehörte ihm der CDU-Politiker Heiner Geißler an. Attac grenzt sich bewusst von der linken Fixierung auf die Arbeiterklasse ab, wie auch von den Neuen Sozialen Bewegungen (Hartleb 2014, 136).

Mit schöner Regelmäßigkeit werden im frühen 21. Jahrhundert die von den jeweiligen Gastgebern mit größtem Aufwand inszenierten und damit Globalisierungskritiker geradezu magisch anziehenden Weltwirtschaftsgipfel zum Zielpunkt von globalisierungskritischen Aktionen, wie in Deutschland zuletzt der G8-Gipfel in Heiligendamm 2007 und der G20-Gipfel in Hamburg 2017. Es wirkt, als würden die offiziellen Teilnehmerinnen der Gipfel ebenso wie die vor den Sicherheitszäunen kampierenden Demonstranten in einer Art stillschweigenden Übereinkunft ihr antagonistisch aufgeladenes symbolpolitisches Programm absolvieren und auf die von dieser »Schlachtordnung« ermöglichte wechselseitige Verstärkung der medialen Aufmerksamkeit geradezu spekulieren. Während sich aber in Heiligendamm die G8 noch einig waren, dass es zu weiteren Schritten weltwirtschaftlicher Liberalisierung kommen sollte, saßen in Hamburg 2017 wie kurz zuvor auf dem G7-Gipfel auf Sizilien Globalisierungsgegner wie Trump oder Putin mit am Verhandlungstisch. Weil der hegemoniale Liberalismus auch auf Seiten der Eliten westlicher Länder an Zustimmung verliert, wirft das die Frage auf, wieviel Sinn eine sich am Neoliberalismus reibende, globalisierungskritische Protestbewegung überhaupt noch hat.

In Deutschland haben sich globalisierungskritische Bewegungen neueren Stils (wie Attac), trotz der frühen Ansätze der antiimperialistischen Linken schon in den 1980er Jahre, erst relativ spät formiert. Erst nach den Gewaltexzessen auf dem G8-Gipfel in Genua im Juli 2001 (mit dem Tod eines Demonstranten) wurden aufgrund der hohen medialen Aufmerksamkeit für dieses Ereignis auch in Deutschland Bewegungen wie Attac zu einem Begriff. Warum wurde Deutschland nach dem frühem »aussichtsreichem Start« ein relativ schwieriges Pflaster für linke Globalisierungskritiker? Das dürfte einerseits mit den Nachwirkungen der Wiedervereinigung zu tun haben, die viele Energien band; andererseits lag es auch am Machtwechsel zu Rot-Grün 1998. Damit waren ehemalige Protagonisten der Neuen Sozialen Bewegungen der 1970er und 1980er Jahre im Zentrum der Macht angekommen. Darüber banden die Friedensbewegungen der 1990er Jahre viele Energien des progressiven Spektrums. Denn die »Mobilisierungskraft des Friedens« war im wiedervereinigten Deutschland deutlich größer als die der Globalisierungskritik.

Friedensbewegungen nach dem Ende des Ost-West-Konflikts

Diese neue, scheinbar unhintergehbare liberaldemokratische Ordnung sah sich 1990/91 durch den Irak und ab 1992 im zerfallenden Jugoslawien, Somalia und Ruanda durch partikulare, ethnisch basierte Konflikte massiv herausgefordert. Der Westen bzw. die

USA reagierten darauf mit mehreren militärischen Interventionen. Noch während die außenpolitischen Eliten Europas und der USA darüber debattierten, wie eine neue Weltordnung aussehen könne und wie Frieden, Freiheit und Sicherheit in einer stärker vernetzten Welt garantiert werden sollten, gönnte sich die Weltgeschichte keine Atempause. Am 2. August 1990 überfiel der Irak unter dem Diktator Saddam Hussein das ölreiche Fürstentum Kuwait. Dieses beanspruchte er als eine verlorene Provinz für sein Land. Obwohl die Regierung Bush, gedeckt von der UN, innerhalb kürzester Zeit ein erstaunlich breites Bündnis gegen Saddam Hussein auf die Beine stellten, regten sich massive Proteste gegen den Einmarsch in den Irak – sowohl in den USA selbst als auch in europäischen Ländern.

Unter dem Motto »Kein Blut für Öl« demonstrierten am 14. Januar 1991 in Bonn mehr als 200 000 Menschen gegen einen neuen Krieg am Golf. Doch die Friedensbewegung war gespalten. Saddams Irak hatte das Völkerrecht eindeutig verletzt. Auch wollte er Israel in den Konflikt hineinziehen. Der Gegenangriff der USA und ihrer Verbündeten war durch den UN-Sicherheitsrat legitimiert. Wie es 1991 im Aufruf zu einer Friedenskonferenz im Frankfurter Gewerkschaftshaus hieß, müsse zwar die Aggression gegen Kuwait rückgängig gemacht werden. Doch dafür müsse es andere als militärische Mittel geben: »Krieg muss ein für allemal als Mittel der Politik ausgedient haben« (Heil 1992, 2). Andreas Buro, der seit seinem Engagement in der »Kampf dem Atomtod«-Kampagne und Ostermarschbewegung zu den führenden Aktivisten der deutschen Friedensbewegung gehörte und die Bonner Demo mitorganisiert hatte, begründete sein Engagement gegen die Intervention im Irak damit, dass dieser »erste große Krieg mit Weltdimension« nach dem Ende des Ost-West-Konflikts nur der Großmachtpolitik der USA diene. Darin sah er sich mit dem ehemaligen Architekten der sozialliberalen Ostpolitik in den 1970er Jahren, Egon Bahr, einig, der sich »vehement über die dominante Einflussnahme der USA« beklagte (Buro 2011, 238).

1991 fiel der Fasching aus: Obwohl sich Deutschland nicht am Golfkrieg beteiligte und sich deutsche Politiker über den Beginn der militärischen Aktionen der Verbündeten am 16. Januar 1991 unisono »bestürzt« zeigten (Görtemaker 2009, 68), löste der Krieg so kurz nach der Wiedervereinigung eine gesellschaftliche Massenpanik, eine Art »Kriegsschock« (Rossana Rossanda) aus. Im kollektiven Gedächtnis lebt die bundesweite Absage fast aller Karnevalsumzüge fort: »Heute würde so etwas nicht mehr gemacht werden«, erinnerten sich Jecken 20 Jahre später. Doch damals war die »Stimmung so unten«, dass den Narren die Lust zum Feiern verging (*Augsburger Allgemeine*, 9. März 2011).

Recht auffällig und ungewöhnlich war die starke Beteiligung ganz junger Menschen an den Protesten, etwa von 1 500 Schülern in Osnabrück. Diese gingen mit Plakaten wie »Angst« und »Kein Blut für Öl«, »Frieden soll existieren – Krieg soll verlieren« unabhängig von der organisierten Friedensbewegung auf die Straße (*Osnabrücker Zeitung*, 16. Januar 2016). »Die Betroffenheit über den Krieg, das Sterben am Golf machen den jungen Menschen zu schaffen, die am Hofgarten demonstrieren. Sie wollen keinen Unterschied machen zwischen Amerikanern, Israelis und Irakis, die sterben«, wie es in einem Pressebericht über die große Bonner Friedensdemonstration hieß (Bothien 2009, 115).

Wesentliche Antriebskräfte dieser neuen deutschen Friedensbewegung waren: *Erstens* die große und fast schon existenzielle Enttäuschung darüber, dass die Friedensdividende ausgeblieben war. Ein »Frieden ohne Waffen« war auch nach dem viel bejubelten Ende des Kalten Kriegs nicht in Sicht. Zwei Jahre nach dem Fall der Mauer standen europäische Soldaten wieder im Krieg. Diese emotionale Reaktion wird in Umfragen deutlich (Oldhaver 2000, 253). Vor allem ganz junge Menschen, die mit den Unsicherheiten der neuen Weltordnung haderten, waren vom Krieg stark betroffen. *Zweitens* ging es um die Frage einer gesamteuropäischen und globalen Friedensordnung. Welche Rolle würden die USA als »einzig verbliebene Supermacht« und alleiniger militärischer Hegemon spielen? Ein unterschwelliger Antiamerikanismus spielt hier hinein (Claussen 1991, 138). *Drittens* stand die Frage im Raum, wie Deutschland als Land künftig zu militärischen Interventionen stehen würde. Zwar beteiligte sich Deutschland nicht an der Rückeroberung Kuwaits. Bonn kaufte sich mit »Scheckbuch-Diplomatie« frei. Doch die Frage deutscher Auslandseinsätze wurde mit dem Zerbrechen Jugoslawiens 1992 und dem Beginn der ethnischen Säuberungen in Bosnien und im Kosovo schon innerhalb Jahresfrist virulent.

Der erste Irakkrieg provozierte eine Debatte zwischen den sogenannten »Bellizisten« und »Pazifisten«, worin nun die begründetere Position liege: In der »verantwortungsethisch« legitimierten Teilnahme an militärischen Interventionen oder einer konsequent pazifistischen Haltung? Innerhalb der Linken kam es darüber zu heftigen Zerwürfnissen. Wolf Biermann provozierte gekonnt mit NS-Vergleichen, als er 1991 eine Intervention am Golf forderte:

»Aber dann fällt mir die Nazizeit ein. Vier Friedenskämpfer haben 1938 das Münchener Abkommen besiegelt: Chamberlain, Daladier, Mussolini und Hitler – ein lehrreiches Gruppenphoto. Als Hitler dann gemeinsam mit Stalin Polen überfallen und annektiert hatte, wurde in den USA darüber gestritten, ob man in den Krieg gegen Nazi-Deutschland eingreifen sollte. [...] In den Nachrichten sehe ich die Bilder von Friedensdemonstrationen vor US-Air-Bases. Die meisten Losungen sind antiamerikanisch, als wären die USA der Aggressor. Modische Palästinensertücher und kein Wort für Israel. Man kommt sich vor wie auf der falschen Beerdigung« (Biermann 1991).

Der geschichtspolitische Hintergrund dieser Debatten ist der Aufstieg des Holocaust zu einer zentralen diskursiven Arena innerhalb des Westens. In den 1990er Jahren und auch noch im frühen 21. Jahrhundert wurde über das politisch Wünschenswerte in den internationalen Beziehungen oft mit Verweisen auf die Ermordung der europäischen Juden argumentiert. Biermanns Intervention war kein Einzelfall, vielmehr gab es relativ starke Unterstützung für die »verantwortungsethische Position«, die mit einem prinzipiellen Pazifismus ins Gericht ging, zumal Israel von Saddams Raketen konkret beschossen wurde, der damit einen Keil in die arabische Front gegen den Irak zu treiben hoffte. Ähnlich argumentierte Außenminister Fischer, als er auf einem tumultuösen Sonderparteitag der Grünen in Bielefeld am 13. Mai 1999 die Mitwirkung der Bundeswehr am militärischen Einsatz der NATO im Kosovo mit der Formel »Nie wieder Krieg, nie wieder Auschwitz« mit einer Holocaust-Analogie verteidigte. Eine Farbbeutelattacke aus der Mitte des pazifistischen Blocks war für Fischer eine Art Ritterschlag. Er sah sich durch den innerparteilichen Protest, der vom Platz vor der Halle in die Halle selbst überschwappte, in seiner Haltung erst recht bestätigt (Wolfrum 2013, 76f.).

Trotz eines relativen Unbehagens in der Bevölkerung und pointierter Debatten, nicht nur der außenpolitischen Experten, über »militärische Gewalt als Ultima Ratio der Politik« blieb während der jugoslawischen Bürgerkriege eine breite Protestmobilisierung aus. Im Vergleich zu den beiden Kriegen am Golf fehlen die großen Straßendemonstrationen. Buro kommt in seinem Überblickskapitel zur Geschichte der deutschen Friedensbewegung im *Handbuch soziale Bewegungen* zu der skeptischen Quintessenz, dass »die Aktivitäten der Friedensbewegung« die Beschlüsse der Bundesregierung kaum beeinflusst hätten (2008, 286). Er sieht nur zwei Ausnahmen. Die weltweite Kampagne gegen den Vietnam-Krieg, die zum Erfolg geführt habe, sowie jüngst der Irak-Krieg 2003, wo die rot-grüne Regierung auf Oppositionskurs zur Regierung Bush ging. Sie war sich hierbei eines breiten Rückhalts in der deutschen Bevölkerung sicher. Kanzler Schröders Formel vom »deutschen Weg« trug mit zum Sieg im Bundestagswahlkampf 2002 bei.

Auffällig ist, wie hoch im frühen 21. Jahrhundert das Mobilisierungspotenzial in Deutschland gegenüber von den USA initiierten Militärinterventionen war. Vergleichbare Einsätze europäischer Partner wie in Libyen 2011 und Mali 2013 oder auch der Bundeswehr im Kosovo 1998 sorgten zwar für heftige politische Kontroversen. Sie haben jedoch kaum Straßenprotest hervorgebracht. Auf zahlreichen Podien wurde intensiv über die NATO-Intervention im Kosovo und die deutsche Beteiligung daran debattiert. Dennoch kam es nur zu vereinzelten Protestaktionen, wie Mahnwachen vor militärischen Einrichtungen oder dem Auswärtigen Amt. Es waren bezeichnenderweise 13 000 Kosovo-Albaner, die am 3. April 1999 in der letzten großen Demonstration in der Bonner Bundeshauptstadt auf die Straße gingen, bevor der Regierungssitz nach Berlin verlagert wurde. Diese demonstrierten gegen Völkermord auf dem Balkan und forderten die Auslieferung des serbischen Staatschefs Slobodan Milošević an das Haager Tribunal (Bothien 2009, 140). Einiges spricht für Wolf Biermanns Vermutung, dass bei den Protesten gegen die beiden Irak-Kriege antiamerikanische Vorurteile mit zur intrinsischen Motivationsstruktur gehörten und Opposition gegen den »großen Bruder« deutscher pazifistischer Selbstverständigung Auftrieb verleiht.

Der Frieden ist nach dem Ende des Kalten Krieges komplexer geworden. Damit ist das Feld auch für die Friedensbewegungen unübersichtlicher: Organisationen wie »Pax Christi« folgen seither auch den Impulsen der Friedensforschung, die Frieden stärker als gesellschaftliches Projekt versteht, auf Konfliktprävention etwa durch Armutsbekämpfung setzt und Konzepte wie »zivile Konfliktbearbeitung« in den Vordergrund rückt (Weller/Kirschner 2005). Nicht mehr der große Kladderadatsch durch Atomraketen droht, wie in den 1980er Jahren vielfach befürchtet wurde, sondern eine latente Militarisierung der Außenpolitik; nicht mehr der Zusammenstoß großer Landarmeen in Europa, sondern Fluchtbewegungen, die ihre Ursachen in jahrzehntelang schwelenden Konflikten in an Europa angrenzenden Weltregionen haben. Dies wiederum führt zu einer Militarisierung der europäischen Außengrenzen. Damit ist die Friedensbewegung heute weniger leicht von globalisierungskritischen Netzwerken zu trennen, ja dürfte in Deutschland vielleicht sogar der gegebene Ausdruck (linker) Globalisierungskritik geworden sein.

Der Aufstand der Ausgebildeten 2011

Die Unzufriedenheit mit dem Status quo und der globalisierten Gegenwart hat sich zu Beginn dieses Jahrzehnts, ausgehend vom »Arabischen Frühling« 2011, in einer neuen, globalisierungskritischen Welle von Jugendprotesten entladen. Als deren verbindendes Element identifiziert der Hamburger Protestforscher Wolfgang Kraushaar, dass diese Proteste überwiegend von jungen Erwachsenen aus der Gruppe der 18- bis 29-jährigen getragen wurden (Kraushaar 2012, 14). Diese neue Generation von Protestlern verfügt zumeist über höhere Qualifikationen, wenigstens Abitur oder Hochschulabschluss. Viele von ihnen sind, vor allem in Südeuropa und den arabischen Ländern, ohne echte Berufsperspektiven. Sie sind, wie könnte es aufgrund ihrer generationsspezifischen Prägung auch anders sein, als *digital natives* affin zu sozialen Medien. Ja, ihr Protest ist ohne die spezifische soziale Medienkompetenz weder vorstellbar, noch darstellbar, noch organisierbar. Dennoch bleibt es dabei, dass die auf Handys aufgezeichneten Protestszenen nach wie vor des Verstärkungseffekts der etablierten Medien bedürfen – und dieser wird ganz klassisch durch physische Präsenz auf Straßen erreicht.

In Deutschland lagen auch hier, ähnlich wie bei den Bewegungen gegen die Globalisierung, die Quellen und Anstöße für die Proteste überwiegend außerhalb der Landesgrenzen. Sie wurden durch entsprechende Netzwerke und mediale Nachahmungseffekte importiert. Diese Transnationalität, unterstützt durch soziale Medien, zeigt sich am Ursprungsfall des tunesischen Händlers, der trotz Hochschulreife seinen Lebensunterhalt halblegal mit Obst- und Gemüseverkauf verdienen musste. Seine Geschichte ging um die Welt, als er sich nach der Beschlagnahmung seines Wagens selbst anzündete, verbreitet zunächst über soziale Medien und schließlich den katarischen Sender *Al Jazeera*. Der darauffolgende Umsturz in Tunesien führte über mehrere Stationen zu einem Aufruhr im gesamten Nahen Osten, der als »Arabischer

Frühling« oder »Arabellion« in die Geschichte eingegangen ist. Auch in Europa und den Amerikas stellte er eine Chiffre für den neuen Protest dar, der sich einerseits als Gegenbewegung gegen den Neoliberalismus verstand, andererseits die spezifische Situation junger Menschen nach der Finanz- und Schuldenkrise von 2008/09 thematisierte, besonders in den südlichen Ländern Europas.

Diese Protestkonjunktur bekam in Deutschland einen englischen Namen durch das für den hiesigen Aufstand der jungen Erwachsenen prägende Vorbild der *Occupy Wallstreet*-Bewegung in New York, die mit der Besetzung des Zuccotti Parks am 17. September 2011 Furore machte. In Deutschland kam es, wie in anderen europäischen Ländern, aufgrund des überragenden medialen Erfolgs von *Occupy Wallstreet* zu Nachahmungsphänomenen. Innerhalb kürzester Zeit gründeten sich zwanzig Gruppen, mit mehreren tausend campierenden Teilnehmern etwa in Frankfurt, Berlin, Hamburg, Köln, Stuttgart, Leipzig und Düsseldorf am weltweiten »Aktionstag« 15. Oktober (Geiges 2013, 180). Am nachhaltigsten erwiesen sich die *Occupy*-Proteste in Frankfurt am Main, weil dort mit der Europäischen Zentralbank (EZB) einer der behaupteten Hauptakteure des verfehlten Krisenmanagements seinen Sitz hat. Das EZB-Hauptquartier war ein natürlicher Anziehungspunkt für ein Protestcamp. Manche dieser Camps überdauerten ein Jahr. Sie wurden, so auch in Frankfurt, erst im September 2012 geräumt.

Drei Punkte springen bei *Occupy* ins Auge: *Erstens*, wie gesagt, die zentrale Rolle sozialer Medien. So ging die Besetzung des Zuccotti Parks aus einem von der konsumkritischen, im kanadischen Vancouver ansässigen Adbusters Media Foundation organisierten Happening hervor, das durch den Arabischen Frühling angeregt worden war. Über Twitter angekündigt marschierten, zur Überraschung der Initiatoren, 5 000 Menschen durch Manhattan, von denen sich dann einige Hundert zu einem Protest-Camp versammelten. Ein unkluges Eingreifen der Polizei machte *Occupy* zum weltweit kommunizierten Großereignis. *Zweitens*: Während frü-

8 Der Aufstieg der globalisierungskritischen Linken

Abb. 17: Platzbesetzung als Programm, Occupy vor der Europäischen Zentralbank in Frankfurt am Main, 12. Mai 2012: Beeinflusst vom »Arabischen Frühling« 2011 gehören Platzbesetzungen und einfache Protestcamps mit Zelten zum Markenkern der jüngsten globalisierungskritischen Proteste. Blockaden haben eine lange Vorgeschichte, nicht zuletzt in der Anti-AKW- und Friedensbewegung, sind jedoch nach den überraschenden Erfolgen von Occupy Wallstreet 2011 zum Markenzeichen der jüngsten Protestwelle geworden. Die Camps unterscheiden sich mit ihren ausgefeilten basisdemokratischen Formen (hier eine »Asamblea«) deutlich von denen der älteren sozialen Bewegungen.
(Quelle: F.A.Z.; Foto: Kien Hoang Le)

here globalisierungskritische Protestbewegungen stärker auf die Demonstration als auf die Besetzung von symbolischen Orten zielten, war bei *Occupy* die »Besetzung« Programm (auch wenn wir dieses Mittel auch schon aus der Anti-AKW-Bewegung und den Blockaden von Raketendepots kennen). Auffällig ist der hohe Organisationsgrad in den Camps. *Drittens* bewegte sich *Occupy*, trotz gewisser personeller Querverbindungen, im Unterschied etwa zu Attac in relativer Isolation von klassischen Akteuren, suchte kaum Bündnisse etwa mit den Gewerkschaften (Rucht 2013, 132).

Als ein Grund für den relativen Misserfolg der *Occupy*-Bewegung gilt neben der Abschottung von etablierten Verbänden vor allem die rigorose basisdemokratische Form, die sich in der vehementen Ablehnung repräsentativer Prinzipien als letztlich kontraproduktiv erwies. Die bewusste Vermeidung einer Institutionalisierung passt gut zum projektförmigen Charakter von neueren, »postmodernen« Bewegungen. Die Camps mit ihren für Außenstehende merkwürdigen Ritualen und ihrer speziellen Diskussionskultur (mit einer bis zu sechsstündigen *Asamblea*, wie der aus dem Spanischen übernommene Begriff für die abendliche Generalversammlung hieß) konnten und wollten sich nicht verstetigen lassen. Indes griffe es auch hier zu kurz, *Occupy* schlicht Scheitern zu bescheinigen. Das missversteht die eigentliche soziale Bedeutung von Protest. Dessen Funktion liegt weniger darin, wie wir bereits mehrfach gesehen haben, konkrete Lösungen zu entwickeln, als immer wieder neu gesellschaftliche Problemwahrnehmungen und Kommunikationsdefizite zu indizieren.

Die Indikatorfunktion von Protest ist bei *Occupy* unübersehbar präsent: Worauf *Occupy* als Teil des »Aufstands der Ausgebildeten« aufmerksam gemacht hat, ist, dass sich das Problem der politischen Repräsentation im Zeitalter der Globalisierung in neuer Dringlichkeit stellt. Aufgrund der verbreiteten Wahrnehmung der Verflüssigung von Grenzen und einer für globale Probleme offenkundig fehlenden Kompetenz nationaler Parlamente und Regierungen gehen der national verfassten liberalen Demokratie die Konzepte aus. Während der jüngsten Finanzkrise wurden Entscheidungen zwar auf Ebenen jenseits des Nationalstaates verlagert. Dies wurde im Falle von Griechenland besonders krass sichtbar, weil das dortige Parlament zwar dem »Oktroi der Institutionen« zunächst Widerstand leistete, am Ende jedoch beidrehen musste. Der Verlagerung von Kompetenzen auf eine übernationale Ebene überwiegend im Bereich der Wirtschaft stehen keine entsprechenden Strukturen politischer Repräsentation gegenüber. Das wirft die Frage auf, wie Solidarität im Zeitalter der Globalisierung europäisch oder sogar global übergreifend geübt und organisiert werden kann. Hier geben (rechte) Populisten und (linke) Protestler konträre Antworten.

9

Protest rund um Einwanderung, Flucht, Asyl und Rassismus: Protestgeschichte der Gegenwart II

»Was wird, wenn die Zeitbombe hochgeht?« fragte sich das *Hoyerswerdaer Wochenblatt* am 2. November 1990, knapp einen Monat nach der Wiedervereinigung. Angesichts einer zu befürchtenden hohen Arbeitslosenzahl sei in der Stadt »sozialer Zündstoff in Massen vorhanden«. Ein knappes Jahr später kam es zu der befürchteten Explosion. Am 17. September 1991 griffen Jugendliche auf dem Marktplatz von Hoyerswerda zunächst vietnamesische Zigarettenhändler an. Als die Vietnamesen sich verteidigten, verfolgten die Jugendlichen sie zu einem Wohnheim für

»ausländische Vertragsarbeiter«. Danach griff die Gewalt auf eine benachbarte Asylbewerberunterkunft über. Von zuschauenden Anwohnern wurden die Skinheads und jugendlichen Täter mit Beifall bedacht, während sich die Polizei überwiegend passiv verhielt. Am 23. September wurde ein Teil der Asylbewerberinnen und Vertragsarbeiter evakuiert, letztere, da ihre Arbeitsverträge gekündigt worden waren, direkt abgeschoben.

Wie der Hoyerswerdaer Historiker Christoph Wowtscherk in einer minutiösen Untersuchung der Vorfälle herausgearbeitet hat (2014), nahm die überregionale Presse zunächst kaum Notiz. Die Krawalle ordneten sich in ein Schema rassistischer und fremdenfeindlicher Gewalt ein, das mit Hunderten kleinerer derartiger Vorfälle bis zum Sommer 1991 schon eine gewisse Vertrautheit bekommen hatte. Doch als *BILD* mit dem »Bürgerkrieg« von Hoyerswerda aufmachte und die *taz* von einer »Menschenjagd« sprach, wurde Hoyerswerda zum national und international beachteten Skandal. Besonders wurde von den Medien betont, dass danebenstehende »Gaffer« den völkischen Mob beklatscht hätten. Auch bestätigte Hoyerswerda das westdeutsche Vorurteil der prinzipiell rassistischen Ostdeutschen. Als Ursache macht die Öffentlichkeit wie auch die interessierten Sozialwissenschaftler, Jugendforscherinnen und Psychologen eine Identitäts- und Transformationskrise der DDR-Gesellschaft sowie ein Aufbegehren gegen das »neue System« aus.

Zwar ist Hoyerswerda als Auftakt und »Fanal« rechter Gewalt gegen Einwanderer in der Erinnerung besonders prominent, weil es der erste größere *race riot* im wiedervereinigten Deutschland war. Aber weder ist Hoyerswerda präzedenzlos, noch ist es ein Einzelfall. Zurückgeführt werden diese Ausschreitungen und Handlungen, die nach der Wiedervereinigung eine solche Prominenz bekamen, auf die akute Krise der 1990er Jahre. Aber Hoyerswerda, Rostock-Lichtenhagen, Mölln, Solingen und andere Orte weisen in die Geschichte beider deutscher Staaten zurück. Daher ordne ich den einwanderungsfeindlichen Protest im Folgenden in die Geschichte einer migrationspolitischen Realitätsverweigerung seit den 1970er Jahren ein. Da es auch auf dem Gebiet der ehemaligen BRD zu rassistischen Ausschreitungen kam, wie etwa im Mai 1992 auf der Schönau in Mannheim, griffe es viel zu kurz, die migrationsfeindliche Haltung ostdeutscher Jugendlicher und die rassistischen Einstellungen der die Ausschreitungen beifällig begrüßenden Bevölkerung allein als Folge autoritärer Haltungen in der alten DDR zu erklären.

Protest und protestförmige Konflikte rund um Themen wie Migration, Flucht und Asyl sind Teil der Bewältigung von Globalisierungsprozessen. Ein- und Auswanderung gehören zu Grenzen überschreitenden globalen Interaktionsprozessen (so die Definition im vorigen Kapitel). Zu den Folgen einer Entgrenzung von Handel zählt, dass Arbeitsplätze an bisherigen Produktionsstandorten verschwinden und sich einzelne Industriesektoren in andere Regionen verlagern. Aufgrund von sinkenden Transportkosten sowie dem Abbau von Handelsschranken ist die Produktion an bisherigen Standorten nicht mehr wettbewerbsfähig, wie dies im Fall der alten DDR-Industrie ab 1990 zu beobachten war. Es bilden sich spezialisierte Cluster wie im Silicon Valley oder im süddeutschen Maschinenbau, die überregionale Märkte bedienen. Das bedeutet aber im Umkehrschluss, dass sich Menschen auf den Weg zu genau den Orten machen, an denen sie Arbeit finden können. Wer kräftig exportiert und über Knowhow, Kapital, Standorte und Produktionskapazitäten verfügt, der muss damit rechnen, dass im Gegenzug ein menschlicher Mobilitätssog entsteht. Das führte etwa im 19. Jahrhundert dazu, dass sich strukturschwache Mittelgebirge wie das Sauerland oder der Odenwald entvölkerten, während Industriestädte wie Bochum oder Mannheim explosionsartig wuchsen.

Das vorherige Kapitel thematisierte die aufgrund ihrer marxistischen Tradition im weitesten Sinne sich im »progressiven Spektrum« verortenden globalisierungskritischen Bewegungen. Linke Globalisierungskritiker vertreten weit überwiegend keine prinzipiell migrations- oder ausländerfeindliche Agenda. Im Gegenteil: Attac beispielsweise setzt sich für die »Globalisierung von sozialer

Gerechtigkeit, für politische, wirtschaftliche und soziale Menschenrechte ein« und greift migrationsfeindliche Haltungen frontal an: »Statt Vorurteile zu bedienen und Ressentiments zu verstärken, mit denen sich vielleicht kurzfristig Mobilisierungserfolge erzielen ließen, muss [die Kritik am Status quo] Aufklärung über die sozialen Verhältnisse betreiben« (Homepage von Attac Deutschland). Zwar äußerst sich Attac nicht explizit zu Flucht, Asyl und Einwanderung, grenzt sich aber von rechtsradikalen und rechtspopulistischen Lösungsansätzen zur Bewältigung der von Globalisierung ausgelösten Migrationsbewegungen ab.

Attac und andere globalisierungskritische Organisationen der Linken sagen nicht genau, wie konkret globale Solidarität künftig geübt werden sollte (außer durch die Erhebung einer Finanztransaktionssteuer, deren Aufkommen jedoch kaum reichen dürfte, globale Ungleichheit abzubauen). Ihnen kann man kritisch vorwerfen, dass die Situation der Menschen im »globalen Süden« nur verbessert und Migrations- und Fluchtursachen bekämpft werden könnten, sofern die entwickelten, industrialisierten Länder ihre Märkte für Produkte aus den Herkunftsländern öffneten. Sie müssten durch Freihandel Importbeschränkungen abbauen und somit die Liberalisierung noch weitertreiben. Erst dadurch würden Arbeitsplätze vor Ort geschaffen. Tatsächlich hat der jüngste Globalisierungsschub seit den 1970er Jahren im globalen Maßstab zum massiven Abbau von Ungleichheit geführt, indem er Hunderten Millionen von Menschen, vor allem in Asien, den Aufstieg in die Mittelklasse ermöglichte. Das bedeutete aber auch, dass seit den 1970er Jahren arbeitsintensive Branchen wie die Textil- und auch die Stahlindustrie aus den industrialisierten Ländern verschwanden, während andere, neue Jobs entstanden. In ökonomisch fragwürdigen Nullsummenspielen wird dies als einseitiger Verlust charakterisiert, weil wir Solidarität weiter überwiegend national denken.

Im Unterschied zu (linken) globalisierungskritischen Bewegungen streben rechtsradikale, rechtspopulistische und nationalistische Gegner der Globalisierung – darunter wäre eine soziale Bewegung wie »Pegida« oder eine Partei wie der Front National in Frankreich zu zählen – eine andere Lösung an: Sie wollen Räume prinzipiell umgrenzen und lehnen daher Einwanderung ab. Zugleich stellen sie die wirtschaftliche Seite der Globalisierung zur Disposition. Viele sehen Freihandel primär negativ, lehnen den hegemonialen Liberalismus sowohl mit Blick auf dessen Menschenbild als auch dessen Wirtschaftsphilosophie ab. Rechtspopulisten und Nationalisten sind in ihrer globalisierungskritischen Haltung meist konsequent, während etablierte konservative Kräfte wie die CDU/CSU Exportorientierung schätzten und gleichzeitig migrationskritische Haltungen an den Tag legten. Damit verfestigte sich in den 1980er Jahren die kulturelle Schizophrenie, wonach die Bundesrepublik zwar zu den die Globalisierung wirtschaftlich antreibenden Ländern gehörte, aber kein Einwanderungsland sein wollte und will. Die Wirkungen dieser Realitätsverweigerung dauern bis heute an.

Auf die rechten Protestler lassen sich Definitionen sozialer Bewegungen anwenden, gibt es doch inzwischen zahlreiche rechtsradikale und neonazistische Netzwerke wie Pegida, die »freien Kameradschaften« oder die seit dem Aufstieg der AfD zur parlamentarischen Größe zunehmend ihren Parteicharakter einbüßende NPD, die mehr als spontane »Zusammenrottungen« einzelner oder größerer Gruppierungen empörter Menschen sind. Diese Netzwerke sind inzwischen »auf Dauer« gestellt und ähneln den NSB der 1970er Jahre. Die Forschung zögert jedoch, migrationsfeindlichen und rassistischen Gruppierungen das Siegel sozialer Bewegungen zuzubilligen. Diesen fehle »das Definitionsmerkmal des Strebens nach einem grundsätzlichen gesellschaftlichen Wandel« (so Rucht/Heitmeyer 2007, 575). Diese Annahme ist überholt. Denn tatsächlich wollen rechte Gruppierungen den Status quo in der deutschen Gesellschaft verändern. Ihr Ziel ist die ethnisch homogene Gesellschaft, die es in der deutschen Geschichte noch nie gegeben hat. Rechte Protestler üben damit grundsätzliche Kritik an den bestehenden Verhältnissen, die sie in ihrem Sinne verändern wollen.

9 Protest rund um Einwanderung, Flucht, Asyl und Rassismus

Da die historische Protestforschung das Thema Einwanderung lange vernachlässigt hatte, ja es ausgeprägte Tendenzen gibt, migrationskritische Haltungen und rassistische sowie fremdenfeindliche Mobilisierungsversuche nicht als eine Variante von Protest (-bewegung) verstehen zu wollen wie auch dem Protest von Migrantinnen selbst nicht das Merkmal »sozialer Bewegung« zuzuerkennen, befasse ich mich einleitend *erstens* mit dem Verhältnis von Migrations- und Protestgeschichte. Der *zweite* Abschnitt thematisiert den Protest der Eingewanderten selbst (sowohl »Diaspora-Proteste« als auch »Gastarbeiterstreiks« wie auch Ansätze »emanzipatorischer Migranten«, überwiegend Intellektueller der zweiten und dritten Generation). Dies sowie *drittens* der ebenfalls in den 1970er Jahren wurzelnde Streit um Asyl greift in die alte BRD zurück. Ich schließe *viertens* mit einem Blick auf den rechten Populismus als Form gesellschaftlichen Protests gegen den Status quo, der, wenn auch nicht exklusiv, Migration in den Mittelpunkt rückt.

Migrationsgeschichte und Protestforschung

Rassistische, fremden- und ausländerfeindliche Proteste und Ausschreitungen sowie Konflikte um Asyl, Einwanderung und Migration sind selbstverständlicher Teil der Protestgeschichte Deutschlands nach 1945. Auch in der unmittelbaren Nachkriegszeit gab es, wie heute, beides: Einerseits Widerstand gegen die überlebenden jüdischen DPs, aber auch »Zigeuner« und aus Osteuropa eingewanderte Menschen einschließlich der volksdeutschen Flüchtlinge und Heimatvertriebenen. Andererseits waren die im Jahrzehnt nach dem Zweiten Weltkrieg Eingewanderten keineswegs stille Opfer, sondern traten, wie wir gesehen haben, lautstark für ihre Rechte ein. Das galt für die jüdischen Deutschen, die sich gegen den fortdauernden Antisemitismus wehrten, aber auch für die aus den Ostgebieten Vertriebenen bzw. noch während des Kriegs von deutschen Behörden umgesiedelten Menschen, die sehr vehement für einen fairen Lastenausgleich demonstrierten. Dank ihrer Staatsangehörigkeit gründeten sie politisch schlagkräftige Lobbys, Verbände und sogar Parteien wie den Bund der Heimatvertriebenen und Entrechteten (BHE).

Einwanderung und Protest gingen daher von Anfang an Hand in Hand. Zugleich waren beide deutsche Staaten von einer kulturellen Schizophrenie geprägt, in der sich die Mehrheit einer »migrantischen Realität« verweigerte, die spätestens Ende der 1950er Jahre von der deutschen Politik nicht zuletzt aufgrund von ihr bewusst eingeleiteter wirtschaftspolitischer Schritte geschaffen worden war. Wir wissen aus Forschungen der Göttinger Migrationshistorikerin Karen Schönwälder (2001) sowie von anderen, dass sich die Verantwortlichen darüber im Klaren waren, dass mit der Anwerbung ausländischer Arbeitskräfte, die die boomende Wirtschaft dringend benötigte, de facto Einwanderung erfolgte und dies Integrationsprobleme schaffen würde. Schließlich gab es die Erfahrungen mit den »Fremdarbeitern« im Zweiten Weltkrieg, die sich schon damals nicht einfach von der einheimischen deutschen Bevölkerung hatten trennen lassen, obwohl Kontakte zwischen Deutschen und Fremdarbeitern etwa in Form sexualisierter »Rassenschande« kriminalisiert worden waren.

Selbstverständlich war Deutschland lange vor 1945 ein Einwanderungsland, auch im 19. und in allen früheren Jahrhunderten. Seit es so etwas wie Deutschland gibt, waren dessen viele Gliedstaaten immer wieder auch Einwanderungsländer und nicht allein Ausgangspunkt von Auswanderungsbewegungen. Allen Behauptungen der Identitären, Völkischen, Nationalisten und so weiter zum Trotz hätte Deutschland »sich längst abgeschafft«, wäre es kein Einwanderungsland gewesen. Nicht zuletzt die viel gepriesene Vitalität der alten BRD, mit ihrer experimentellen Kultur und ihrer boomenden Wirtschaft beruhte ganz zentral auf Einwanderung. Das war schon in den 1970er und 1980er Jahren im Vergleich zu der damals sehr viel weniger dynamisch wirkenden DDR erkennbar, die ethnisch deutlich homogener, aber damit auch provinzieller wirkte. Doch dieser Realität der Einwanderung stand über Jahrzehnte eine rassistische Rhetorik und gezielte Diskriminierungspraxis gegenüber. Diese wurde mit dem Reichs- und Staatsangehörigkeitsgesetz von 1913 kodifiziert, das ohne Änderung bis 1990 und in seinen Kernelementen bis 2000 gültig war. In dessen Ausführungsbestimmung befindet sich auch der berühmt-berüchtigte Satz: »Deutschland ist kein Einwanderungsland« (Meier-Braun 2013, 17).

Das »Nicht-Einwanderungsland sein wollen« richtete sich um 1900 gegen polnische, russische, galizische, d. h. österreich-ungarische Einwanderer, »darunter vornehmlich jüdisches Proletariat« (Herbert 2003, 68). Diese Menschen lebten oft seit Jahrzehnten in Deutschland, weil sie in der Ruhrindustrie benötigt wurden oder auf den ostelbischen Gütern. In Zeiten der Krise wollte man diese Reservearmee »überflüssiger Arbeitskräfte« schnell wieder loswerden. Daher schrieb das Gesetz fest, dass nur diejenigen ein Anrecht auf Staatsbürgerschaft hätten, die von Deutschen abstammten (*jus sanguinis*). Das stand im Kontrast zu einigen Gliedstaaten des Deutschen Reiches, die sehr wohl das *jus soli* kannten. Dieses »deutsch« war um 1900 noch eine relativ junge Kategorie, existierte doch Deutschland davor nur als Kulturnation, mit geografisch nicht klar definierten Zugehörigkeiten. In seiner heutigen Form gibt es Deutschland bekanntlich erst seit der ersten deutschen Teilung 1866/67, als Österreich von Preußen aus Deutschland hinausgedrängt wurde und dann 1871 mit dem Kaiserreich der Vorgängerstaat des heutigen Deutschland entstand.

Diese im Zeitalter der Nationalstaaten vom Kaiserreich, im Kontrast zu dem multinationalen Österreich-Ungarn und dem sehr viel heterogeneren Alten Reich normierte Idee einer ethnisch homogenen Nation, in der im Übrigen kulturell der Protestantismus dominierte, prägte den Umgang mit den »Gastarbeitern«. So lautete der seit den 1950er Jahren bevorzugte Neologismus, der den politisch inkorrekt gewordenen, da NS-»kontaminierten« Begriff der »Fremdarbeiter« ersetzte. Letzterer wurde zum Teil noch bis in die

1960er Jahre hinein verwendet. Strukturell blieb aber vieles beim Alten. Wie Schönwälder (2001) zeigt, nahmen die gleichen Beamten, die im Zweiten Weltkrieg Griechen, Polen und Italiener für die deutsche Rüstungsindustrie geworben hatten, in den 1950er und 1960er Jahren ihre Tätigkeit wieder auf. Dabei änderten sich die Methoden der Anwerbung wie auch der medizinischen Untersuchung der prospektiven Arbeitsmigranten kaum. Kontinuitäten bestanden auch in der Wohnsituation. Frühe Gastarbeiter lebten zunächst in den gleichen Lagern und Baracken, die im Zweiten Weltkrieg für Zwangsarbeiterinnen errichtet worden und in denen zwischenzeitlich osteuropäische Volksdeutsche und Heimatvertriebene untergebracht worden waren.

Auch Bundeskanzler Willy Brandt, in dessen Biografie Flucht und Asyl eine zentrale Rolle spielen, ging in seiner Begründung des Anwerbestopps 1973 davon aus, dass »Gastarbeiter« nicht »zu uns«, dem nationalen bundesrepublikanischen Selbst gehörten, keine »eigenen Leute« wären (Brandt 1973, 1498). Der Architekt der Ostpolitik, Friedensnobelpreisträger und spätere Vorsitzende der Nord-Süd-Kommission dachte Arbeit und Migration in einem an Kategorien ethnischer und nationaler Herkunft orientierten Rahmen – nach heutiger Terminologie wäre das »rassistisch«. Es war der Anwerbestopp, der aufgrund der beginnenden Wirtschaftskrise 1973 die Illusion der temporären Einwanderung und Rotation von Arbeitskräften endgültig beendete. Viele Nicht-EWG-Ausländer (überwiegend Türken und Jugoslawen) mussten nun damit rechnen, dass eine Rückkehr in die alte Heimat endgültig sein würde. Daher wurden auch erste Strukturen geschaffen, etwa das Amt eines kurz Ausländerbeauftragten genannten »Bundesbeauftragten für die Integration der ausländischen Arbeitnehmer und ihrer Familien« (Göktürk u. a. 2011, 358).

Die alte BRD der 1950er bis 1980er Jahre war Einwanderungsland, wollte aber so nicht heißen und sich in der Sache so nicht verstehen. Der Terminus ist längst ein hoch symbolisch aufgeladener »Spaltbegriff«, an dem sich politische Lager und Haltungen scheiden. Dass Deutschland Einwanderungsland war und ist, könnte sich auf die simple statistische Tatsache beziehen, dass *erstens* die BRD in den meisten Jahren seit ihrer Gründung 1949 einen positiven Wanderungssaldo aufwies (Oltmer 2013, 226); sowie *zweitens* mit der Anwerbung von Arbeitskräften über lange Zeit eine Politik der aktiven Förderung der Arbeitsmigration verfolgt wurde. Doch dieses Faktum gestand sich Westdeutschland aus innenpolitischen Gründen nicht ein. Zu den bekanntesten Äußerungen im Sinne dieser Realitätsverweigerung gehört die Koalitionsvereinbarung von 1982. Diese gab mit Blick auf die Wahlen 1983 der Ausländerpolitik eine neue Dringlichkeit, setzte aber in der Sache die migrationspolitische Wende von 1973 fort und versuchte eine »unbegrenzte und unkontrollierte Einwanderung« zu verhindern (Göktürk u.a. 2011, 69). Die markige Sentenz »Die Bundesrepublik Deutschland ist kein Einwanderungsland« in der Logik des bald achtzig Jahre alten Reichsstaatsbürgerschaftsgesetz verwendete Bundeskanzler Kohl jedoch erst in seiner Regierungserklärung vom 30. Januar 1991.

Diese Formel wurde breit zitiert, zumal der Koalitionsvertrag von 1982 nicht nur auf die Begrenzung der Einwanderung fokussierte, sondern mit der Unterbindung des »Missbrauchs von Asyl« den zentralen Code der Debatte über Einwanderung in den 1980er und 1990er Jahren in die Politik der Bundesregierung einfügte und gleichzeitig Maßnahmen zur »Förderung der Rückkehrwilligkeit« ergriff. Ein Vorreiter dieser »Reintegrationspolitik« in die Herkunftsländer war die Stuttgarter Landesregierung unter Hans Filbinger in den 1970er Jahren. Das klingt paradox, denn Baden-Württemberg war und ist das Bundesland mit dem höchsten Anteil an Migranten, hat aber zugleich lange Zeit besonders konservativ-abwehrend in seiner Ausländer- und Integrationspolitik agiert (Gassert/Weber 2015, 18). Die kulturelle Schizophrenie, Einwanderung erst zu fördern, weil sie aus wirtschaftlichen Gründen notwendig war, aber sie so nicht zu nennen, wurde in den 1970er Jahren durch eine zweite kulturelle Schizophrenie abgelöst, in der Integration entgegen den öffentlichen Absichtserklärungen dadurch systematisch erschwert wurde, dass die hier zunehmend in zweiter Generation lebenden »Ausländer« mit einem speziellen Status versehen wurden und ihnen kein regelmäßiger Weg zur Staatsbürgerschaft offen stand. Dagegen regte sich in den 1980er Jahren wenig öffentlicher Protest. Doch in den 1990er Jahren griffen migrantische Akteure hier selbstbewusst aktiv ein.

Schon 1976 stellte ein Ministerialrat im Bundesministerium für Arbeit und Sozialordnung fest, dass die zweite Ausländergeneration, »eine misslungene soziale und berufliche Integration als das empfinden würde, was sie in Wirklichkeit ist: Als eine unerträgliche Diskriminierung« (Cindark 2010, 59). Das war eine vereinzelte Stimme. Erst in den 1990er Jahren dämmerte den politisch Verantwortlichen, dass diese Politik eben genau das erschwerte, was die christlich-liberalen Bundesregierungen von 1982 bis 1998 immer wieder forderten: die Integration der Eingewanderten und deren Kinder sowie bald auch ihrer Kindeskinder. Dazu hätte ganz entscheidend gehört, dass nicht nur legale Aufenthaltstitel wie unbefristete Aufenthaltsgenehmigungen existierten, sondern ein Weg zur Staatsbürgerschaft und damit zum Wahlrecht eröffnet wurde. Stattdessen wurde und wird viel über kulturelle Integration und Andersartigkeit debattiert, während gleichzeitig eine Million Spätaussiedler aus Osteuropa ins Land kamen, die zwar häufig die deutsche Sprache nicht beherrschten, aber verlässlich »Helmut Kohl« wählten und daher leichter als die Gastarbeiter und deren Nachkommen als Wählerpotenzial identifiziert werden konnten.

Diese migrationspolitische Realitätsverweigerung wirkt sich auch auf die historische und sozialwissenschaftliche Erforschung von Protest aus. *Erstens:* Zwar ist die Geschichte der Einwanderung ins Nachkriegsdeutschland inzwischen in vielen Aspekten erforscht, wenn auch immer noch gerade in der Zeitgeschichte ein »Spezialthema«, wie die Mannheimer Historikerin Maria Alexopoulou zeigt (2016). Als ein solches wird sie jedoch im Rahmen anderer »Spezialthemen« wie eben der Geschichte von Protest kaum mitverhandelt. Verbindungen zwischen Migration, Einwanderung und sozialem Protest werden von der historischen Forschung selten gesucht. Überwiegend im Kontext der Gastarbeiterstreiks 1973 und damit im Rahmen der Gewerkschaftsgeschichte besitzt das Thema eine gewisse Prominenz (Birke 2007; Kraushaar 2012; Goeke 2014; Trede 2015). Dabei wäre es lohnend, zum Beispiel die Beteiligung der »Ruhrpolen« an Streiks im Kaiserreich zu untersuchen (Bewernitz 2013, 216). Der inzwischen modische Fokus auf die Gastarbeiterstreiks wird der Heterogenität des »migrantischen Protests« nicht gerecht. Wie Clarkson (2013) argumentiert, waren Agenden, Themen, soziale Herkunft und Formen des Protests unter Migranten extrem unterschiedlich und lassen sich kaum über einen Kamm scheren.

Zweitens wird politischer und sozialer Protest mit Blick auf das wiedervereinigte Deutschland als Einwanderungsgesellschaft vor allem als Thema der Abwehr von Migration konzipiert. Die Eingewanderten werden dabei überwiegend als passiver Spielball deutscher Interessen und deutscher Debatten gesehen. Im nächsten Abschnitt dieses Kapitels betone ich daher deren »Eigensinn« und »Artikulationsfähigkeit« und versuche, die Perspektiven derjenigen Eingewanderten selbst sichtbar zu machen, die zu protestförmigen Aktivitäten griffen. Es spricht Bände, dass sich in dem wichtigsten, in jüngster Zeit publizierten Band zu Theorie und Methode sozialer Bewegungen in der Geschichtswissenschaft zwar ein Aufsatz zur »fremdenfeindlichen Bewegung« der frühen 1990er Jahre findet (Steuwer 2014), doch Protest der Eingewanderten selbst, der ja schon aufgrund eventueller Sprachbarrieren wichtige methodische Fragen aufwerfen müsste, keiner Diskussion wert zu sein scheint. Zwar ist zu begrüßen, dass die »Rechte« definitorisch nicht aus einem analytischen Bewegungsbegriff ausgeschlossen wird, doch die Eingewanderten bleiben sowohl auf der theoretischen als auch auf der empirischen Ebene unsichtbar.

Erstaunlich ist daher *drittens* die Ausgrenzung von migrantisch geprägtem Protest aus dem methodischen und theoretischen Kanon der sozialwissenschaftlichen Bewegungsforschung. So sprechen zwei einem progressiven Spektrum zurechenbare Wissenschaftler Dieter Rucht und Wilhelm Heitmeyer (letzterer ein führender Friedensforscher) in dem einschlägigen Artikel im Handbuch *Die sozialen Bewegungen in Deutschland seit 1945* davon, dass zwar Teile des migrantischen Sektors (»Subgruppen«) als handlungsfähige kollektive Akteure auftreten würden, öffentlich Positionen bezögen und zu gesellschaftlichen Fragen Stellung nähmen. Doch mit Ausnahme religiös fundamentalistischer (islamistischer) und rechts- bzw. linksradikaler »Zirkel« sei das grundsätzliche Merkmal der Zielprojektion »gesellschaftlichen Wandels« nicht erfüllt. Daher wären diese nicht dem Spektrum sozialer Bewegungen zuzurechnen (575). Man fragt sich, warum das *Handbuch* dann aber einen Beitrag über Kampagnen gegen Bio- und Gentechnik enthält, deren Ziel auch nicht gerade die Weltrevolution ist. Dieser Ansatz geht schon mit Blick auf den frühen »diasporischen« Protest politisch engagierter Gastarbeiter an der Sache vorbei, da diese ja, sofern sie bereits in ihren Herkunftsländern politisch aktiv gewesen waren, oft in einer sozialrevolutionären gewerkschaftlichen Tradition standen (Clarkson). Selbst die für die Forschung maßgebliche *Enzyklopädie Migration in Europa*, herausgegebenen u. a. von dem Pionier der Migrationsforschung in Deutschland, dem Osnabrücker Sozialwissenschaftler und Historiker Klaus Bade, ignoriert migrantischen Aktivismus (Goeke 2014, 164).

Ähnlich ist es mit der Debatte, ob »Ausschreitungen« wie die in Hoyerswerda, Rostock-Lichtenhagen und Mannheim-Schönau protestfähig sind oder nicht eher als »Pogrome« zu charakterisieren wären. Der Antisemitismusforscher und Historiker Werner Bergmann will diese Form rassistischer »Selbsthilfe« gegen einen vermeintlich keine Abhilfe bringenden Staat nicht als Protest bezeichnen, weil die Gewalttäter als Vertreter der »schweigenden Mehrheit« ja stellvertretend für den inaktiven Staat handeln würden (Bergmann 1998, 664ff.). Pogrome sind für ihn zwar eine Unterform von Protest, aber scharf von sozialen Bewegungen zu trennen. Ein solcher, auf Minoritäten zentrierter Bewegungsbegriff unterschätzt einerseits den breiten Resonanzraum von Protestbewegungen, waren doch etwa die Friedensbewegungen keineswegs von einer Minderheit getragen. Sie überschätzt andererseits auch deren emanzipatorisches Potenzial. Wie der Berliner Experte für frühneuzeitlichen Protest, Manfred Gailus, angemerkt hat, tue sich die neuere Protestforschung schwer damit, die »ugly side of collective action« zu belichten und in ihren »emphatisch-positiven« Protestbegriff zu integrieren (Gailus 2005, 139). Dabei gibt es doch die historischen Erfahrungswerte des antijüdischen Protests etwa in den Zeiten der Hyperinflation nach dem Ersten Weltkrieg, als sich ähnliche Mechanismen der protestförmigen sozialen Ausgrenzung von Minderheiten zeigten wie im wiedervereinigten Deutschland (Geyer 1998). Im Prinzip entpolitisiert und entschärft der Pogrombegriff den migrationsfeindlichen Protest, was ihn für die Mehrheitsgesellschaft auf soziale Randgruppen, »Rowdys« und »jugendliche Gewalttäter« externalisierbar macht.

Schließlich wird von der sozialwissenschaftlichen wie auch von der historischen Protest- und Bewegungsforschung migrantischer Protest selbst als den normativen Kriterien »sozialer Bewegung« nicht entsprechende Form der Artikulation von Dissens abqualifiziert. Hier übernehmen Rucht und Heitmeyer vermutlich nicht beabsichtigt die von ihnen ja abgelehnte Vorstellung von Deutschland als Nicht-Einwanderungsland. Sonst wäre ihre kategoriale Ausgrenzung von migrantischem Protest nicht sinnvoll, weil ihm die auf die hiesige Gesellschaft gerichtete Perspektive des Wandels fehle. Demgegenüber lassen die Proteste eingewanderter Menschen, oder »Menschen mit Migrationshintergrund«, den von der sozialwissenschaftlichen Bewegungsforschung aufgemachten Unterschied zu »klassischen« sozialen Bewegungen verschwimmen, wonach es in der Gegenwart stärker um konkrete, zeitlich und räumliche abgrenzbare Ziele gehe. Die Schwierigkeiten der Unterscheidung zwischen »alten« und »neuen« sozialen Bewegungen werden hier deutlich. Die von Migration anfangs thematisierten Probleme waren die klassischen Probleme der Industriemoderne, wenn es um Wohn- und Arbeitsverhältnisse von »Gastarbeitern« ging oder Forderungen nach politischer Beteiligung erhoben wurden. Dennoch erhofften sich die Träger dieser Proteste sehr wohl eine Veränderung der Verhältnisse, wenn auch ohne revolutionären Umbruch.

»Gastarbeiter« und Intellektuelle

Typischerweise werden drei Formen von Protest von Migrantinnen und Ausländern unterschieden: die sogenannte Diaspora-Politik, dann Arbeitskämpfe (am prominentesten die »Gastarbeiterstreiks«) sowie intellektuelle Formen von Protest von Migranten überwiegend der zweiten Generation. Früher Protest von Ausländern und Migrantinnen in den 1960er und 1970er Jahren hatte oft die Politik der jeweiligen Herkunftsländer im Auge und war daher entsprechend fragmentiert. Ungeachtet der vielen sozialen und kulturellen Unterschiede innerhalb der migrantischen Gemeinschaften hatten einige von ihnen doch eine Gemeinsamkeit: Mit Ausnahme von Italien, mit dem das erste Anwerbeabkommen bereits 1955 abgeschlossen worden war, bezogen sich sämtliche Anwerbeabkommen der 1960er Jahre auf politisch unfreie Länder, die entweder autoritär regiert wurden oder sogar Diktaturen waren. Das betraf Spanien, ab 1967 auch Griechenland (1960), die Türkei (1961), Marokko (1963), Portugal (1964), Tunesien (1965) und Jugoslawien (1968).

Politische Unfreiheit in Kombination mit der Erwartung des vorübergehenden Aufenthalts (was für elf der vierzehn Millionen »Gastarbeiter« zunächst auch zutraf) sowie die relativ offene politische Landschaft und auch Pressefreiheit in der Bonner Republik schufen Gelegenheiten zu Protest, die in der Türkei oder in Jugoslawien so nicht existierten. Da die Arbeitsmigranten oft besser ausgebildet waren als diejenigen, die nicht nach Deutschland kamen, verfügten sie häufig auch über stärkere Bindungen an Gewerkschaften. Daher wurden sie einerseits oft Gewerkschaftsmitglieder in Deutschland und hatten andererseits eine Basispolitisierung bereits in ihren Herkunftsländern erfahren. Zum Teil traten Gastarbeiter bei den Maidemonstrationen in eigenen Blöcken auf und brachten durch »Spruchbänder, Plakate und Flugblätter« ihre Kritik an den Zuständen in der alten Heimat zum Ausdruck. Erst in zweiter Linie, so Rucht und Heitmeyer, hätten sie für bessere Lebens- und Arbeitsbedingungen in Deutschland demonstriert (582). Wenn sich diese Diaspora-Protestpolitik auch primär auf die Situation im Herkunftsland richtete, waren Querverbindungen zu gewerkschaftlichen Anliegen vor Ort gegeben, zumal der DGB in internationale gewerkschaftliche Zusammenhänge eingebunden war.

Die Bundesregierung tolerierte die Diaspora-Politik und förderte sie zum Teil. Anfang der 1950er Jahre unterstützen Länderregierungen, allen voran die von Bayern (mit Franz Josef Strauß als engagiertem Sponsor), weniger mit Blick auf die Türkei als vielmehr mit Blick auf Osteuropa und Jugoslawien, Diaspora-Politik, solange es dem antikommunistischen Feindbild entsprach und den ideologischen Zielen des Westens im Kalten Krieg nützte. Gerade in Bayern, aber auch in Baden-Württemberg war der Staat gegenüber rechtsradikalen Kroaten lange Zeit nachsichtig, darunter auch viele Ex-Mitglieder der faschistischen Ustascha-Miliz. Diese war mit Nazi-Deutschland verbündet gewesen und hatte sich genozidale Gräuel gegenüber Serben zu Schulde kommen lassen. Hier drückten deutsche Polizei und Geheimdienste gern ein Auge zu, ähnlich wie bei ukrainischen und polnischen Nationalisten in den 1950er und 1960er Jahren. Diese konnten mit finanzieller Unterstützung der Bonner Regierung rechnen (Clarkson 2013).

Während das konservative Spektrum in den 1950er und auch noch in den 1960er Jahren auf rechte und zum Teil rechtsradikale osteuropäische Nationalisten setzte, versuchten die Sozialdemokraten ihrerseits linke Gewerkschafter aus Spanien, Portugal sowie Griechenland zu kooptieren, während die Studentenbewegung der 1960er Jahre ihrerseits Kritiker der Verhältnisse im Iran oder

Lateinamerika in ihre Reihen aufnahm. Austauschstudenten aus Afrika und Asien spielten eine recht prominente Rolle in der frühen Studentenbewegung. Ende der 1960er Jahre gab es im SDS prominente Linksintellektuelle wie Bahman Nirumand (Iran) oder Gaston Salvatore (Chile), die immer wieder gut sichtbar auf Podien vertreten waren und die internationalistische und postkoloniale Orientierung des SDS öffentlich personifizieren sollten (Slobodian 2012).

Für große Aufmerksamkeit sorgten angesichts der Bedeutung der Türkei als bis heute wichtigstem Herkunftsland für Einwanderer nach Deutschland die immer wieder aufflackernden Kurdenproteste, deren Vorgeschichte und Ursache in der Türkei selbst liegen. Auch hier war Protest eine Folge der mehr oder weniger erzwungenen Orientierung an der alten Heimat. Gerade im Falle der Konflikte um Kurdistan, wo die deutsche Politik die Repression des NATO-Partners Türkei jahrzehntelang deckte und hinnahm, war die BRD selbst Akteur. Zum Stein des Anstoßes wurde hierbei, dass die kurdische Opposition in Deutschland wie auch in der Türkei lange Zeit ganz überwiegend durch die Arbeiterpartei Kurdistans (PKK) vertreten wurde, die aufgrund ihrer marxistischen und linkssozialistischen Orientierung auch in Deutschland als verfassungsfeindlich eingestuft wurde und wird. Im Kern war die PKK jedoch eine antikoloniale Befreiungsbewegung, die, wie so viele nationale Befreiungsbewegungen der Dritten Welt in der Zeit des Kalten Kriegs, ein Zweckbündnis mit dem Kommunismus eingegangen war.

Die zweite Kategorie von migrantischem Protest ist der im Rahmen von Arbeitskämpfen, d. h. der klassische »Gastarbeiterprotest«. Dieser wurde bereits im Zusammenhang mit den »wilden Streiks« der 1970er Jahre thematisiert (vgl. Kapitel 6). Der Streiksommer 1973 lässt sich als Teil einer ganzen Streikwelle sehen, die mit den Septemberstreiks 1969 begann und erst 1974 endete (Bewernitz 2014, 128). Hierbei erreichten vor allem die Streiks bei Ford in Köln überregionale Bekanntheit, weil Ford mit bis zu 12 000 türkischstämmigen Arbeitnehmerinnen über die größte türkische Belegschaft außerhalb der Türkei verfügte. Ende des Sommers 1973 kündigte der Betrieb fristlos türkischen Arbeitern, die verspätet aus dem Sommerurlaub zurückkamen. Dies war bis dahin nie ein Problem gewesen. Der »Türkenterror in Köln« (BILD) machte bundesweite Schlagzeilen und ist inzwischen auch Teil der kollektiven Erinnerung der Deutschen. Der Streik wurde zerschlagen, zumal die »Wut deutscher Arbeiter« über ihre aus der Türkei stammenden Kollegen und Kolleginnen der Unternehmerseite half (Huwer 2013, 87).

Die Haltung von Linken und Gewerkschaftlern gegenüber Gastarbeitern war ambivalent. Nicht zuletzt auf Druck der Gewerkschaften hatte die SPD-geführte Bundesregierung 1973 den Anwerbestopp durchgesetzt. Die »wilden Streiks« der 1970er Jahre, die die Grenzen des konsensliberalen Modells aufzeigten, hatten ein langsames Umdenken zur Folge. Die Gastarbeiterstreiks hatten insofern institutionelle Wirkungen. Gewerkschaften verankerten auf Funktionärsebene verstärkt Ausländerbeauftragte und setzten entsprechende Kommissionen und Beiräte ein. Sie reagierten auf die wilden Streiks und realisierten allmählich, dass die Gastarbeiterkollegen ihren Lebensmittelpunkt nun in Deutschland hatten. Sie setzten sich daher vermehrt für die Verbesserung der Ausbildungschancen von Jugendlichen der zweiten Generation ein, da von 120 000 ausländischen Jugendlichen im berufsschulpflichtigen Alter nur 30 000 eine Lehrstelle hatten (Trede 2015, 319ff.).

Während der DGB zwar den Anwerbestopp unterstützt hatte und sich für Maßnahmen zur Reintegration von Ausländern in deren Herkunftsländer eintrat, prangerte die IG Metall, wie der Göttinger Historiker Oliver Trede in einer umfassenden Untersuchung zu Gewerkschaften und Arbeitsmigration herausgearbeitet hat, zunehmend die diskriminierende Praxis der Arbeitsämter an. Schon 1980 verabschiedete die Gewerkschaft gegen das Votum ihres Vorstands eine Resolution für die Einräumung des kommunalen Wahlrechts für in Deutschland lebende Ausländerinnen mit festem Aufenthaltsstatus. 1986 rang sich der DGB zur Forderung durch, die Einführung der doppelten Staatsbürgerschaft zu prüfen und ausländischen Arbeitnehmern nach fünfjährigem Aufenthalt das aktive und passive kommunale Wahlrecht einzuräumen (Trede 2015, 327).

Den Unterschied machte, dass »ausländische Arbeitnehmer« vermehrt in Gewerkschaften eintraten und so ein Stimmrecht bei Betriebsratswahlen erwarben. Neben den Kirchen (vor allem für katholische Migranten aus Südeuropa und Polen) waren die Gewerkschaften lange Zeit die einzigen gesellschaftlichen Großorganisationen, die sich für die Rechte von Ausländern mit Wohnsitz in Deutschland einsetzten. Vor dem Hintergrund des Einwanderungsstopps und des damit einhergehenden Sesshaftwerdens kam es in den 1970er Jahren dann vermehrt zur Gründung von Arbeitervereinen, die überwiegend dem linken, gewerkschaftlich orientierten Milieu zuzuordnen sind und die Migranten bei Konflikten mit den Behörden und den Arbeitergebern unterstützten (Cindark 2010, 66). In den 1990er Jahren entstanden viele Vereine, die nicht mehr ein politisch radikales Spektrum (wie Teile der Protagonisten der frühen Diaspora-Proteste), sondern ein verbürgerlichtes, sozial aufstiegsorientiertes, politisch primär an den Verhältnissen in Deutschland interessiertes Migrantenmilieu repräsentierten.

Der nach der Wiedervereinigung manifester werdende Rassismus sowie Migrationsfeindlichkeit führten unter jüngeren, hier geborenen Menschen und Kindern von Einwanderern in den 1990er Jahren dazu, ihr eigenes Schicksal in die Hand zu nehmen. Auch sie sahen sich nicht mehr durch die an den Konflikten in der Heimat orientierten Vereine repräsentiert. Dies war die Geburtsstunde von Protesten junger Menschen, die über akademische Abschlüsse verfügten, aber anders als die »postkolonialen Aushängeschilder« des SDS in den 1960er Jahren hier geboren worden waren. Der Mannheimer Sprachwissenschaftler Ibrahim Cindark nennt die dritte hier betrachtete Gruppe »emanzipatorische Migranten«, Menschen der zweiten Gastarbeitergeneration, die sich einerseits von den nationalkonservativen Aspekten der Heimatländer ihrer

Eltern emanzipierten, aber gleichzeitig Fragen der Diskriminierung in Deutschland aufwarfen und der alten Diaspora-Politik keine Zukunftsperspektive mehr abgewinnen konnten. Der lange Zeit in der Türkei inhaftierte *Welt*-Journalist Deniz Yücel ist der heute wohl bekannteste Repräsentant dieser Gruppe, deren Aktivisten überwiegend aus einer demokratischen, alternativen und links orientierten Szene hervorgingen. Lebensweltlich sind sie dem in den größeren Städten seit den 1970er Jahren verbreiteten linksalternativen Milieus zuzurechnen, dessen antiimperiale und postkolonialen Einstellungen diese »emanzipatorischen Migranten« teilten. Ihre Eltern waren zum Teil in Arbeitervereinen aktiv gewesen, überwiegend sozialdemokratisch eingestellt oder Gewerkschaftsmitglieder. Viele der politisch Aktiven aus dieser zweiten Generation hatten über Umwege Abitur gemacht und studierten, stellten also typische Aufsteiger und Akademiker dar. Sie lehnen ethnische Kategorien wie »Türken«, »Kurden«, »Griechen« ab, betonen ihre hybride Identität (*Almanci*), sahen sich als »neue« Deutsche und bekämpfen den Rassismus, forderten die Bürgerrechte, die ihnen nicht zuerkannt wurden (Cindark 2010, 98).

Als Beispiel kann die Mannheimer Gruppierung der »Unmündigen« dienen, die Anfang der 1990er Jahre ins Leben gerufen wurde. Die Mannheimer Unmündigen machten mit Satire, Witz und kulturellem Eigensinn Furore: Nach den rassistischen Terrorakten von Solingen marschierten sie auf einem größeren Protestmarsch in Leintücher mit der Aufschrift »ich bin brennbar« gehüllt mit. Auch organisierten sie 1994 ein »Fest des deutschen Mitbürgers«, persiflierten den wohlmeinenden Umgang mit Migrantinnen und drehten diesen um. Sie wollten sich auch nicht mit »Scheinämtern« in Ausländerbeiräten zufriedengeben, sondern forderten, so das Manifest der Unmündigen von 1993:

> »*No taxation without representation!* Wir wollen demokratische Selbstverständlichkeiten: Rechtsanspruch auf Einbürgerung, aktives und passives Wahlrecht, Antidiskriminierungsgesetz, Abschaffung der rassistischen Ausländergesetze. Kurz: die vollen politischen Bürgerrechte!« (Cindark 2010, 272).

Die Grunderfahrung der Mitglieder dieser intellektuellen, emanzipatorischen Gruppe war, dass sie von der Mehrheitsgesellschaft marginalisiert und diskriminiert wurden. Da sie als hier aufgewachsene Menschen keine Ausländer, sondern Inländer waren, jedoch mit einem rechtlich minderwertigen Status, da sie in den 1980er und 1990er Jahren die deutsche Staatsbürgerschaft so gut wie gar nicht erwerben konnten, richtet sich ihr Protest auf die deutsche Politik und Gesellschaft: Sie lehnten Begriffe wie »Ausländerfeindlichkeit« ab und hoben dagegen auf den deutschen Rassismus ab. Diesen Rassismus teilten lange beide Seiten: Mehrheitsgesellschaft und auch Migranten der älteren Generation, da auch die von diesen Ausschlussmechanismen betroffene Seite ethnifizierende und rassifizierende Zuschreibungen und Kategorien übernahm, wenn »Vielfalt« ganz stereotyp mit bestimmten Formen des Essens oder bestimmten Produkten gleichgesetzt wurde.

Ablehnung von Asyl und »Fremden«

Asyl wurde zur zentralen Konfliktarena im Streit um Migration nach dem raschen Auslaufen der Gastarbeiteranwerbung in den 1970er Jahren. Schon bald begann der Streit um den »Asylmissbrauch«. Vor dem Hintergrund des Anwerbestopps und der Schließung des Landes für Arbeitsmigranten mussten sich Menschen, die in Deutschland Aufenthalt suchten, vermehrt auf das »Zugangsticket« Asyl berufen (Alexopoulou 2016, 467). Es gab außer dem Familiennachzug keine anderen legalen Wege der Einwanderung nach Deutschland. Eine auf Abwehr zielende rechtliche Regelung rief den »Missbrauch«, den sie bekämpfen wollte, erst hervor. Das Asylrecht wurde äußerst restriktiv, nur bei direkter Verfolgung durch staatliche Stellen angewandt. Flüchtlinge aus Bürgerkriegsländern hatten lange keine Chance auf Anerkennung: Wo kein Staat mehr existiere, so die Ratio, gebe es auch keine

»verfolgungsmächtigen« staatlichen Strukturen (Maier-Borst 2013, 121). Zugleich wurden die Gesetze je nach Herkunftsland unterschiedlich angewendet. Osteuropäer wurden regelmäßig geduldet, Afrikaner dagegen nicht.

Die Öffnung der Grenzen in Europa 1989/90 und die folgenden Bürgerkriege auf dem Balkan rückte die Asylpolitik in den Vordergrund der Debatte über Einwanderung. Schon in der zweiten Hälfte der 1980er Jahre war die Zahl der Asylbewerberinnen angestiegen, was auch mit der Entwicklung in Polen zu tun hatte. Die polnische Regierung hinderte ihre Bürger nicht an der Auswanderung zu Zwecken der Arbeit. Nur konnten Polen meist nur dann legal in die BRD einwandern, wenn sie sich entweder als politische Flüchtlinge bezeichneten oder aber ihre Deutschstämmigkeit nachwiesen, obwohl sie polnisch sozialisiert worden waren. Insgesamt eine Million Polen wanderten zwischen 1980 und 1990 in Deutschland ein, davon 80 Prozent Aussiedler, die zu 90 Prozent nicht deutsch sprachen. Polnische Flüchtlinge wie auch andere Menschen aus dem kommunistisch beherrschten Osteuropa wurden trotz einer offiziell restriktiven Asyl- und Flüchtlingspolitik bis zum Ende des Kalten Krieges nicht in ihre Herkunftsländer abgeschoben (Pallaske 2002).

Das änderte sich nach dem Ende des Kalten Kriegs. Aufgrund der postjugoslawischen Bürgerkriege wanderten allein 1992 etwa 440 000 Asylbewerber aus dem zerbrechenden Balkanstaat ein. Eine Folge war die Neuregelung des Asylrechts, der sogenannte »Asylkompromiss« von 1993. Dieser führte auch das Prinzip der sicheren Dritt- und Herkunftsstaaten ein. Die starke Verschärfung war eine Folge auch der gewachsenen Migrationsfeindlichkeit und rassistischen Gewalt an Orten wie Hoyerswerda, die ein extrem negatives Bild des vereinigten Deutschland abgaben. Das Konfliktpotenzial sollte, vergleichbar der heutigen Situation, durch rechtliche Schritte gegen die Eingewanderten verringert werden, statt den unbequemen Weg der Erziehung zum Anstand und zur Mitmenschlichkeit zu gehen. Auch hier gelang es Rechtsradikalen, mit Migration politisch zu punkten und in Landtagswahlen mit

Ablehnung von Migration und Asyl Wählerinnen anzusprechen. Bilder und Parolen wie »Das Boot ist voll« wurden zu potenten Symbolen der Opposition und des Protests gegen eine, wie es schien, »ungehemmte« Einwanderung.

Die rechtsradikale Protestpartei der Republikaner erzielte mit dem Thema Asyl Wahlerfolge. 1992 zogen sie in den Landtag von Baden-Württemberg ein, nachdem sie schon Ende der 1980er Jahre im Abgeordnetenhaus Berlins Fuß gefasst hatten, während die DVU in den Bremer Bürgerschaftswahlen reüssierte. Die visuellen Codes, mittels derer sie eine Protestwählerschaft ansprachen, reproduzierten auch linksliberale Medien wie der *Spiegel*, der am 9. September 1991 mit der Schlagzeile »Ansturm der Armen: Flüchtlinge – Aussiedler – Asylanten« aufmachte. Der *Spiegel* – wie die Plakate der Republikaner – spielten auf die albanische Flüchtlingskrise an, wo nach dem Kollaps des kommunistischen Regimes 10 000 Menschen auf völlig überladenen Dampfern nach Süditalien flohen. Damit machte der *Spiegel*, so der Medienhistoriker Cord Pagenstecher in einer Analyse der Visualisierung einer angeblich über Deutschland hereinbrechenden Asylantenflut, »die bis dato als Stammtisch-Parole betrachtete Metapher des vollen Boots auch in intellektuellen Kreisen diskursfähig« (Pagenstecher 2008, 610).

Vor diesem Hintergrund kam es zu den pogromartigen Ausschreitungen und Protesten gegen Asylbewerberwohnheime und Flüchtlingslager zunächst im sächsischen Hoyerswerda, auf die ein Jahr später die schwersten protestförmigen Ausschreitungen der Nachkriegsgeschichte überhaupt, die in Rostock-Lichtenhagen folgten. Einige Hundert rechtsextreme Gewalttäter griffen dort tagelang die Bewohner der »Zentralen Aufnahmestelle für Asylbewerber« an. Begleitet vom Applaus und rassistischen Sprechchören eines ca. 3 000 Personen starken Mobs setzten sie das an die Aufnahmestelle angrenzende Wohnheim mit Molotowcocktails in Brand. Es folgten die westdeutschen Mordanschläge von Mölln (November 1992) und Solingen (Mai 1993), deren Opfer keine Einwanderer und Flüchtlinge, sondern türkischstämmige Menschen waren, darunter Kinder und Säuglinge. Hinzu kamen die in der Literatur seltener erwähnten Attacken auf Asylbewerberinnen in Mannheim (Mai 1992) und Wismar (September 1992) und an vielen anderen Orten.

Warum sind diese rassistischen Gewalttaten Teil der deutschen Protestgeschichte? Hierzu sehe ich mir Mannheim genauer an und damit gerade keine Region, die wie die Lausitz oder Mecklenburg von der Wiedervereinigung in eine tiefe Identitäts- und Strukturkrise gestürzt worden war. Der Norden Baden-Württembergs gehört zu den prosperierenden Vereinigungsgewinnlern. Im Mai 1992 kam es in Mannheim-Schönau zu mehrtägigen Ausschreitungen, ausgelöst durch ein für derartige Ereignisse typisches Gerücht, wonach ein 16-jähriges Mädchen von einem Afrikaner vergewaltigt worden sei. Diese Meldung erwies sich später als falsch. Nach einem lokalen Fest am Himmelfahrtstag hatten sich etwa 150 alkoholisierte, überwiegend jugendliche Randalierer vor dem Asylbewerberheim in einer ehemaligen US-Kaserne versammelt und riefen rassistische Parolen. Obwohl die Polizei die Straße absperren konnte, wuchs die Menge auf 400 Personen an und konnte erst gegen 1 Uhr morgens zurückgedrängt werden. Am folgenden Abend kam es zu Gegendemonstrationen eines »Mannheimer Aktionsbündnisses gegen Rassismus« sowie an den folgenden Tagen zu Mahnwachen von Asylbefürwortern vor dem Wohnheim, an dem sich, laut Lokalpresse, auch auswärtige »Schlägertrupps« beteiligten.

Die Mannheim-Schönauer Demonstrationen und Gegendemonstrationen zeigen einerseits die antagonistischen Mobilisierungsstrategien der jeweiligen Seite auf, andererseits veranschaulichen sie die relative Hilflosigkeit der lokalen Politik, derartige Protesthandlungen einzudämmen. Sowohl die lokalen Verantwortlichen als auch die Lokalpresse interpretierten die Vorfälle zunächst nicht als »rassistische Ausschreitungen«, sondern als Aktionen »betrunkener Jugendlicher«. Wie der Mannheimer Historiker Richard Rohrmoser (2017) argumentiert, habe der *Mannheimer Morgen* wie auch die Stadtverwaltung, die gesellschaftliche

Sprengkraft sowohl der ursprünglichen Proteste als auch der Gegendemonstrationen als unpolitische Krawallmache zu qualifizieren versucht, um damit dessen gesellschaftliche Sprengkraft zu neutralisieren. Die Gegendemonstrationen wurden teilweise als von auswärts eingeführtes Autonomenproblem behandelt. In der Sache nutzten Asylgegner latente rassistische Vorbehalte in der Bevölkerung zumal auf der Schönau aus. In diesem traditionellen Arbeiterbezirk sind Ängste vor negativen Folgen von Globalisierung für Wohlstand und Arbeitsplätze stark ausgeprägt und auch Haltungen weit verbreitet, dass »die Politik« sich nicht wirklich um sozial schlechter Gestellte kümmere.

Die Protagonisten migrationsfeindlicher, überwiegend rechtsradikaler Proteste konnten bei ihren Demonstrationen gegen eine verfehlte Asyl- und Einwanderungspolitik auf ein relativ breiteres Einverständnis in der Bevölkerung setzen. Gleichzeitig nutzte die Linke das Thema ihrerseits zur politischen Mobilisierung und setzte mit Formeln wie »Mannheim ist bunt« einen bewussten Kontrapunkt. In Solingen kam es zu gewalttätigen Protesten nationalistisch eingestellter türkischer Migranten, bei denen auch Geschäfte und Autos zerstört wurden. Meist nehmen diese Gegendemonstrationen jedoch die bewusste Form von »stillem Protest« in Form von Lichterketten an (wie in Mölln). Des Weiteren kam es zu Formen der Mobilisierung durch Lobby-ähnliche Organisationen wie »Pro Asyl«, die eine notwendige Lockerung der Asylgesetzgebung forderten und sich dafür gegenüber dem Bundestag einsetzten. Auch hier ist der Straßenprotest eine Form der Verstärkung eines politischen Anliegens, das die etablierte Politik nicht ausreichend behandelt.

Protest kann rassistisch und fremdenfeindlich sein. Straßenprotest ist, wie wir gesehen haben, eine Form politischer Kommunikation. Er will ein Anliegen sichtbar machen und indiziert somit soziale Ängste, Hoffnungen und Erwartungen – und das gilt ganz besonders für ein so emotional besetztes Thema wie Einwanderung. Daher ist es nicht sinnvoll, »rechten«, darunter auch ausländer- und fremdenfeindlichen, rassistischen und nationalistischen

9 Protest rund um Einwanderung, Flucht, Asyl und Rassismus

Abb. 18: Protestmarsch gegen Rassismus und »pro Asyl«: Im Juni 1992 kommt es in Mannheim nach rassistischen Ausschreitungen vor einem Asylbewerberheim zu Gegendemonstrationen, die Polizei und Politik ihrerseits vor große Herausforderungen stellen. Akzeptanz und Abwehr von Migration markieren seit den frühen 1990er Jahren eine zentrale politische und gesellschaftliche Scheidelinie in Deutschland. Deren soziale Bedeutung wird durch eine entsprechende hohe Protestintensität »indiziert«. Vom Repertoire her schließen Gegner und Befürworter gleichermaßen an klassische Protestmärsche an. Inhaltlich sind ihre Aussagen jedoch konträr. Auf dem Plakat wird der »Kampf dem Rassismus« mit gesellschaftlicher Vielfalt (»Multikultur«) verknüpft und »Abschiebung« von abgelehnten Asylbewerberinnen mit »Vertreibung« gleichgesetzt. Auch »Medienhetze« und »Billiglöhne« werden angeprangert.
(Quelle: MARCHIVUM Mannheim Bildersammlung; Foto: o. Ang.)

Protest begrifflich von anderen Formen des Protests abzuspalten und ihn als »konformistische Revolte« zu bezeichnen, wie dies Stephan Geelhaar, Ulrike Marz und Thomas Prenzel (2012) in einer Analyse der Vorfälle von Rostock-Lichtenhagen vorschlagen. »Konformistisch« ist daran nichts, da diese rechtsradikalen und rassistischen Protestler Gesetze brechen und auch die Werte des

Grundgesetzes, zu denen das Recht auf Asyl gehört, missachten. Wie die Autorinnen argumentieren, glaubten diese konformistischen Rebellen mit der »stillschweigenden Zustimmung« der Eliten, der Herrschenden und der Politik zu handeln (58). Sie erwarteten vom Staat mehr Ordnung und schnelle Lösungen der Asyl-Problematik. Doch sie überschneiden sich in ihrer Kritik an den staatlichen Institutionen und langwierigen demokratischen, parlamentarischen Verfahrensweisen mit anderen, die für »progressive Ziele« demonstrieren. In beiden Fällen überwiegt das Unbehagen an der liberalen Demokratie und wird eine Veränderung des Status quo angestrebt.

Rechtspopulismus als Protestbewegung

Wenn ich nun abschließend den Rechtspopulismus der jüngsten Zeit untersuche, dann sei vor dem Hintergrund des gerade Gesagten der grundsätzliche Hinweis wiederholt, dass Protest(-bewegungen) inklusive eines bestimmten Repertoires kein exklusiv »linkes Reservat« sind. Protest ist als Variante politischer Kommunikation inhaltlich ambivalent und politisch nicht determiniert, auch wenn in Deutschland Straßenprotest seit den späten 1950er Jahren ganz überwiegend von der Linken praktiziert wurde. Es spränge historisch gesehen zu kurz, aufgrund des Aufstiegs der Neuen Linken sowie der Alternativ- und Friedensbewegungen Protest als exklusiv progressiv zu konzipieren und alles andere durch Begriffe wie »konformistische Revolte« (für rechtradikale Aktivitäten) davon abzuscheiden. Zutreffend ist jedoch, dass erst im Laufe der 1980er Jahre und dann mit der Wiedervereinigung das »auf die Straße gehen« zunächst für bürgerlich-konservative Kreise sowie schließlich für Rechtsradikale und Nationalisten wieder salonfähig wurde.

Da hier Protest erstens als Kommunikationsmittel zum Vorbringen gesellschaftlicher Anliegen bezogen auf eine Öffentlichkeit verstanden wird, der außerhalb der etablierten Politik ein Anliegen sichtbar und hörbar machen will, mal promodern, mal bewahrend, auf jeden Fall kritisch zum Status quo, zweitens Indikator sozialer Ängste, Hoffnungen und Erwartungen ist, wäre es wenig zielführend, den rechten Populismus nicht zu berücksichtigen. Zwar weist der Populismus aufgrund seiner parteiförmigen Organisationsmodelle strukturelle Besonderheiten auf, steht jedoch in einem Kontinuum zu Bewegungen wie Pegida. Da Protest nicht allein auf ein Kollektiv bezogen ist, sondern auch im kollektiven Rahmen geschieht, lassen sich Fragestellungen der Protestforschung hier produktiv anwenden. Protest hat, wie gesagt, diese doppelte Funktion: Er hat nicht nur die Adressaten von Protest im Auge, sondern auch die Gruppe selbst, die er zusammenschweißt. Das dürfte erklären, warum Pegida, aber auch rechtspopulistische Bewegungen wie die *Tea Party* in den USA so hartnäckig Zulauf bekommen.

Inzwischen haben die neuen Rechten den kommunikativen Stil der historisch eher »linken« Neuen Sozialen Bewegungen erfolgreich kopiert. Die rechten Straßenprotestler eignen sich das überlieferte Repertoire der NSB an. Sie wenden sich hierbei von »rechten« Traditionen des Marschierens ab. Eher ahmen sie Methoden der aus den linksalternativen Milieus hervorgegangenen NGOs nach. Die Besetzung des Brandenburger Tors durch die »Identitären« im August 2016 hätte aus dem Drehbuch von Greenpeace stammen können. Auch das Branding mit Symbolen (»Lambda«) knüpft an das »Peace-Logo« an. Ihre Präferenz für und Meisterschaft im Umgang mit sozialen Medien unterstreicht, dass Rechtsradikale und rechte Populisten innovativ verfahren und sich dem »straßenprotestlerischen Mainstream« klar angenähert haben. Sie unterscheiden sich vom inszenatorischen Stil der Faschisten und Nazis der Zwischenkriegszeit und deren paramilitärischen Umzügen, aber auch von der alten NPD der 1960er bzw. den Republikanern in den 1990er Jahre, die Protest im Stil »wütender weißer Männer in Trachtenjacken« inszenierten.

Voraussetzung des Wiederaufstiegs des rechten Populismus war der »Sieg des Westens« im Kalten Krieg, der neue Möglichkeitshorizonte für Protest eröffnete. Der Antikommunismus hatte ausgedient, der Kampf zwischen den »offenen Gesellschaften und ihren Feinden« verlagerte sich auf eine andere Ebene. Die grundlegende Konfliktlinie des 19. und frühen 20. Jahrhunderts, die soziale Frage als Folge der Industrialisierung, war in dem Sinne überwunden, dass im industrialisierten Europa viele Risiken wohlfahrtstaatlich abgefedert werden, existenzielle Armut an die äußersten Ränder der Gesellschaft abgedrängt wurde und die Mehrheit wenige soziale Risiken auszuhalten hat. Das zentrale Motiv vieler Anhänger rechtspopulistischer Bewegungen und Protestler ist nicht absolute Verarmung, sondern die Furcht vor relativem Abstieg und Statusverlust. Relative Ungleichheit war tolerabel, solange es für alle nach oben ging. Auch rechte Populisten sprechen von »gerechter Verteilung«, jedoch weniger um ihre Lage zu verbessern, sondern um ihren Status zu sichern (Priester 2008, 28). Wirtschaftliche Erfolge rechnen sie einseitig »den Deutschen« zu. Diese Prosperität sehen sie erstaunlicherweise aufgrund von Einwanderung gefährdet und instrumentalisieren hierfür rassistische Vorbehalte.

Rechtspopulisten und rechte Protestler reagieren auf den Prozess der wirtschaftlichen, kulturellen und institutionellen Öffnung (Globalisierung) und die damit einhergehende Entgrenzung politischer, gesellschaftlicher und kultureller Prozesse in der Welt. »Ethnische Vielfalt« und »Migration« sind Teil der Gleichung, perzipierte »neue« Heterogenität wird auch als Folge von Globalisierung gesehen. In der Debatte über Globalisierung dominieren ökonomische Fragen. Auch eine Gruppierung wie Pegida setzt hier an, wenn es in der Dresdner These Nr. 10 heißt: »Ablehnung von TTIP, CETA und TISA und ähnlichen Freihandelsabkommen, welche die europäische Selbstbestimmung und die europäische Wirtschaft nachhaltig schädigen könnten« (Patzelt 2016, 89). Auch rechte Globalisierungsgegner wenden sich vom hegemonialen Liberalismus in der Wirtschaft ab.

Als Hauptproblem werden Fragen kultureller Differenz und damit der Herkunft begriffen. Dies beschränkt sich nicht allein auf das Thema Einwanderung; auch der Wandel in den Geschlechterverhältnissen und der Familie, die Akzeptanz nicht-traditioneller Formen menschlichen Zusammenlebens, sexuelle Orientierung, gleichgeschlechtliche Ehe, religiöse Vielfalt sowie »politische Korrektheit« werden angesprochen. Als im öffentlichen Diskurs dominantes Problem hat sich jedoch Migration herauskristallisiert, also die Frage nach der Heterogenität der Herkünfte und ethnischer Vielfalt. Der Streit geht darum, wie wir »das Volk« definieren. Rechte Populisten lehnen Vielfalt der Herkünfte ab, sind staatsbürgerschaftlich »traditionell« nationalistisch und rassistisch orientiert – oder auch »völkisch« (in der Terminologie der Zwischenkriegszeit). Das führt zu bemerkenswerten Verschiebungen: Denn eine fehlende Akzeptanz von Homosexualität wird als Argument gegen den Islam gewendet, wie auch die Rechte die Perspektive der Frauenbewegung als »Teil unserer Werte« in ihre Weltbilder integriert, indem sie den Islam als anti-emanzipatorisch kritisiert, Kopftuchdebatten führt und sexuelle Gewalt gegen Frauen einseitig thematisiert. Hier stehen Feministinnen wie Alice Schwarzer teils an der Seite der Rechten. Der rechte Populismus wirkt an diesem Punkt als ein Faktor der kulturellen Modernisierung der Rechten. Denn von religiös konservativen Kräften in Deutschland wurden (und werden) die Gleichbehandlung von Mann und Frau sowie gleichgeschlechtliche Beziehungen lange Zeit vehement abgelehnt.

Auch instrumentalisieren rechte Populisten und Protestler den Wandel von der industriellen zur postindustriellen, stärker auf Dienstleistungen basierenden Wirtschaft, der schon in den 1960er und 1970er Jahren einsetzte. Analytisch kaum scharf von Globalisierungsprozessen zu trennen, macht der Strukturwandel der Wirtschaft auch aufgrund technischer Innovationen und der digitalen Revolution »unqualifizierte Arbeit« überflüssig oder sehr billig. Daher schieben rechte wie linke Globalisierungskritiker den Strukturwandel einer »marktradikalen Politik« der Öffnung von Grenzen in die Schuhe. Strukturwandel thematisieren auch Linke und Gewerkschaften. Doch die Populisten haben oft leichteres Spiel deshalb, weil sie die vermeintlichen Verlierer des wirtschaftlichen Strukturwandels und der Globalisierung mit rassistischen und migrationsfeindlichen Parolen mobilisieren. Dabei gehören ihre Sprecher und Sprecherinnen in aller Regel zu den Dienstleistungseliten, die von der Globalisierung wenig zu befürchten haben. Aber auch die Mitglieder wohlsituierter Mittelschichten fürchten sich vor Statusverlust, haben Angst unter die Räder der Globalisierung zu geraten.

Wie der linke reagiert auch der rechte Populismus auf eine scheinbar wachsende Aushöhlung der Krisenlösungskompetenz der liberalen Demokratie, wovon schon in den 1970er Jahren viel die Rede war, als die Neuen Sozialen Bewegungen erstmals auf sich aufmerksam machten. In den 1960er Jahren ging man aber noch davon aus, dass sich gesellschaftliche Probleme im nationalen Rahmen, auch mittels gezielter staatlicher Intervention in den Griff bekommen lassen würden. Dieser Glauben erhielt in den 1970er Jahren, vor dem Hintergrund des Ölpreisschocks und der anwachsenden Arbeitslosigkeit zwar einen Dämpfer. Die Schaffung des EU-Binnenmarktes in den 1980er und 1990er Jahren war dann ein Versuch, diesen Strukturwandel durch gezielte Öffnung der Märkte zu bewältigen. Populistische Strömungen, so die Politikwissenschaftlerin Karin Priester, sind Reaktionen »auf Defizite im Modus der Repräsentation des politischen Willens« (2008, 20). Dieser ist angesichts der Demokratisierung des politischen Sprechens durch soziale Medienrevolution momentan nur noch erschwert festzustellen.

Wie können politische Repräsentation und Willensbildung national funktionieren, wenn prägende Prozesse im übernationalen Rahmen ablaufen? Eine Antwort wäre, die EU repräsentativer und demokratischer zu machen, indem ihre parlamentarischen Institutionen zum primären Ort politischer Entscheidungen ausgebaut werden, denen die nationalen Systeme subsidiär nachgeordnet sind. Aber Europa wird weniger als Lösung denn als Teil des Problems verstanden, weil es technokratisch wirkt und das Gefühl eines mangelnden Feedbacks zwischen »Volk« und »Elite« noch verstärkt. Sowohl klassische soziale Bewegungen als auch Populisten thematisieren diese Krise des demokratischen Repräsentativsystems als Kommunikationsdefizit zwischen der Bevölkerung, ihren Erwartungen und den gewählten Repräsentantinnen. Die Populisten jedoch wollen »politische Führung« nicht abschaffen, sondern effizienter gestalten, indem sie sich selbst an die Stelle der jetzigen politischen Repräsentantinnen als Vertreter des »wahren Volkswillens« setzen. Da sie den nationalen Rahmen stärken wollen, werden sie kaum wirksame Lösungen finden.

Während es eine große Anzahl von Gemeinsamkeiten zwischen sozialen Bewegungen und anderen Protestphänomenen auf der einen Seite und den rechten Populisten auf der anderen Seite gibt, bestehen zwei gravierende Unterschiede: Zum einen das Führungsmodell, denn rechte Populisten erwarten starke, charismatische Führer an der Spitze und sie zielen damit auf Wahlen ab. Stärker als soziale Bewegungen suchen sie den Weg über die Wahlurne zu Macht und Einfluss, obwohl auch soziale Bewegungen immer wieder Parteien hervorgebracht haben. Außerdem treten Populisten mit dem Anspruch auf, das gesamte Volk zu repräsentieren. Die Neuen Sozialen Bewegungen waren seit den 1970er Jahren in ihrem Anspruch bescheidener, von *Occupy* einmal abgesehen, dessen Protagonisten ebenfalls behaupten, für die Mehrheit zu sprechen. Daher problematisieren Populisten kulturelle Scheidelinien, wollen diese verschwinden lassen, während NSB und Linke kosmopolitisch orientiert sind, Heterogenität akzeptieren, auf kulturelle Integration und Vielfalt setzen.

Populisten sind also keine Totalverweigerer, sie sind bereit, politisch Verantwortung zu übernehmen; sie verstehen sich als Vertreter des »wahren Volkes« und versuchen daher, einmal an der Macht, den Staat zu okkupieren und für ihre Ziele zu vereinnahmen, *checks and balances* zu beseitigen, die Medien zu diskreditieren, die Zivilgesellschaft mundtot zu machen und ihre eigenen Anhänger zu virtuellen Trägern des Volkswillens zu stilisieren. Entscheidendes Kriterium hierbei ist, so der Politologe Jan-Werner Müller, »dass sich im Diskurs der Populisten ein expliziter Antipluralismus findet und dass sie sich stets auf das Volk als eine eindeutig moralische Größe beziehen« (2016, 66). Pegidas Formel: »Wir sind das Volk« meint daher, dass die wie auch immer zu bestimmenden Anderen nicht dazu gehören, dass es einen erkennbaren »Volkswillen« gibt, dass wir uns komplizierte Abwägungen zwischen verschiedenen Interessen sparen könnten, denn das »wahre Volk« ist durch die Bewegung repräsentiert, die »herrschende Elite« dagegen ist korrupt und »volksverräterisch«.

Abb. 19: **Migrationsfeindlicher und rassistischer Protest im vereinigten Deutschland:** Auch auf die nationalistischen, rassistischen und islamfeindlichen Bewegungen wie Pegida (hier eine »Montagsdemonstration« in Dresden) treffen Definitionen sozialer Bewegungen zu. Sie sind mehr als nur »spontane Zusammenrottungen« Einzelner, sondern auf Dauer gestellte Netzwerke, die den gesellschaftlichen Status quo und ihre politischen Repräsentantinnen (»Merkel«) hinterfragen. Anhänger von Pegida wollen die real seit Jahrhunderten existierende Einwanderungsgesellschaft in eine ethnisch und religiös homogene Gemeinschaft umwandeln. Dies wäre für Deutschland historisch präzedenzlos.
(Quelle: Wikimedia Commons; Foto: o. Ang.)

Hier wie bei allen rechten Protesten gegen Einwanderung und Asyl liegt ein ahistorisches Verständnis der Mehrheit, des »Volkes« und der Nation zugrunde. Die Rechten gehen von der historisch und philosophisch fragwürdigen Annahme aus, es gäbe ein unangreifbares, eindeutiges, meistens biologisches oder kulturell-sprachliches Kriterium für politische Zugehörigkeit zu einer Gemeinschaft. Genau daraus aber ergeben sich die Hauptansatzpunkte für Kritik, denn *erstens* trifft es nicht zu, dass Populisten das ganze Volk vertreten. In aller Regel stilisieren sie ihre eigene Klientel zum »wahren Volk«. Sie haben ein abschließendes, fixes Verständnis davon, was die »Volksgemeinschaft«, die Nation oder die »einheimische Bevölkerung« ausmacht. Damit fehlt *zweitens* ein Modell gesellschaftlicher Integration: Ein Mensch gehört definitorisch dazu oder nicht. Das ist bizarr, denn es setzt voraus, was in der Gesellschaft immer wieder neu geschaffen werden muss. Es ist *drittens* auch unhistorisch, denn obwohl die Identitären viel über Tradition sprechen, ist die Frage der Zugehörigkeit historischer und geografischer Zufall (warum ist Salzburg nicht mehr Teil von Deutschland, Sachsen aber schon). Auch demografisch und kulturell werden Grenzen willkürlich gezogen, denn des Deutschen nicht mächtige Spätaussiedler, die Russisch können, gelten als Deutsche; deutschsprachige, hier geborene Nachkommen von Gastarbeitern hingegen nicht.

Populisten wie auch Protestler haben daher einen problematischen, weil »unrealistischen«, wenig pragmatischen Begriff politischer Willensbildung, da sie den Volkswillen und das Volk voraussetzen und essentialisieren, also nicht verstehen wollen – was das zentrale Prinzip der liberalen Demokratie darstellt –, dass der politische Wille nur in Debatte, Konflikt und Streit im Kompromiss ermittelt werden kann. Hierzu bedarf es keines von einem populistischen Führer ermittelten und repräsentierten Einheitswillen, sondern eines Pluralismus, der sich erst in der Repräsentation unterschiedlicher Standpunkte, Gruppen, Interessen unter anderem im Parlament ergibt. Insofern müssen wir den Populisten auch dankbar sein. Denn sie zwingen uns dazu, darüber nachzudenken, »was wir von der Demokratie eigentlich erwarten« (Müller 2010, 134). Hier erfüllen die rechten Populisten im Negativen eine Funktion, weil wir im Streit mit ihnen sowohl Antworten auf die Frage entwickeln, wie der »Volkswillen« besser repräsentiert werden kann, als auch auf die Frage, was wir unter »dem Volk« – oder, wie ich lieber sage: der politischen Gemeinschaft – eigentlich verstehen.

Resümee: Was bewirkt Protest?

Wir haben Protest als eine Form der sozialen und kommunikativen Bewältigung politischer, wirtschaftlicher und gesellschaftlicher Krisen und Transformationsprozesse kennengelernt. Er *kommuniziert* ein bestimmtes Anliegen, spitzt aktuelle Fragen und Problemstellungen zu und reduziert dabei notwendig Komplexität. Daher ist es um seine politische Lösungskompetenz nicht gut bestellt. Aber Lösungen zu finden ist auch gar nicht seine zentrale Funktion: Protest *indiziert* soziale Ängste, Hoffnungen und Erwartungen (»Indikatorfunktion«) und er *stiftet Sinn*. Die protestierenden Akteure verständigen sich darüber, wer sie sind und was sie von der Gesellschaft erwarten (»expressive Handlungslogik«). Auch zwingt er etablierte Akteure und Kräfte, sich ihrerseits Rechenschaft abzulegen, ihre Standpunkte zu überdenken oder wenigstens besser zu begründen und plausibler zu formulieren. Protest interagiert mit gesellschaftlichem Wandel, Protestbewegungen stehen nicht außerhalb der Gesellschaft. Wir haben es seit den 1950er Jahren mit einem Bündel von Entwicklungen zu tun, an denen verschiedenste Protestbewegungen sich abgearbeitet haben: zunächst im Westen der Durchbruch der Konsumgesellschaft und damit einhergehend eine wachsende Liberalisierung und Individualisierung; dann der Übergang zur Dienstleistungsökonomie sowie die Rationalisierung von Produktionsabläufen einschließlich der Digitalisierung; es folgten die Umbrüche in Osteuropa und das Ende der DDR; in jüngster Zeit erst realisieren wir, dass wir seit den 1970er Jahren wieder in einer Einwanderungsgesellschaft leben; der Großtrend seit fünf Jahrzehnten ist der einer wahrgenommenen und tatsächlichen Verwischung und Auflösung von Grenzen in der Welt, kurz: Globalisierung. In der Dialektik von »Öffnung« und »Schließung« – sowohl im wirtschaftlichen als auch im kulturellen Sinne – dürfte die zentrale Konflikt- und Scheidelinie der heutigen Zeit liegen. Protestbewegungen greifen das auf und machen gesellschaftliche Problemwahrnehmungen für alle sichtbar.

Daher verstehe ich Protest weniger als Motor denn als Resonanzraum gesellschaftlichen Wandels. Ich möchte noch einmal hervorheben, was ich in diesem Buch die Indikatorfunktion von Protest nenne. Darin sehe ich seine Hauptbedeutung und Wirkung. Das klingt nach weniger, als es ist. Protestbewegungen machen latente soziale Konflikte offenkundig, Wolfgang Kraushaar hat das im Bild der »Notbremse« gefasst. Protest ist Medium gesellschaftlichen Streits. Damit wird das Studium von Protest zum Studium der Gesellschaft an sich und somit zum Studium des gesellschaftlichen Zusammenhalts. Auch dies ist ein Grund, warum wir Protest und Demonstrationen nicht ignorieren, sondern ernst nehmen sollten – auch wenn Protestler aus Sicht einer abgeklärten, liberalen Mitte in ihren Forderungen oft übertreiben. Sie artikulieren schlicht und einfach gesellschaftliches Unbehagen.

Resümee: Was bewirkt Protest?

Wäre das Kriterium, wann Protest im Sinne der von einer Bewegung anfänglich beabsichtigten Ziele tatsächlich einmal Erfolg hatte, dann wäre das eine frustrierende Erfahrung: Der Generalstreik vom November 1948 hat die Währungsreform nicht rückgängig gemacht; die Ruhrkumpel verhinderten nicht die Zellenstilllegungen; »Kampf dem Atomtod« hat den atomaren Rüstungswettlauf nicht gestoppt; die »68er« jagten der Weltrevolution vergeblich hinterher; die Anti-AKW-Bewegung hat den Ausbau der Kernenergie kaum gebremst; Gastarbeiterproteste führten nicht sofort zur Abstellung diskriminierender Praktiken am Arbeitsplatz; rechte Populisten verhindern nicht, dass Deutschland ein Einwanderungsland bleibt.

Die Aufzählung ließe sich verlängern. Ich habe eingangs gefragt, ob es nicht besser ist, wenn Protest scheitert. Politisch erfolgreiche Bewegungen, die die Macht direkt ergriffen haben, standen am Anfang katastrophaler Entwicklungen. Auch die jüngsten *power grabs* von Populisten (Ungarn, Polen, Türkei, Philippinen oder USA) stimmen skeptisch. Die Arbeiterbewegung hatte Erfolg, doch ihr Aufstieg zur Regierungsverantwortung gelang erst nach Jahrzehnten parlamentarischer Zähmung. Ähnlich erging es den Grünen. Protest ist dann erfolgreich, wenn er politisch scheitert, aber soziokulturell wie auch mental die Gesellschaft in Bewegung und zum Nachdenken bringt. Unbeabsichtigte Folgen, gescheiterte Revolutionen und Reaktionen etablierter Mächte auf Protest können eine Gesellschaft voranbringen und modernisieren, Protestbewegungen aus sich heraus in der Regel nicht.

Protest und gesellschaftlicher Wandel

Prinzipiell gibt es Protest, seit sich Menschen zu urbanen Gesellschaften zusammenfinden und daher so etwas wie Gemeinschaften bildeten. Das Wort Protest stammt bekanntlich aus dem Griechischen. In Athen gab es Proteste gegen die Herrschenden, im alten Rom gab es Sklavenaufstände und soziale Unruhen, auch die mittelalterliche Feudalgesellschaft kannte ihre Krisen, Konflikte, Aufstände und Revolten. In der Frühen Neuzeit führten die religiösen Kämpfe zum »Protest« der Anhänger Luthers in dem bis heute prägenden Wortsinne.

In der Vormoderne richtete sich der Protest jedoch nicht auf den Umsturz der bestehenden ständischen Ordnung (auch für Luther nicht, im Gegenteil), sondern es ging um die Abstellung konkreter Missstände und die Wiederherstellung einer guten alten Ordnung. Darin liegt ein entscheidender Unterschied zur Moderne, als ab 1750 Protest, wie dies in der Amerikanischen und der Französischen Revolution auch geschah, zu Revolutionen führte. Sie stürzten eine bestehende Ordnung um, sei es im verfassungsrechtlichen Sinne, wie 1776 in den USA, oder im Sinne einer sozialen und politischen Revolution wie 1789/92 in Frankreich.

Die Revolutionen am Ende der Frühen Neuzeit änderten unsere Weltwahrnehmung: Die aufklärerische Idee, dass der Mensch »Geschichte machen« kann, dass er sein Schicksal selbst in die Hand nimmt, setzte sich durch. In der Vormoderne war das weniger angesagt. Moderne Protestbewegungen dagegen zielten auf gesellschaftlichen Wandel. Ohne die zumindest gedachte Möglichkeit von gesellschaftlichem Wandel gäbe es keinen Protest im modernen Sinne. Wer protestierte, glaubte daran, dass sich etwas Grundsätzliches ändern lasse, dass etwas Neues entstehen könne. Diese Zielprojektionen motivierten die Revolutionäre des 19. Jahrhunderts, die Marxisten und die ursprüngliche Arbeiterbewegung, aber auch faschistische Bewegungen. Dies wirkt als gesunkenes Kulturgut in der Gegenwart fort.

Auch in unserer Postmoderne halten wir intuitiv an der modernen Vorstellung fest, dass historische Prozesse gestaltbar sind. Aber wir verstehen besser, dass dem Gestaltungswillen Grenzen gezogen sind. Wir sind skeptischer, vielleicht auch zynischer. In westlichen Ländern gehen die Erwartungen darüber zurück, was sich ändern lässt. Daher geht es bei Protest vermehrt darum, seine eigene Identität zu behaupten, das Selbstverständnis der protestierenden Gruppe zu stärken, diesem »expressiv« Ausdruck zu verleihen. In den alten Demokratien Westeuropas und Nordamerikas sind Bewegungen seit den 1970er Jahren überwiegend »Ein-Punkt-Bewegungen« geworden. Sie zielen auf ein bestimmtes Problem mittlerer Reichweite ab (wie die Abschaltung von Atomreaktoren), obwohl sie dabei dann auch gesellschaftliche Fundamentalkritik üben (wie die Ökologiebewegung).

Abb. 20: **Straßenprotest zwischen Kontinuität und Wandel:** Straßenprotest verfügt über ein relativ festgefügtes, historisch überliefertes Repertoire an Aktionsformen, darunter Märsche, Versammlungen, Platzbesetzungen und Blockaden. Er hat sich im Wandel des medialen Umfelds als recht anpassungsfähig erwiesen. Zu den Innovationen der letzten Jahrzehnte gehören die aus einem christlichen Umfeld hervorgegangenen Lichterketten. Sie werden als antirassistisches Friedenssymbol meist schweigend durchgeführt und haben seit dem Brandanschlag von Mölln im November 1992 große Verbreitung und weltweite Beachtung gefunden.
(Quelle: picture alliance; Foto: Köthe deKoe)

Protest ist ein Kind seiner Zeit. Das Repertoire steht mehr oder weniger fest: Märsche, Versammlungen, Streiks und Besetzungen; ferner, als extreme, seltene Formen, die jedoch der Kollektivbedingung von Protest meist nicht genügen, Selbstverstümmelung und Selbstverbrennung. Protestbewegungen sind sich dieser historisch überlieferten Formen bewusst, sie operieren mit Erfahrungswerten und Geschichten, die im kollektiven Gedächtnis tradiert werden. Gewerkschaftler wissen, wie man einen Streik organisiert; Friedensbewegte, wie man ein Kasernentor blockiert. Oft lehnen sich unsere Protestformen an historische Vorbilder an, wie dies im Mai 1968 in Paris erkennbar war, als die Barrikaden an den gleichen Orten errichtet wurden wie während der Kommune 1871.

Der klassische Protestmarsch entstand schon in der Frühen Neuzeit, wenn Städter oder Bauern vor das Schloss ihres Fürsten zogen; der Streik ist im Wesentlichen eine Erfindung des industriellen Zeitalters; die Massenversammlung in geschlossenen Räumen ist mit der Entstehung moderner Parteien verknüpft. In jüngster Zeit wurden Platzbesetzungen, *Sit-ins* und Blockaden wichtiger; ihre Anfänge liegen ebenfalls in der Arbeiterbewegung, mit der Okkupation von Betrieben; die amerikanische Bürgerrechtsbewegung popularisierte diese Techniken weltweit. Aber öffentliche Räume wurden schon von den 1848ern besetzt, dann von der Anti-AKW-Bewegung, in der Gegenwart tendiert die globalisierungskritische Linke zu Platzbesetzungen, während die Rechte eher marschiert.

Protestbewegungen werden also von ihrer jeweiligen Gesellschaft geprägt. In der Hochmoderne seit dem Ende des 19. Jahrhunderts bildeten sich geordnete Verfahren heraus, wie ein Protest, ein Streik, eine Massenversammlung abzulaufen habe. Es entstanden Organisationen (sozialdemokratische Parteien, Gewerkschaften), die professionell Protest managten. Viele Menschen waren diesen Organisationen ein Leben lang verpflichtet. In der Postmoderne ist der Protest nicht weniger professionell. Aber die Teilnehmerinnen sehen das Ganze oft als Projekt, mit konkretem Ziel und wandern dann weiter. »Protestlerische Netzwerke« sind daher oft Phänomene mittlerer Dauer, es sei denn, sie bilden Parteicharakter aus wie im Falle der Grünen.

Proteste und Protestbewegungen stellen sich unterschiedlich zu Prozessen gesellschaftlichen Wandels. Insgesamt verbindet sie, dass sie auf Prozesse des Wandels verweisen. Sie werfen mit dem Wandel einhergehende Probleme auf, wie die Frage des Überlebens angesichts der atomaren Bedrohung; oder wie die »68er«, die sich an autoritären Verhaltensformen störten und, wie die Neuen Sozialen Bewegungen, mehr Partizipation in einer parlamentarischen Demokratie einforderten; Globalisierungskritiker suchen Orientierung in einer entgrenzten Situation ökonomischer Unsicherheit; migrationsfeindliche Bewegungen thematisieren die Frage der Zugehörigkeit in einer Einwanderungsgesellschaft; Populisten die Frage der Führung in der Demokratie und die fehlende Rückkopplung zwischen Wählenden und Gewählten.

Eine mit Skepsis zu beantwortende Frage dagegen ist, inwiefern die Bewegungen nicht nur Ausdruck – Indikator – sozialer Krisen im Modernisierungsprozess sind, inwiefern sie gesellschaftliche Defizite, das Versagen politischer Steuerungs- und Kontrollmechanismen nicht nur benennen, sondern selbst Protagonisten des Wandels sind, also Lösungen erarbeiten und anbieten. Sind soziale Bewegungen Motor des Wandels, wie viele Protestforscher glauben, und damit »normaler und wichtiger Bestandteil des gesellschaftlichen Lebens« (Kern 2008, 53)? Ja, sie sind Bestandteil, aber ich zweifle an ihrer Problemlösungskompetenz und neige hier Niklas Luhmann zu.

Die Indikatorfunktion als zentrale gesellschaftliche Rolle von Protest

Protest negiert, um den Bielefelder Soziologen nochmals zu zitieren, die »Gesamtverantwortung« (Luhmann 1996, 205). Er ist eher Medium des Wandels, weil er auf die Wahrnehmung gesellschaftlicher Defizite und Fehlentwicklungen reagiert, diese Defizite in schrillen Farben zeichnet. Doch für produktive Lösungen fehlt die Kraft. Damit sind wir bei der zentralen These: Protest führt in einer entwickelten Gesellschaft nicht selbst den Wandel herbei. Er setzt sich mit diesem Wandel auseinander, ist Medium, gegebenenfalls auch Verstärker und Sprachrohr des Wandels. Er stößt gesellschaftliche Prozesse an, ist aber kaum der Dynamo des Wandels selbst. Wandel kommt eher dadurch zustande, dass andere auf Protest reagieren.

Hierzu suche ich Unterstützung bei einem Klassiker der Demokratietheorie, dem französischen Politiker und Philosophen Alexis de Tocqueville (1856). Dieser erklärte den Ausbruch der Französischen Revolution damit, dass das alte Regime sich zu reformieren trachtete und damit die »Gelegenheit« (wie das sozialwissenschaftlich heutzutage heißt) zu Protest und Umsturz schuf. Tocqueville meinte, dass die Gesellschaft des *Ancien Régime* erstens nicht so rückschrittlich gewesen sei, wie die Revolutionäre von 1789 behaupteten; zweitens der Einschnitt von 1789 nicht so drastisch, wie man landläufig dachte; und drittens wollte er, ein Liberal-Konservativer, damit kräftig am Mythos der Revolution sägen.

Der Sturm auf die Bastille richtete sich gegen ein Regime, das schon schwach geworden war und sich verändern wollte und musste. Daher stammt von Tocqueville die kluge Beobachtung, dass der gefährlichste Moment für einen schlechten Staat oder ein schlechtes System dann kommt, wenn es sich zu reformieren beginnt. Dann entsteht die historische Gelegenheit, an denen Bewegungen den »Mantel der Geschichte« ergreifen. Der Moment muss richtig sein, die Gesellschaft dafür reif, damit Protest verfängt.

Resümee: Was bewirkt Protest?

Dass Protest an und für sich Wandel kaum herbeiführen kann, und es eines Umdenkens der etablierten Kräfte bedarf, zeigt sogar die DDR-Bürgerbewegung des Jahres 1989. Diese hat den Umsturz nicht bewirkt, aber wesentlich dazu beigetragen, dass sich eine gesellschaftliche Problemwahrnehmung festigte, die dann in Kombination mit anderen Faktoren (Gorbatschow) zu einem Politikwechsel führte. Aber auch hier bedurfte es der Bereitschaft der existierenden Autoritäten, diesen Wandel zu akzeptieren und am Ende auch, im wahrsten Sinne des Wortes die Plätze zu räumen, wie dies in der Leipziger Oktoberrevolution geschah, als die NVA-Truppen zurückgezogen wurden.

Ein Paradebeispiel für die klärende Wirkung von Protest als Resonanzraum gesellschaftlicher Debatten haben wir in der Friedensbewegung der 1980er Jahre kennengelernt. Auch sie hat ihr unmittelbares Ziel nicht erreicht. Der NATO-Doppelbeschluss wurde umgesetzt, die Atomraketen stationiert. Andererseits artikulierte sie ein breites Krisengefühl, trieb die Demokratisierung der westdeutschen politischen Kultur voran, festigte die Westbindung und die postnationalsozialistische Identität der Westdeutschen – auch auf der konservativen Gegenseite. Sie hat in Kombination mit dem Mauerfall dazu geführt, dass Straßenprotest auch außerhalb linksalternativ, gewerkschaftlich oder sozialdemokratisch sozialisierter Kreise eine normale Form der politischen Artikulation wurde, wie sich dann bei Stuttgart 21 beobachten lässt.

Seit 1945 tendiert Protest in der Summe dazu, weniger promodern und sozial transformierend beabsichtigt zu sein, sich vermehrt auf Bewahrung und nicht auf Veränderung zu richten. Die in der Summe »konservative« Stoßrichtung von Protest bedeutet aber auch gleichzeitig, dass es »normal« geworden ist zu demonstrieren. Wer auf einer Demo mitmarschiert, marginalisiert sich heute kaum. Das war in den 1970er Jahren noch nicht der Fall. Auch daher hat sich die expressive, nach innen gewendete Dimension verstärkt, während die instrumentelle, »eigentlich politische« Dimension im Laufe des 20. Jahrhunderts an Bedeutung verloren hat. Medial ist Protest oft innovativ, greift neue Kommunikationsmedien rasend schnell auf. Aber er ist auch gezielter und spezialisierter geworden – wie unsere Gesellschaft, in der das Zentrum schwer erkennbar ist.

Damit möchte ich abschließend dafür plädieren, Protest und Protestbewegungen als eine Form der Auseinandersetzung über gesellschaftliche Probleme ernst zu nehmen, wenn sie auch in aller Regel nicht das erreichen, wofür sie ursprünglich angetreten sind. Streit und Konflikt wirken in offenen Gesellschaften in aller Regel integrativ. Sie helfen dabei mit, sich darüber auszutauschen, was uns lieb, teuer und wichtig ist, selbst wenn wir das Anliegen der Protestierenden nicht teilen. Protest ist Teil der selbstkritischen Reflexion über gesellschaftliche Werte. Eine offene Gesellschaft ohne Protest ist nicht vorstellbar. Wird Protest gleich welcher Couleur marginalisiert oder verboten, geht der etablierten Politik ein wichtiger Rückkopplungseffekt verloren. Daher wird in Autokratien wenig oder gar nicht demonstriert.

Wenn Protest als »Anzeiger« und Indikator von gesellschaftlichen Fehlentwicklungen und Problemwahrnehmungen im Modernisierungsprozess agiert, erfüllt er seine Funktion in der Gegenwart. Diese pragmatische Einschätzung scheinen nicht wenige der heutigen Protestler zu teilen.

Dank

Das Thema Protest begleitet meine wissenschaftliche Laufbahn seit dem dreißigsten Jahrestag von »1968«. Einen frühen Impuls verdanke ich meinem Doktorvater Prof. Dr. Detlef Junker (Heidelberg) und unserer Kollegin von der Ohio State University, Prof. Dr. Carole Fink. Gemeinsam organisierten wir 1996 in Berlin unsere erste »68er-Tagung«. In Washington entstand 2008/09 mit Prof. Dr. Martin Klimke (heute NYU Abu Dhabi), Dr. Wilfried Mausbach (Heidelberg Center for American Studies) sowie Prof. Dr. Lawrence Wittner (SUNY Albany) der Forschungsverbund zur »Nuklearkrise« der 1980er Jahre, zu dem über mehrere Tagungen in Berlin, Augsburg und Heidelberg Dr. Christoph Becker-Schaum (Archiv Grünes Gedächtnis, Berlin), Dr. Tim Geiger

(Institut für Zeitgeschichte, Aktenedition Auswärtiges Amt, Berlin) und Dr. Marianne Zepp (Heinrich-Böll-Stiftung, Berlin) hinzu stießen. Am Augsburger Lehrstuhl nahm ab 2009 eine partiell durch eine DFG-Sachmittelbeihilfe geförderte Augsburger und später Mannheimer Nachwuchsgruppe ihre Arbeit auf, der ursprünglich Philipp Baur, Alex Holmig und Laura Stapane angehörten. Später stießen Anne Bieschke, Richard Rohrmoser, Johannes Schneider und Vivian Seidel hinzu, die ihre Teilprojekte seit 2014 in Mannheim (noch) bearbeiten bzw. (schon) abgeschlossen haben.

Für hilfreiche Kommentare und Unterstützung bei der konkreten Arbeit an diesem Manuskript möchte ich zunächst den beiden Mitherausgebern der Reihe »Zeitgeschichte aktuell« PD Dr. Silke Mende (Institut für Zeitgeschichte, München-Berlin) und Prof. Dr. Reinhold Weber (Landeszentrale für politische Bildung Baden-Württemberg, Stuttgart) danken. Auch Dr. Klaus-Peter Burkarth und Dr. Daniel Kuhn vom Verlag Kohlhammer danke ich sehr. Desweiteren haben das Manuskript intensiv kommentiert: Dr. Maria Alexopoulou (Mannheim), Richard Rohrmoser, M.A. (Mannheim) sowie PD Dr. Reinhild Kreis (Mannheim), meine wichtigste fachliche Gesprächspartnerin seit Augsburger Tagen. Ihr danke ich ganz besonders für die jahrelange produktive Zusammenarbeit. Ich danke den Mannheimer Studierenden (Junioren und Senioren) des Frühjahrssemesters 2017 für die Möglichkeit, meine Einsichten in einer Vorlesung auszubreiten und zu diskutieren. Für logistische Unterstützung in Mannheim danke ich den Hilfskräften Öznur Bakar, Jonas Brosig, Anne Kremer, Johannes Löhr, Samuel Mukasa, Melina Maniura, Jana Müller und Maren Reeb sowie Philipp Scherzer, der Leiterin der Forschungsstelle Widerstand, Prof. Dr. Angela Borgstedt, und meiner Sekretärin, Christa Petermann.

In diesen 20 Jahren sind unsere Kinder Anna, Egmont, Thekla und Richard groß und auch erwachsen geworden. Da Protest etwas mit Entscheidungen über und Sichtweisen auf die Zukunft zu tun hat, ist ihnen dieses Buch gewidmet. Sie wissen längst, dass »nach dem Buch, vor dem Buch« heißt und sie nehmen gelegentliche intellektuelle Höhenflüge des Autors mit freundlichem Scherz. Der größte Dank gebührt meiner Partnerin von über 25 Jahren, Kirsten Waibel-Gassert, die meine »protestlerischen Einsichten« mit dem spitzen Bleistift der ausgebildeten Germanistin und der erfahrenen Pädagogin begleitet.

Pretoria, im Januar 2018
Philipp Gassert

Abkürzungsverzeichnis

AfD	Alternative für Deutschland (Politische Partei)
AKW	Atomkraftwerk
APO	Außerparlamentarische Opposition
BBU	Bund Bürgerinitiativen Umweltschutz
BHE	Bund der Heimatvertriebenen und Entrechteten (Partei)
BRD	Bundesrepublik Deutschland
CDU	Christlich-Demokratische Union Deutschlands
ČSSR	Tschechoslowakische Sozialistische Republik
CSU	Christlich-Soziale Union in Bayern
DDR	Deutsche Demokratische Republik
DGB	Deutscher Gewerkschaftsbund
DKP	Deutsche Kommunistische Partei
DP	Displaced Person (»heimatloser Ausländer«)
EGKS	Europäische Gemeinschaft für Kohle und Stahl (»Montanunion«)
EKD	Evangelische Kirche in Deutschland
EU	Europäische Union
EZB	Europäische Zentralbank
FAZ	Frankfurter Allgemeine Zeitung
FDGB	Freier Deutscher Gewerkschaftsbund (DDR)
FDJ	Freie Deutsche Jugend (DDR)
G20	Gruppe der Zwanzig (führende Industrienationen)
G7	Gruppe der Sieben (führende Industrienationen)
GATT	General Agreement on Tariffs and Trade
IG Metall	Industriegewerkschaft Metall
INF	Intermediate Nuclear Forces (nukleare Mittelstreckenraketen)
IWF	Internationaler Währungsfond
K1	Kommune 1 (Westberlin)
KPD	Kommunistische Partei Deutschlands

KPdSU	Kommunistische Partei der Sowjetunion
KZ	Konzentrationslager
NATO	North Atlantic Treaty Organization
NGO	Non-governmental organization / Nichtregierungsorganisation
NS	Nationalsozialismus / nationalsozialistisch
NSB	Neue Soziale Bewegungen
NSDAP	Nationalsozialistische Deutsche Arbeiterpartei
NVA	Nationale Volksarmee (DDR)
ÖTV	Gewerkschaft Öffentliche Dienste, Transport und Verkehr
PKK	Arbeiterpartei Kurdistans
PX	»Post Exchange« (Einkaufszentren des US Militärs)
RAF	Rote Armee Fraktion (BRD)
RIAS	Rundfunk im Amerikanischen Sektor (Westberlin)
SDS	Sozialistischer Deutscher Studentenbund (BRD)
SED	Sozialistische Einheitspartei Deutschlands
SPD	Sozialdemokratische Partei Deutschlands
StGB	Strafgesetzbuch
UdSSR	Union der Sozialistischen Sowjetrepubliken (Sowjetunion)
UNO	United Nations / Vereinte Nationen
USPD	Unabhängige Sozialdemokratische Partei Deutschlands
VEB	Volkseigener Betrieb (DDR)
VK	Verband der Kriegsdienstverweigerer (BRD)
WTO	World Trade Organization / Welthandelsorganisation
ZDF	Zweites Deutsches Fernsehen

Literaturverzeichnis

Abelshauser, Werner: Deutsche Wirtschaftsgeschichte seit 1945, München 2004.
Adorno, Theodor W./Horkheimer, Max: Dialektik der Aufklärung. Philosophische Fragmente, Frankfurt am Main 1984.
Alexopoulou, Maria: Vom Nationalen zum Lokalen und zurück? Zur Geschichtsschreibung in der Einwanderungsgesellschaft Deutschland, in: AfS 56, 2016, 463–484.
Aly, Götz: Unser Kampf. 1968 – ein irritierter Blick zurück, Frankfurt am Main 2008.
Amos, Heike/Geiger, Tim: Die Einheit. Das Auswärtige Amt, das DDR-Außenministerium und der Zwei-plus-Vier-Prozess, Göttingen 2015.
Andresen, Knud: Gebremste Radikalisierung. Die IG Metall und ihre Jugend 1968 bis in die 1980er Jahre, Göttingen 2016.
Aust, Stefan: Der Baader-Meinhof-Komplex, 3. Aufl., München 2008.
Bahro, Rudolf: Die Alternative. Zur Kritik des real existierenden Sozialismus, Köln 1977.
Balistier, Thomas: Straßenprotest. Formen oppositioneller Politik in der Bundesrepublik Deutschland, Münster 1996.
Becker-Schaum, Christoph/Gassert, Philipp/Klimke, Martin/Mausbach, Wilfried/Zepp, Marianne (Hg.): »Entrüstet Euch!« Nuklearkrise, NATO-Doppelbeschluss und Friedensbewegung, Paderborn 2012.
Bergmann, Werner: Pogrome. Eine spezifische Form kollektiver Gewalt, in: Kölner Zeitschrift für Soziologie und Sozialpsychologie 50, 1998, 644–665.
Bewernitz, Torsten: »Gemeinsamer Feind – gemeinsamer Kampf«. Die spontanen Streiks der GastarbeiterInnen im Rhein-Neckar-Gebiet 1973, in: FAU Mannheim (Hg.), Mannheims »andere Arbeiterbewegung«. Beispiele eines lokalen Arbeiterradikalismus, Lich 2014, 126–151.
Bewernitz, Torsten: Globale Krise – globale Streikwelle? Zwischen den ökonomischen und demokratisch-politischen Protesten herrscht keine zufällige Gleichzeitigkeit, in: Prokla 44, Nr. 4 (Dezember 2014), 513–529.
Bewernitz, Torsten/Dribbusch, Heiner: »Kein Tag ohne Streik«. Arbeitskampfentwicklung im Dienstleistungssektor, in: WSI-Mitteilungen 5/2014, 393–401.
Bieschke, Anne: Frauenträume werden Wirklichkeit?! Die Neue Frauenbewegung in Baden-Württemberg in den 1970er Jahren, in: Gassert/Weber, 2015, 93–111.

Biermann, Wolf: Kriegshetze, Friedenshetze. Damit wir uns richtig missverstehen. Ich bin für diesen Krieg am Golf, in: Die Zeit, 1. Februar 1991 (online).

Birke, Peter: Wilde Streiks im Wirtschaftswunder. Arbeitskämpfe, Gewerkschaften und soziale Bewegungen in der Bundesrepublik und Dänemark, Frankfurt am Main 2007.

Bösch, Frank: Geteilt und verbunden. Perspektiven auf die deutsche Geschichte seit den 1970er Jahren, in: ders. (Hg.): Geteilte Geschichte. Ost- und Westdeutschland 1970–2000, Göttingen 2015, 7–37.

Bothien, Horst-Pierre: Auf zur Demo! Straßenprotest in der ehemaligen Bundeshauptstadt Bonn 1949–1999. Eine Dokumentation, Essen 2009.

Brand, Karl Werner: Umweltbewegung, in: Roth/Rucht, 2008, 219–244.

Brand, Karl-Werner: Kontinuität und Diskontinuität in den neuen sozialen Bewegungen, in: Roth/Rucht (Hg.), 30–44.

Brandt, Willy: Notwendige europäische Solidarität in der Energiekrise. Interview des Bundeskanzlers, ARD, 23. November 1973, in: Bulletin der Bundesregierung Nr. 151, 27. November 1973, 1498–1499.

Brenner, Michael: Nach dem Holocaust. Juden in Deutschland 1945–1950, München 1995.

Brown, Timothy Scott: West Germany and the Global Sixties: The Antiauthoritarian Revolt, 1962–1978, Cambridge 2013.

Bundesministerium für Gesamtdeutsche Fragen (Hg.): Dokumente zu Deutschlandpolitik, III. Reihe/Band 3, 1. Januar bis 31. Dezember 1957, Frankfurt am Main 1967.

Buro, Andreas: Friedensbewegung, in: Roth/Rucht 2008, 267–292.

Buro, Andreas: Gewaltlos gegen Krieg. Lebenserinnerungen eines Pazifisten, Frankfurt am Main 2011.

Cindark, Ibrahim: Migration, Sprache und Rassismus. Der kommunikative Sozialstil der Mannheimer »Unmündigen« als Fallstudie für die »emanzipatorischen Migranten«, Tübingen 2010.

Clarkson, Alexander: Fragmented Fatherland. Immigration and Cold War Conflict in the Federal Republic of Germany, 1945–1980, New York 2013.

Claussen, Detlev: Im Spiegelbild der Feindbilder, in: Karl D. Bredthauer (Hg.), Krieg für Frieden. Startschüsse für eine neue Weltordnung, Berlin 1991, 134–143.

Cohn-Bendit, Daniel/Mohr Reinhard: 1968. Die letzte Revolution, die noch nichts vom Ozonloch wusste, Berlin 1988.

Conze, Eckart: Die Suche nach Sicherheit. Eine Geschichte der Bundesrepublik Deutschland von 1949 bis in die Gegenwart, München 2009.

Crivellari, Fabio: Blockade. Friedensbewegung zwischen Melancholie und Ironie, in: Paul, 2008, Bd. II, 482–489.

Crouch, Colin: Post-Democracy, Cambridge 2004.

Dale, Gareth: Popular Protest in East Germany, 1945–1989, London 2005.

Deutsche Geschichte in Dokumenten und Bildern: Bewohner des Stadtteils Kabel in Hagen an die Landesregierung Nordrhein-Westfalen, 2. Januar 1947, URL: http://germanhistorydocs.ghi-dc.org/sub_document.cfm?document_ id=4120&language=german (23.10.17).

Diedrich, Torsten/Hertle, Hans-Hermann (Hg.): Alarmstufe »Hornisse«. Die geheimen Chef-Berichte der Volkspolizei über den 17. Juni 1953, Berlin 2003, 39–45.

Dietz, Bernhard/Neumaier, Christopher/Rödder, Andreas (Hg.): Gab es den Wertewandel? Neue Forschungen zum gesellschaftlich-kulturellen Wandel seit den 1960er Jahren, München 2014.

Doering-Manteuffel, Anselm/Raphael, Lutz: Nach dem Boom. Perspektiven auf die Zeitgeschichte seit 1970, Göttingen 2008.

Düwel, Jörn: Hauptstadt der DDR. Raum für die Feiern des Volkes, in: Gengnagel, Jörg/Horstmann, Monika/Schwedler, Gerald (Hg.), Prozessionen, Wallfahrten, Aufmärsche. Bewegung zwischen Religion und Politik in Europa und Asien seit dem Mittelalter, Köln 2008, S. 377–395.

Eckert, Rainer: Die unabhängige Friedensbewegung in der DDR, in: Becker-Schaum u. a. 2012, 200–212.

Eith, Ulrich: »Nai hämmer gsait!« Stilbildender ziviler Widerstand in Wyhl am Kaiserstuhl, in: Weber 2013, 35–54.

Elkins, Walter F./Führer, Christian/Montgomery, Michael J.: Die Amerikaner in Heidelberg 1945–2013, Heidelberg 2014.

Engels, Jens Ivo: Geschichte und Heimat. Der Widerstand gegen das Kernkraftwerk Wyhl, in: Kretschmer, Kerstin (Hg.), Wahrnehmung, Bewusstsein, Identifikation: Umweltprobleme und Umweltschutz als Triebfedern regionaler Entwicklung, Freiberg 2003, 103–130.

Eppler, Erhard: Friedensbewegung, in: Walter Jens (Hrsg.): In letzter Stunde. Aufruf zum Frieden. München 1982, 143–166.

Fahlenbrach, Kathrin: Protestinszenierungen: Die Studentenbewegung im Spannungsfeld von Kulturrevolution und Medien-Evolution, in: Martin Klimke/Joachim Scharloth (Hg.), 1968. Handbuch zur Kultur- und Mediengeschichte der Studentenbewegung, Stuttgart 2007, 11–21.

Fahlenbrach, Kathrin: Medien-Revolten, Die Massenmedien als Ort der Proteste von '68, in: Historisches Museum Frankfurt/Main (Hg.), Die '68er. Kurzer Sommer, lange Wirkung. (Ausstellungskatalog), Essen 2008, 246–256.

Fahlenbrach, Kathrin/Stapane, Laura: Visual and Media Strategies of the Peace Movement, in: Becker-Schaum u. a. 2012, 222–241.

Fahlenbrach, Kathrin/Klimke, Martin/Scharloth, Joachim/Wong, Laura (Hg.): The Establishment Responds. Power, Politics, and Protest since 1945, New York 2012.

Fichter, Tilman P./Lönnendonker, Siegward: Kleine Geschichte des SDS. Der Sozialistische Deutsche Studentenbund von Helmut Schmidt bis Rudi Dutschke, 2. Aufl., Bonn 2008.

Fraser, Ronald: 1968. A Student Generation in Revolt, New York 1988.

Frei, Norbert: 1968. Jugendrevolte und globaler Protest, München 2008.

Friedman, Thomas L.: The Lexus and the Olive Tree. Understanding Globalization, New York 1999.

Fuhrmann, Uwe: Die Entstehung der »Sozialen Marktwirtschaft« 1948/49. Eine historische Dispositivanalyse, Konstanz 2017.

Fukuyama, Francis: The End of History? In: The National Interest, No. 16 (Summer 1989), 3–18.

Fulbrook, Mary: Anatomy of a Dictatorship: Inside the GDR 1949–1989, Oxford 1995.

Gailus, Manfred: Was macht eigentlich die historische Protestforschung? Rückblicke, Resümee, Perspektiven, in: Mitteilungsblatt des Instituts für soziale Bewegungen 34, 2005, 127–154.

Gassert, Philipp: Kurt Georg Kiesinger: 1904–1988, Kanzler zwischen den Zeiten, München 2006.

Gassert, Philipp: Arbeit am Konsens im Streit um den Frieden: Die Nuklearkrise der 1980er Jahre als Medium gesellschaftlicher Selbstverständigung, in: AfS 52, 2012, 491–516.

Gassert, Philipp: Vom Vergessen in der Wissenschaft. Epistemische Diskontinuitäten und Amnesien in der historischen Protestforschung, in: Mark Häberlein/Stefan Paulus/Gregor Weber (Hg.), Geschichte(n) des Wissens. Festschrift für Wolfgang E. J. Weber, Augsburg 2015, 149–159.

Gassert, Philipp: Zwischen militärischer Abschreckung und gesellschaftlichem Austausch: Die Amerikaner in Westdeutschland, 1945–1990, in: Sonia Fischer/Edith Raim (Hg.), »Don't take your guns to town.« Johnny Cash und die Amerikaner in Landsberg, 1951–1954, Landsberg 2015, 13–30.

Gassert, Philipp/Weber, Reinhold (Hg.): Hans Filbinger, Wyhl und die RAF. Die siebziger Jahre in Baden-Württemberg, Stuttgart 2015.

Gassert, Philipp/Nieß, Ulrich/Rings, Hanspeter/Rohrmoser, Richard (Hg.), Jugendkulturen und Jugendprotest im 20. Jahrhundert. Über 100 Jahre bewegte Jugend in Mannheim, Mannheim 2017.

Geiger, Tim: Atlantiker gegen Gaullisten. Außenpolitischer Konflikt und innerparteilicher Machtkampf in der CDU/CSU 1958–1969, München 2008.

Geiges, Lars/Neef, Tobias/Dijk, Pepijn van: »Wir hatten es irgendwann nicht mehr im Griff«. *Occupy* und andere systemkritische Proteste, in: Walter 2013, 180–218.

Geelhaar, Stephan/Marz, Ulrike/Prenzel, Thomas: Rostock-Lichtenhagen als konformistische Revolte, in: Thomas Prenzel (Hg.), 20 Jahre Rostock-Lichtenhagen. Kontext, Dimension und Folgen rassistischer Gewalt, Rostock 2012, 55–56.

Gerhard, Ute: Frauenbewegung, in: Roth/Rucht, 2008, 187–218.

Gerhards, Jürgen/Rucht, Dieter: Mesomobilization. Organization and Framing in Two Protest Campaigns in West Germany, in: The American Journal of Sociology 98, 1992, 555–595.

Geyer, Martin: Verkehrte Welt. Revolution, Inflation und Moderne, München 1914–1924, Göttingen 1998.

Gilcher-Hortey, Ingrid: »Die Phantasie an die Macht«. Mai '68 in Frankreich, Berlin 1995.

Gilcher-Holtey, Ingrid (Hg.): 1968. Vom Ereignis zum Gegenstand der Geschichtswissenschaft, Göttingen 1998.

Gilcher-Holtey, Ingrid (Hg.): »1968« – Eine Wahrnehmungsrevolution. Horizont-Verschiebungen des Politischen in den 1960er und 1970er Jahren, München 2013.

Goeke, Simon: The Multinational Working Class? Political Activism and Labour Migration in West Germany during the 1960s and 1970s, in: Journal of Contemporary History 49, 2014, 160–182.

Goeken-Haidl, Ulrike: Der Weg zurück. Die Repatriierung sowjetischer Zwangsarbeiter und Kriegsgefangener während und nach dem Zweiten Weltkrieg, Essen 2006.

Göktürk, Deniz (Hg.): Transit Deutschland. Debatten zu Nation und Migration. Eine Dokumentation, Konstanz 2011.

Görtemaker, Manfred: Die Berliner Republik. Wiedervereinigung und Neuorientierung, Berlin 2009.

Göttinger Institut für Demokratieforschung: Neue Dimensionen des Protests. Ergebnisse einer explorativen Studie zu den Protesten gegen Stuttgart 21, Göttingen 2010, http://www.demokratie-goettingen.de/content/uploads/¬ 2010/11/Neue-Dimensionen-des-Protests.pdf (23.10.17).

Gotto, Bernhard: Enttäuschung als Politikressource. Zur Kohäsion der westdeutschen Friedensbewegung in den 1980er Jahren, in: VfZ 62, 2014, 1–33.

Gotto, Bernhard: Enttäuschung in der Demokratie. Eine Erfahrungsgeschichte der Demokratie in der Bundesrepublik während der 1970er und 1980er Jahre. Habil. München 2016.

Graf, Rüdiger: Öl und Souveränität. Petroknowledge und Energiepolitik in den USA und Westeuropa in den 1970er Jahren, Berlin 2014.

Graf, Rüdiger/Priemel, Kim: Zeitgeschichte in der Welt der Sozialwissenschaften. Legitimität und Originalität einer Disziplin, in: VfZ 59 (2011) S. 479–495

Graham-Dixon, Francis: The Allied occupation of Germany. The Refugee Crisis, Denazification and the Path to Reconstruction, London 2013.

Grossmann, Atina: Jews, Germans, and Allies. Close Encounters in Occupied Germany, Princeton 2007.

Hackmann, Jörg: Die »Charta der deutschen Heimatvertriebenen« vom 5. August 1950, in: Themenportal Europäische Geschichte, 2010, http://¬www.europa.clio-online.de/essay/id/artikel-3582.

Hansen, Jan: Abschied vom Kalten Krieg? Die Sozialdemokraten und der Nachrüstungsstreit (1977–1987), München 2016.

Hartleb, Florian: Internationaler Populismus als Konzept. Zwischen Kommunikationsstil und fester Ideologie, Baden-Baden 2014.

Haunss, Sebastian: Antiimperialismus und Autonomie. Linksradikalismus seit der Studentenbewegung, in: Roth/Rucht, 2008, 447–474.

Häusser, Alexander/Maugg, Gordian: Hungerwinter. Deutschlands humanitäre Katastrophe 1946/47, Berlin 2011.

Heidemayer, Helge (Bearb.): Die CDU-CSU-Fraktion in Deutschen Bundestag. Sitzungsprotokolle 1949–1953, Düsseldorf 1998.

Heistermann, Marion: Demontage und Wiederaufbau. Industriepolitische Entwicklungen in der »Kruppstadt« Essen nach dem Zweiten Weltkrieg (1945–1956), Essen 2004.

Heil, Gottfried/Hooge, Dieter/Jungmann, Karl-Heinz (Hg.): Dokumentation der Internationalen Friedenskonferenz des Frankfurter Aufrufs zum Frieden am Golf am 2. März 1991, Münster 1992.

Heitmeyer, Wilhelm/Rucht, Dieter: Mobilisierung von und für Migranten, in: Roth/Rucht 2008, 573–592.

Hellmann, Kai-Uwe: Systemtheorie und Neue Soziale Bewegungen. Identitätsprobleme in der Risikogesellschaft, Wiesbaden 1996.

Herbert, Ulrich: Geschichte der Ausländerpolitik in Deutschland. Saisonarbeiter, Zwangsarbeiter, Gastarbeiter, Flüchtlinge, Bonn 2003.

Hessel, Stéphane: Empört Euch! Aus dem Französischen von Michael Kogon, Berlin 2011.

Hodenberg, Christina von/Siegfried, Detelf (Hg.): Wo »1968« liegt. Reform und Revolte in der Geschichte der Bundesrepublik Deutschland, Göttingen 2006.

Hohensee, Jens: Der erste Ölpreisschock 1973/74. Die politischen und gesellschaftlichen Auswirkungen der arabischen Erdölpolitik auf die Bundesrepublik Deutschland und Westeuropa, Stuttgart 1996.

Horn, Gerd-Rainer: The Changing Nature of the European Working Class. The Rise and Fall of the »New Working Class« (France, Italy, Spain, Czechoslovakia), in: Carole Fink/Philipp Gassert/Detlef Junker (Hg.), 1968. The World Transformed, New York 1998, 351–371.

Höhn, Maria: Amis, Cadillacs und »Negerliebchen«. GIs im Nachkriegsdeutschland, Berlin 2008.

Höhn, Maria/Klimke, Martin: Ein Hauch von Freiheit? Afroamerikanische Soldaten, die US-Bürgerrechtsbewegung und Deutschland, Bielefeld 2016.

Huber, Joseph: Wer soll das alles ändern. Die Alternativen der Alternativbewegung, Berlin 1980.

Huntington, Samuel P.: The Clash of Civilizations and the Remaking of World Order, London 1998.

Huwer, Jörg: »Gastarbeiter« im Streik. Die Arbeitsniederlegung bei Ford Köln im August 1973, Köln 2013.

Industriegewerkschaft Metall (Hg.): 90 Jahre Industriegewerkschaft 1891 bis 1981. Vom Deutschen Metallarbeiter-Verband zur Industriegesellschaft Metall. Ein Bericht in Wort und Bild, Köln 1981.

James, Harold: Rambouillet, 15. November 1975. Die Globalisierung der Wirtschaft, München 1997.

Janssen, Wiebke: Halbstarke in der DDR. Verfolgung und Kriminalisierung einer Jugendkultur, Berlin 2010.

Janzing, Godehard: Der Fall der Mauer. Bilder von Freiheit und/oder Einheit, in: Paul 2008, 574–581.

Jarausch, Konrad (Hg.): Das Ende der Zuversicht? Die siebziger Jahre als Geschichte. Göttingen 2008.

Jungk, Robert: Der Atomstaat. Vom Fortschritt in die Unmenschlichkeit, München 1977.

Kaiser, Günther: Randalierende Jugend. Eine soziologische und kriminologische Studie über die sogenannten »Halbstarken«, Heidelberg 1959.

Karapin, Roger: Protest Politics in Germany. Movements on the Left and the Right since the 1960s, University Park 2007.

Kemper, Claudia: Medizin gegen den Kalten Krieg. Ärzte in der anti-atomaren Friedensbewegung der 1980er Jahre, Göttingen 2016.

Kempter, Klaus: Eugen Loderer und die IG Metall. Biografie eines Gewerkschafters, Filderstadt 2003.

Kern, Thomas: Soziale Bewegungen. Ursachen, Wirkungen, Mechanismen, Wiesbaden 2008.

Kessler, Florian: Mut Bürger. Die Kunst des neuen Demonstrierens, Berlin 2013.

Kieser, Walther (Hg.): Erkämpft, aber nicht gesichert. Schwerpunkte im Kampf um Arbeitsplätze und Mitbestimmung. Das Beispiel Salzgitter. Eine Dokumentation, Köln 1983.

Kirschner, Andrea/Weller, Christoph: Zivile Konfliktbearbeitung. Allheilmittel oder Leerformel? In: Internationale Politik und Gesellschaft (IPG) 4, 2005, 10–29.

Kitsche, Matthias: Die Geschichte eines Staatsfeiertages. Der 7. Oktober in der DDR. 1950–1989, Köln 1990.

Klein, Ansgar/Legrand, Hans-Josef/Leif, Thomas (Hg.), Neue Soziale Bewegungen. Impulse, Bilanzen und Perspektiven, Opladen/Wiesbaden 1999.

Kleßmann, Christoph: Die doppelte Staatsgründung. Deutsche Geschichte 1945–1955, Bonn 1986.

Klimke, Martin: The Other Alliance. Student Protest in West Germany and the United States in the Global Sixties, Princeton 2010.

Klönne, Arno: Industriearbeiter contra Aussteiger? Zum Verhältnis von Gewerkschaften und »Alternativbewegung«, in: Gewerkschaftliche Monatshefte 33, 1982, 199–204.

Knabe, Hubertus: Neue soziale Bewegungen im Sozialismus. Zur Genesis alternativer Orientierungen in der DDR, in: Kölner Zeitschrift für Soziologie und Sozialpsychologie 40, 1988, 551–569.

Knabe, Hubertus: 17. Juni 1953. Ein deutscher Aufstand, München 2003.

Koenen, Gerd: Das rote Jahrzehnt. Unsere kleine deutsche Kulturrevolution, 1967–1977, Köln 2001.

Kohl, Helmut: Deutschlands Einheit vollenden, die Einheit Europas gestalten, dem Frieden der Welt dienen. Regierungspolitik 1991 – 1994. Regierungserklärung von Bundeskanzler Dr. Helmut Kohl vor dem Deutschen Bundestag am 30. Januar 1991, Presse- und Informationsamt der Bundesregierung, Bonn 1991.

Koop, Volker: Der 17. Juni 1953. Legende und Wirklichkeit, Berlin 2003.

Kowalczuk, Ilko-Sascha: 17. Juni 1953, München 2013.

Kramer, Alan: The West German economy 1945–1955, New York 1991.

Kraushaar, Wolfgang: Die Protest-Chronik 1949–1959. Eine illustrierte Geschichte von Bewegung, Widerstand und Utopie, 5 Bde., Hamburg 1996.

Kraushaar, Wolfgang (Hg.): Frankfurter Schule und Studentenbewegung. Von der Flaschenpost zum Molotowcocktail 1946 – 1995, 3 Bde., Hamburg 1998.

Kraushaar, Wolfgang: Der Aufruhr der Ausgebildeten. Vom Arabischen Frühling zur *Occupy*-Bewegung, Hamburg 2012.

Kraushaar, Wolfgang: Der Griff nach der Notbremse. Nahaufnahmen eines Protests, Berlin 2012.

Kreis, Reinhild: »Wir sind Frauen. Wir sind viele. Wir haben die Schnauze voll«. Die neue Frauenbewegung, in: Weber (Hrsg.) 2013, 75–93.

Kreis, Reinhild: Heimwerken als Protest. Instandbesetzer und Wohnungsbaupolitik in West-Berlin während der 1980er-Jahre, in: Zeithistorische Forschungen 14, 2017, 41–67.

Kurme, Sebastian: Halbstarke. Jugendprotest in den 1950er Jahren in Deutschland und den USA, Frankfurt am Main 2006.

Könczöl, Barbara: Märtyrer des Sozialismus. Die SED und das Gedenken an Rosa Luxemburg und Karl Liebknecht, Frankfurt am Main 2008.

Lauschke, Karl: Schwarze Fahnen an der Ruhr. Die Politik der IG Bergbau und Energie während der Kohlekrise 1958–1968, Marburg 1984.

Lauschke, Karl: Die halbe Macht. Mitbestimmung in der Eisen- und Stahlindustrie 1945 bis 1989, Essen 2007.

Lenz, Ilse: Das Private politisch!? Zum Verhältnis von Frauenbewegung und alternativem Milieu, in: Reichardt, Sven/Siegfried, Detlef (Hg.), Das alternative Milieu: Antibürgerlicher Lebensstil und linke Politik in der Bundesrepublik Deutschland und Europa, 1968–1983, Göttingen 2010, 375–404.

Lindenberger, Thomas: »Gerechte Gewalt?« Der 17. Juni 1953 – ein weißer Fleck in der historischen Protestforschung, in: Bispinck, Henrik u. a. (Hg.), Aufstände im Ostblock. Zur Krisengeschichte des realen Sozialismus, Berlin 2004, 113–130.

Lindner, Werner: Jugendprotest seit den Fünfziger Jahren. Dissens und kultureller Eigensinn, Opladen 1996.

Löhnig, Martin/Preisner, Mareike/Schlemmer, Thomas (Hg.), Ordnung und Protest. Eine gesamtdeutsche Protestgeschichte von 1949 bis heute, Tübingen 2015.

Lommatzsch, Erik: Umweltpolitische Positionen Hans Filbingers, in: Historisch-Politische Mitteilungen 19, 2012, 253–268.

Lommatzsch, Erik: Hans Filbinger (1913–2007). Ein Mann in seiner Zeit, in: Gassert/Weber 2015, 47–70.

Lucke, Albrecht von: 68 oder neues Biedermeier. Der Kampf um die Deutungsmacht, Berlin 2008.

Luhmann, Niklas: Protest. Systemtheorie und soziale Bewegungen, hrsg. und eingeleitet von Kai-Uwe Hellman, Frankfurt am Main 1996.

Maase, Kaspar: BRAVO Amerika, Erkundungen zur Jugendkultur der Bundesrepublik in den fünfziger Jahren, Hamburg 1992.

Maase, Kaspar: Was macht Populärkultur politisch? Wiesbaden 2010.

Maier-Borst, Michael: Asyl- und Flüchtlingsrecht, in: Meier-Braun/Weber, 2013, 119–122.

Marcuse, Heribert: Der eindimensionale Mensch. Studien zur Ideologie der fortgeschrittenen Industriegesellschaft, Neuwied 1967.

Mählert, Ulrich (Hg.), Der 17. Juni. Ein Aufstand für Einheit, Recht und Freiheit, Bonn 2003.

Meadows, Dennis u. a.: Die Grenzen des Wachstums. Bericht des Club of Rome zur Lage der Menschheit, Stuttgart 1972.

Meier-Braun, Karl-Heinz/Weber, Reinhold (Hg.): Deutschland Einwanderungsland. Begriffe – Fakten – Kontroversen, Stuttgart 2013.

Meinhof, Ulrike: Die Frauen im SDS oder In eigener Sache [1968], wiederabgedruckt in dies.: Die Würde des Menschen ist antastbar. Aufsätze und Polemiken, Berlin 1980, 149–152.

Mende, Silke:»Nicht rechts, nicht links, sondern vorn«: Eine Geschichte der Gründungsgrünen, München 2011.

Mende, Silke/Metzger, Birgit: Ökopax. Die Umweltbewegung als Erfahrungsraum der Friedensbewegung, in: Becker-Schaum u. a. 2012, 118–134.

Middell, Matthias/Engel, Ulf (Hg.): Theoretiker der Globalisierung, Leipzig 2010.

Milder, Stephen: Greening Democracy. The Anti-Nuclear Movement and Political Environmentalism in West Germany and Beyond 1968–1983, Cambridge 2017.

Mittag, Jürgen (Hg.)/Stadtland, Helke: Theoretische Ansätze und Konzepte der Forschung über soziale Bewegungen in der Geschichtswissenschaft, Essen 2014.

Moersch, Karl/Weber, Reinhold: Die Zeit nach dem Krieg. Städte im Wiederaufbau, Stuttgart 2008.

Müller, Jan-Werner: Was ist Populismus? Berlin 2016.

Müller, Roland: Der »Stuttgarter Tumult« vom 28. Oktober 1948 – Protest im Spannungsfeld von Währungsreform und Kaltem Krieg, in: Haus der Geschichte Baden-Württemberg (Hg.), Wege in ein neues Leben. Die Nachkriegszeit, Ubstadt-Weiher 2017, S. 121-147.

Müller, Ulrich: Fremde in der Nachkriegszeit. Displaced Persons – zwangsverschleppte Personen – in Stuttgart und Württemberg-Baden 1945-1951, Stuttgart 1990.

Münchener Stadtchronik, 31. Juli 1948, URL: https://www.muenchen.de/rathaus/Stadtverwaltung/Direktorium/Stadtarchiv/Chronik/1948.html (24.10.2017).

Nachtwey, Oliver: Die Abstiegsgesellschaft. Über das Aufbegehren in der regressiven Moderne, Berlin 2016.

Naumann, Klaus (Hg.): Nachkrieg in Deutschland, Hamburg 2001.

Neubert, Ehrhart: Geschichte der Opposition in der DDR 1949–1989, Bonn 1997.

Oertzen, Christine von: Teilzeitarbeit und die Lust am Zuverdienen. Geschlechterpolitik und gesellschaftlicher Wandel in Westdeutschland 1948–1969, Göttingen 1999.

Ohse, Marc-Dietrich/Pollack, Detlef: Dissidente Gruppen in der DDR (1949–1989), in: Roth/Rucht 2008, 363–390.

Oldhaver, Mathias: Öffentliche Meinung in der Sicherheitspolitik, Untersuchung am Beispiel der Debatte über einen Einsatz der Bundeswehr im Golfkrieg, Baden-Baden 2000.

Oltmer, Jochen: Migration im 19. und 20. Jahrhundert, München 2013.

Otto, Karl A.: Vom Ostermarsch zur APO. Die Geschichte der außerparlamentarischen Opposition in der Bundesrepublik 1960–1970, Frankfurt am Main 1977.

Pagenstecher, Cord: »Das Boot ist voll«. Schreckensvision des vereinten Deutschland, in: Paul 2008, 606–613.

Pallaske, Christoph: Migration aus Polen in die Bundesrepublik Deutschland in den 1980er und 1990er Jahren. Migrationsverläufe und Eingliederungsprozesse in sozialgeschichtlicher Perspektive, Münster 2002.

Paul, Gerhard (Hg.): Das Jahrhundert der Bilder. Band II: 1949 bis heute, Bonn 2008.

Paulus, Martin/Raim, Edith/Zelger, Gerhard (Hg.): Ein Ort wie jeder andere. Bilder aus einer deutschen Kleinstadt. Landsberg 1923–1958, Hamburg 1995.

Patzelt, Werner J./Klose, Joachim: Pegida. Warnsignale aus Dresden, Dresden 2016.

Pedron, Anna-Maria: Amerikaner vor Ort. Besatzer und Besetzte in der Enklave Bremen nach dem Zweiten Weltkrieg, Bremen 2010.

Pleinen, Jenny/Raphael, Lutz: Zeithistoriker in den Archiven der Sozialwissenschaften, Erkenntnispotenziale und Relevanzgewinne für die Disziplin, in: VfZ 62, 2014, 173–196.

Poiger, Uta G.: Jazz, Rock and Rebels. Cold War Politics and American Culture in a Divided Germany, London 2000.

Pollack, Detlef: Kirche in der Organisationsgesellschaft. Zum Wandel der gesellschaftlichen Lage der evangelischen Kirche in der DDR, Stuttgart 1994.

Priester, Karin: Populismus als Protestbewegung, in: Alexander Häusler (Hg.), Rechtspopulismus als »Bürgerbewegung«. Kampagnen gegen Islam und Moscheebau und kommunale Gegenstrategien, Wiesbaden 2008, 19–36.

Pross, Harry: Protestgesellschaft. Von der Wirksamkeit des Widerspruchs, München 1992.

Radkau, Joachim: Die Ära der Ökologie. Eine Weltgeschichte, München 2011.

Raschke, Joachim: Soziale Bewegungen: Ein historisch-systematischer Grundriss, Frankfurt am Main 1988.

Rehling, Andrea: Konfliktstrategie und Konsenssuche in der Krise. Von der Zentralarbeitsgemeinschaft zur konzertierten Aktion, Baden-Baden 2011.

Reichardt, Sven/Siegfried, Detlef (Hg.): Das alternative Milieu. Antibürgerlicher Lebensstil und linke Politik in der Bundesrepublik Deutschland und Europa, 1968–1983, Göttingen 2010.

Reichardt, Sven: Authentizität und Gemeinschaft. Linksalternatives Leben in den siebziger und frühen achtziger Jahren, Berlin 2014.

Reiss, Matthias (Hg.): The Street as Stage. Protest Marches and Public Rallies since the Nineteenth Century, Oxford 2007.

Reutter, Friederike: Heidelberg 1945–1949. Zur politischen Geschichte einer Stadt in der Nachkriegszeit, Heidelberg 1994.

Rödder, Andreas: Bündnissolidarität und Rüstungskontrollpolitik. Die Regierung Kohl-Genscher, der NATO-Doppelbeschluss und die Innenseite der Außenpolitik, in: Gassert, Philipp/Geiger, Tim/Wentker, Hermann (Hg.), Zweiter Kalter Krieg und Friedensbewegung. Der NATO-Doppelbeschluss in deutsch-deutscher und internationaler Perspektive, München 2011, 123–136.

Rödder, Andreas/Bueb, Bernhard (Hg.): Alte Werte, neue Werte. Schlaglichter des Wertewandels, Göttingen 2008.

Rödder, Andreas: Deutschland einig Vaterland. Die Geschichte der Wiedervereinigung, München 2009.

Roesler, Jörg: Zweimal Panzer gegen Demonstrierende, in: Ossietzky, 13/2013, URL: http://www.sopos.org/aufsaetze/51bf24b10373e/1.phtml (23.06.2016).

Rohrmoser, Richard: »Die Straßen gehören uns! Die sterben alle!«. Die rassistischen Ausschreitungen in Schönau im Jahr 1992, in: Gassert u. a. 2017, 144–156.

Rosanvallon, Pierre: Die Gesellschaft der Gleichen, Hamburg 2013.

Roth, Roland: Neue soziale Bewegungen und liberale Demokratie. Herausforderungen, Innovationen und paradoxe Konsequenzen, in: Klein u. a. 1999, 47–63.

Roth, Roland/Rucht, Dieter (Hg.): Die sozialen Bewegungen in Deutschland seit 1945. Ein Handbuch, Frankfurt am Main 2008.

Rothenberger, Karl-Heinz: Die Hungerjahre nach dem Zweiten Weltkrieg: Ernährungs- und Landwirtschaft in Rheinland-Pfalz 1945–1959, Boppard am Rhein 1980.

Rucht, Dieter: Von Wyhl nach Gorleben. Bürger gegen Atomprogramm und nukleare Entsorgung, München 1980.

Rucht, Dieter: Modernisierung und neue soziale Bewegungen. Deutschland, Frankreich und USA im Vergleich, Frankfurt am Main 1994.

Rucht, Dieter (Hg.): Protest in der Bundesrepublik. Strukturen und Entwicklungen, Frankfurt am Main 2001.

Rucht, Dieter: Gesellschaft als Projekt – Projekte in der Gesellschaft. Zur Rolle sozialer Bewegungen, in: Klein u. a. 1999, 15–27.

Rucht, Dieter: Aufstieg und Fall der *Occupy*-Bewegung, in: Karlheinz Sontag (Hg.), E-Protest. Neue soziale Bewegungen und Revolutionen, Heidelberg 2013, 111–136.

Ruhl, Klaus-Jörg: Die Besatzer und die Deutschen. Amerikanische Zone 1945–1948. Ein Bild/Text-Band, Düsseldorf 1980.

Rupp, Hans-Karl: Außerparlamentarische Opposition in der Ära Adenauer. Der Kampf gegen die Atombewaffnung in den Fünfziger Jahren. Eine Studie zu innenpolitischen Entwicklung der BRD, Köln 1970.

Rusinek, Bernd-A.: Wyhl, in: Etienne François/Hagen Schulze (Hg.), Deutsche Erinnerungsorte, Bd. 2, München 2001, 652–666.

Sabrow, Martin: Kollektive Erinnerung und kollektiviertes Gedächtnis. Die Liebknecht-Luxemburg-Demonstrationen in der Gedenkkultur der DDR, in: Alexandre Escudier (Hg.), Gedenken im Zwiespalt. Konfliktlinien europäischen Erinnerns, Göttingen 2003, S. 117–138.

Sander, Helke: Rede von Helke Sander (Aktionsrat zur Befreiung der Frauen) auf der 23. Delegiertenkonferenz des SDS am 13.9. 1968, in: Ilse Lenz (Hg.), Die Neue Frauenbewegung in Deutschland. Abschied vom kleinen Unterschied. Eine Quellensammlung, Wiesbaden 2008, S. 59–63.

Sauer, Birgit: »Es lebe der 1. Mai in der DDR!« Die politische Inszenierung eines Staatsfeiertages, in: Horst Dieter Braun/Claudia Reinhold/Hans A. Schwarz (Hg.), Vergangene Zukunft. Mutationen eines Feiertages, Berlin 1991, S. 115–126.

Schildt, Axel: »Atomzeitalter« – Gründe und Hintergründe der Proteste gegen die atomare Bewaffnung der Bundeswehr Ende der fünfziger Jahre, in:

»Kampf dem Atomtod«. Die Protestbewegung 1957/58 in zeithistorischer und gegenwärtiger Perspektive, München 2009, 39–57.

Schildt, Axel/Siegfried, Detlef/Lammers, Karl Christian (Hg.): Dynamische Zeiten. Die 60er Jahre in den beiden deutschen Gesellschaften, Hamburg 2000.

Schildt, Axel: Von der Kampagne »Kampf dem Atomtod« zur »Spiegel-Affäre«. Protestbewegungen in der ausgehenden Ära Adenauer, in: Michael Hochgeschwender (Hg.), Epoche im Widerspruch. Ideelle und kulturelle Umbrüche der Adenauerzeit, Bonn 2011, 125–140.

Schlange-Schöningen, Hans: Im Schatten des Hungers. Dokumentarisches zur Ernährungspolitik und Ernährungswirtschaft in den Jahren 1945–1949, Hamburg 1955.

Schmidt, Manfred G.: Demokratietheorien. Eine Einführung, 3. Auflage, Wiesbaden 2006.

Schmidt, Eberhard: Arbeiterbewegung, in: Roth/Rucht 2008, 157–186.

Schönhoven, Klaus: Die deutschen Gewerkschaften, Berlin 1987.

Schönwälder, Karin: Einwanderung und ethnische Pluralität. Politische Entscheidungen und öffentliche Debatten in Großbritannien und der Bundesrepublik von den 1950er bis zu den 1970er Jahren, Essen 2001.

Schregel, Susanne: Der Atomkrieg vor der Wohnungstür. Eine Politikgeschichte der neuen Friedensbewegung in der Bundesrepublik 1970–1985, Frankfurt am Main 2011.

Schröder, Klaus: Der SED Staat. Partei Staat und Gesellschaft 1949–1990, München 1998.

Schulz, Kristina: Der lange Atem der Provokation. Die Frauenbewegung in der Bundesrepublik und in Frankreich 1968–1976, Frankfurt am Main 2002.

Schwarz, Hans-Peter: Die Ära Adenauer. Gründerjahre der Republik, 1949–1957, Stuttgart 1981.

Schwarz, Hans-Peter: Die ausgebliebene Katastrophe, Eine Problemskizze zur Geschichte der Bundesrepublik, in: Herman Rudolph (Hg.), Den Staat denken, Theodor Eschenburg zum Fünfundachtzigsten, Berlin 1993, 151–174.

Schwarz, Hans-Peter: Die neueste Zeitgeschichte, in: VfZ 51, 2003, 5–28

Sedlmaier, Alexander: Konsum und Kritik. Radikaler Protest in der Bundesrepublik, Frankfurt am Main 2018.

Seefried, Elke: Zukünfte. Aufstieg und Krise der Zukunftsforschung 1945–1980, Berlin 2015.

Siegfried, Detlef: Time Is On My Side. Konsum und Politik in der westdeutschen Jugendkultur der 60er Jahre, Göttingen 2006.

Slobodian, Quinn: Foreign Front. Third World Politics in Sixties West Germany, Durham 2012.

Stach, Sabine: Vermächtnispolitik. Jan Palach und Oskar Brüsewitz als politische Märtyrer, Göttingen 2016.

Stadtrecher, Markus: Nicht unter Fremden? Die katholische Kirche und die Integration von Vertriebenen im Bistum Augsburg, Baden-Baden 2016.

Stalin, Joseph W.: Unterredung mit dem deutschen Schriftsteller Emil Ludwig, 13. Dezember 1931, in: J.W. Stalin Werke, Bd. 13, Berlin 1955, 66–74.

Steuwer, Janosch: Fremde als »Problem«. Skizze des Framing der fremdenfeindlichen Bewegung der frühen 1990er Jahre, in: Mittag Stadtland 2014, 167–187.

Hagelüken, Alexander/Öchsner, Thomas: »Ich wollte die Weltrevolution«, IG-Metall-Chef Berthold Huber über seine radikale Vergangenheit, Prügel vom Musiklehrer, Verlockungen aus der Privatwirtschaft – und sein Gehalt, in: Süddeutsche Zeitung 11. Februar 2011.

Süss, Dietmar: Friedensbewegung und Gewerkschaften, in: Becker-Schaum u.a. 2012, 262–276.

Templin, David: Freizeit ohne Kontrollen. Die Jugendzentrumsbewegung in der Bundesrepublik der 1970er Jahre, Göttingen 2015.

Tilly, Richard: Social Movements 1768-2004, London 2004.

Tocqueville, Alexis: L'Ancien Régime et la Révolution, Paris 1856.

Tompkins, Andrew S.: Better Active Than Radioactive! Anti-Nuclear Protest in 1970s France and West Germany, Oxford 2016.

Touraine, Alain: The Post-industrial Society. Tomorrow's Social History. Classes, Conflicts and Culture in the Programmed Society, New York 1971.

Trede, Oliver: Zwischen Misstrauen, Regulation und Integration. Gewerkschaften und Arbeitsmigration in der Bundesrepublik und Großbritannien in den 1960er und 1970er Jahren, Paderborn 2015.

Treue, Wilhelm: Die Demontagepolitik der Westmächte nach dem Zweiten Weltkrieg, Göttingen 1967.

Ueköter, Frank: Umweltgeschichte im 19. und 20. Jahrhundert, München 2007.

Ullrich, Sebastian: Der Weimar-Komplex. Das Scheitern der ersten deutschen Demokratie und die politische Kultur der frühen Bundesrepublik 1945–1959, Göttingen 2009.

Vogel, Meike: Unruhe im Fernsehen. Protestbewegung und öffentlich-rechtliche Berichterstattung in den 1960er Jahren, Göttingen 2010.

Walter, Franz u. a. (Hg.): Die neue Macht der Bürger. Was motiviert Protestbewegungen? Reinbek bei Hamburg 2013.

Warneken, Bernd Jürgen (Hg.): Massenmedium Straße. Zur Kulturgeschichte der Demonstration, Frankfurt am Main 1991.

Weber, Hermann: Geschichte der DDR, München, 2. Aufl. der aktual. u. erw. Neuausg., 2000.

Weber, Ines: Sozialismus in der DDR. Alternative Gesellschaftskonzepte von Robert Havemann und Rudolf Bahro, Berlin 2015.

Weber, Jürgen: Auf dem Wege zur Republik 1945–1957, München, 4. Aufl., 2004.

Weber, Reinhold (Hg.): Aufbruch, Protest und Provokation. Die bewegten 70er- und 80er-Jahre in Baden-Württemberg, Darmstadt 2013.

Weitz, Eric D.: Creating German Communism, 1890–1990, Princeton 1997.

Werner, Michael: Die »Ohne mich«-Bewegung. Die bundesdeutsche Friedensbewegung im deutsch-deutschen Kalten Krieg (1949–1955), Münster 2006.

Wetzel, Juliane: Jüdisches Leben in München 1945–1951. Durchgangsstation oder Wiederaufbau? München 1987.

Wielgohs, Jan: DDR – regimekritische und politisch-alternative Akteure (1949–1990), in: Roth/Rucht 2008, 109–131.

Wirsching, Andreas: Die Mauer fällt. Das Ende des doppelten Deutschland, in: Udo Wengst/Hermann Wentker (Hg.): Das doppelte Deutschland. 40 Jahre Systemkonkurrenz, Bonn 2008, 357–374.

Wirsching, Andreas: Der Preis der Freiheit. Geschichte Europas in unserer Zeit, München 2012.

Wolle, Stefan: Der Traum von der Revolte. Die DDR 1968, Berlin 2008.

Wolle, Stefan: Der große Plan. Alltag und Herrschaft in der DDR 1949–1961, Berlin 2013.

Wolfrum, Edgar: Geschichtspolitik in der Bundesrepublik Deutschland. Der Weg zur bundesrepublikanischen Erinnerung 1948–1990, Darmstadt 1999.

Wolfrum, Edgar: Die Rache der Franzosen. Viele Mythen umranken die französische Besatzungspolitik im deutschen Südwesten, in: Die Zeit, 18. Mai 2000.

Wolfrum, Edgar: Rot-Grün an der Macht. Deutschland 1998–2005, München 2013.

Wonneberger, Eva: Regionalentwicklung im Allgäu durch die Aussteiger der 70er und 80er Jahre, in: Heike Kempe (Hg.), Die »andere« Provinz. Kulturelle Auf- und Ausbrüche im Bodenseeraum seit den 1960er Jahren, Konstanz 2014, 175–181.

Wowtscherk, Christoph: Was wird, wenn die Zeitbombe hochgeht? Eine sozialgeschichtliche Analyse der fremdenfeindlichen Ausschreitungen in Hoyerswerda im September 1991, Göttingen 2014.

Zwahr, Hartmut: Rok sedesaty osmy. Das Jahr 1968. Zeitgenössische Texte und Kommentar, in: Etienne François/Matthias Middell/Emmanuel Terray/Dorothee Wierling (Hg.), 1968 – ein europäisches Jahr? Leipzig 1997, 111–123.

Personenregister

A

Adenauer, Konrad 20, 40, 77 f., 82, 85 f., 89 f., 92 f., 111, 114, 151, 170
Adorno, Theodor W. 116 f., 122 f., 142
Allemann, Fritz René 88, 169
Aly, Götz 125, 170
Andresen, Knut 167, 171

B

Bade, Klaus 249
Bahr, Egon 227
Bahro, Rudolf 197 f.
Balistier, Thomas 11
Barzel, Rainer 126, 171
Beatles 113, 116
Beauvoir, Simone de 143
Becker, Jurek 197, 282
Berger, Senta 143
Bergmann, Werner 249
Berlusconi, Silvio 220
Biermann, Wolf 193, 197, 229
Birke, Peter 173
Blank, Theodor 84
Bleicher, Willi 93
Bloch, Ernst 76
Böll, Heinrich 163, 283
Born, Max 89
Brand, Karl-Werner 136
Brando, Marlon 77, 98
Brandt, Willy 123, 126, 171, 177, 185 f., 245
Brauer, Max 78
Brüsewitz, Oskar 195 f., 200
Buro, Andreas 227, 230

Bush
– George H. W. 213
– George W. 230

C

Carson, Rachel 146
Chruschtschow, Nikita 76
Clay, Lucius D. 31, 48
Cohn-Bendit, Daniel 147
Crouch, Colin 13

D

Dale, Gareth 194
Davis, Angela 123
Dean, James 77
Deter, Ina 145
Diekmann, Kai 111
Dutschke, Gretchen 141
Dutschke, Rudi 117 f., 130, 137, 141, 170, 173

E

Eichmann, Adolf 126
Eith, Ulrich 132 f.
Engels, Jens Ivo 132, 134
Ensslin, Gudrun 123
Eppelmann, Rainer 201
Eppler, Erhard 163
Erhard, Ludwig 47 f., 50, 59

F

Fahlenbrach, Katrin 19, 104, 128, 162
Fichter, Tilman 153
Filbinger, Hans 77, 132, 147, 246

305

Personenregister

Fischer, Josef 88, 131, 155, 166 f., 198, 230
Fraenkel, Ernst 170
Friedman, Milton 221, 224
Friedman, Thomas 224
Fukuyama, Francis 209–212, 217, 224

G
Gailus, Manfred 139, 250
Gaus, Günter 137, 173
Geelhaar, Stefan 262
Geißler, Heiner 171, 225
Gerhards, Jürgen 223
Gerstenmaier, Eugen 86
Gilcher-Holtey, Ingrid 112, 115, 118
Goddard, Jean Luc 113
Gorbatschow, Michail 189, 193, 205 f., 209, 280
Göring, Hermann 46
Gorz, André 118
Gramsci, Antonio 116, 118, 122
Grotewohl, Otto 68, 70, 76
Gutermuth, Heinrich 94

H
Hahn, Otto 89
Haley, Bill 77, 99 f.
Harich, Wolfgang 76
Havemann, Robert 193, 201
Hayek, Friedrich von 221
Heck, Bruno 111
Hegel, Georg Friedrich Wilhelm 210
Heinemann, Gustav 85 f.
Heisenberg, Werner 89
Heitmeyer, Wilhelm 249 f., 252
Hessel, Stéphane 13

Heym, Stefan 197
Hitler, Adolf 35, 66, 84, 86, 111, 116, 170, 229
Ho Chí Minh 105
Honecker, Erich 196, 199, 203 f.
Hoover, Herbert Clarke 43
Horkheimer, Max 116 f., 122
Huber, Bertold 153, 166 f., 171, 183
Huntington, Samuel P. 212
Hussein, Saddam 227

J
James, Harold 77, 215
Janssen, Wiebke 77
Johnson, Lyndon B. 19

K
Kelly, Petra 162
Kennan, George F. 88
Kiesinger, Kurt-Georg 77, 84, 105, 123, 125, 170
King, Martin Luther 19
Kirsch, Sarah 197
Klönne, Arno 183
Knabe, Hubertus 58, 68, 194
Kohl, Helmut 20, 163 f., 171, 199, 246 f.
Könczöl, Barbara 65
Krahl, Hans-Jürgen 117, 142
Kraushaar, Wolfgang 21, 34, 55, 94 f., 232, 273
Kreis, Reinhild 144, 154, 283
Krenz, Egon 203
Kretschmann, Winfried 167
Kunze, Rainer 196
Kurras, Karl-Heinz 123

L

Lafontaine, Oskar 163
Langhans, Rainer 111, 128
Laue, Max von 89
Leinen, Jo 182
Lenin, Wladimir Iljitsch 63, 115
Liebknecht, Karl 62 f., 69
Lindenberger, Thomas 190
Loderer, Eugen 181–184, 186
Lönnendonker, Sigward 153
Luhmann, Niklas 21, 278
Luther, Martin 19
Luxemburg, Rosa 62 f., 116
Lyotard, Jean-François 211

M

Marcuse, Herbert 116–118, 122 f.
Maron, Karl 75
Marx, Karl 113, 115, 118, 184, 210
Mazowiecki, Tadeusz 205
McNamara, Robert 121
Meuthen, Jörg 111
Milošević, Slobodan 231
Morgenthau, Henry 45
Mossmann, Walter 134
Müller, Heiner 171, 197, 225
Müller, Jan-Werner 268
Mussolini, Benito 116, 229

N

Neubert, Erhart 192, 196 f., 203
Niemöller, Martin 86
Nirumand, Bahman 253

O

Obermaier, Uschi 111
Ohnesorg, Benno 101, 123
Otto, Karl A. 85

P

Pagenstecher, Cord 259
Pahlavi, Mohammad Reza 105, 122 f.
Pallach, Jan 195
Pedron, Anna-Maria 52
Prenzel, Thomas 262
Presley, Elvis 77, 98
Priester, Karin 267
Pross, Harry 42, 99
Putin, Wladimir 226

Q

Quistorp, Eva 161 f.

R

Radkau, Joachim 146 f.
Rappe, Hermann 182, 186
Raschke, Joachim 26, 119, 136, 138
Reagan, Ronald 199, 205
Reichardt, Sven 152 f., 156
Roesler, Jörg 48 f.
Röhl, Klaus Reiner 142
Rohrmoser, Richard 260, 283
Rolling Stones 113
Rosavallon, Pierre 185
Roth, Roland 172, 223, 225
Rucht, Dieter 25 f., 106, 132, 136–138, 159, 172, 223, 225, 235, 249 f., 252
Rüger, Sigrid 142

S

Salvatore, Gaston 253
Sander, Helke 140 f., 143
Sartre, Jean Paul 118
Sauer, Birgit 63
Schabowski, Günter 207
Schildt, Axel 88, 90, 105

Schiller, Karl   174
Schlange-Schöningen, Hans   43
Schmidt, Helmut   92, 115, 119, 159, 185
Schmidt, Manfred G.   185
Schneider, Romy   143
Schönwälder, Karen   243, 245
Schwarz, Hans-Peter   85, 170
Schwarzer, Alice   266
Selbmann, Fritz   71
Siegfried, Detlef   110, 282
Späth, Lothar   132
Stalin, Josef   11, 35, 115, 229
Stolpe, Manfred   196
Strauß, Franz Josef   89 f., 126, 170, 174, 252

T
Tempel, Hans-Konrad   79
Templin, David   158
Teufel, Fritz   111, 128
Tietmeyer, Hans   223
Tilly, Charles   20
Tocqueville, Alexis de   67, 279
Touraine, Alan   118, 162
Trede, Oliver   254
Trotzki, Leo   115

Trump, Donald   226
Tuchman, Barbara   214

U
Ulbricht, Walter   72, 74 f., 187, 203

V
Vesper, Michael   122

W
Weber, Hermann   43 f., 75, 198, 246, 283
Wessel, Horst   42
Wirsching, Andreas   206, 214
Wojtyła, Karol Józef   205
Wolff, KD   122
Wolle, Stefan   58, 62, 70–72, 76, 187
Wowtscherk, Christoph   238

Y
Yücel, Deniz   256

Z
Zimmermann, Dagmar   143
Zwahr, Hartmut   188